PAPST FRANZISKUS

AMORIS LAETITIA –
FREUDE DER LIEBE

PAPST FRANZISKUS

AMORIS LAETITIA – FREUDE DER LIEBE

NACHSYNODALES APOSTOLISCHES
SCHREIBEN AMORIS LÆTITIA
ÜBER DIE LIEBE IN DER FAMILIE

HERDER

FREIBURG · BASEL · WIEN

Originaltitel des Apostolischen Schreibens:
Amoris laetitia: Esortazione Apostolica Postsinodale sull'amore nella famiglia.
© Libreria Editrice Vaticana 2016

Für diese Ausgabe:
© Verlag Herder GmbH, Freiburg im Breisgau 2016
Alle Rechte vorbehalten
www.herder.de

Umschlaggestaltung: Verlag Herder
Umschlagmotiv: © Foto L'Osservatore Romano

Satz: de·te·pe, Aalen
Herstellung: CPI books GmbH, Leck

Printed in Germany

ISBN 978-3-451-31137-6

WÜRDIGUNG*

DES NACHSYNODALEN SCHREIBENS
»AMORIS LAETITIA – ÜBER DIE LIEBE IN DER FAMILIE«

der deutschen Synodenteilnehmer 2015, Kardinal Reinhard Marx, Erzbischof Dr. Heiner Koch und Bischof Dr. Franz-Josef Bode, anlässlich der Veröffentlichung am 8. April 2016

Papst Franziskus hat nun das Ihnen vorliegende Nachsynodale Schreiben *Amoris Laetitia – Über die Liebe in der Familie* veröffentlicht. Es ist ein wirkliches Geschenk für die Eheleute, die Familien und alle Gläubigen in der Kirche. Wir freuen uns sehr darüber.

Der Text bündelt einen gesamtkirchlichen Reflexionsprozess zu Ehe und Familie, der mit der Einberufung einer Außerordentlichen Generalversammlung der Bischofssynode im Herbst 2014 begonnen hatte. Diese Versammlung, der erstmals eine Befragung der Katholiken weltweit vorangegangen war, diente der Vorbereitung einer Ordentlichen Generalversammlung der Bischofssynode, ein Jahr später, im Herbst 2015. Nochmals wurden hierzu die Gläubigen um ihre Stellungnahmen gebeten, die in die Vorbereitung einer lebhaften Diskussion der Synodenväter einflossen. Papst Franziskus war während dieses gesamten Diskursprozesses in erster Linie ein „hörender Papst", ließ jedoch von Beginn an keinen Zweifel daran, dass es seinem Dienst an der Einheit der Kirche entsprechen werde, die vielen Stimmen schließlich zusammen- und weiterzuführen. Mit seinem Nachsynodalen Schreiben *Amoris*

---

* Pressetext der Deutschen Bischofskonferenz vom 8. April 2016.

Laetitia hat er nun die Erträge des synodalen Weges gesammelt, die Aspekte abgewogen und weiterentwickelt. Er hat sie in das Gesamt der Lehre der Kirche eingefügt und zugleich den Gläubigen in gut verständlicher Weise zugänglich gemacht. Der dabei entstandene Text ist in erster Linie eine herzliche, gleichermaßen tiefgehende wie lebenspraktische Einladung zur Lebensform von Ehe und Familie, die ihre Inspiration aus den Quellen des christlichen Glaubens erfährt.

Der Text beginnt, nach einigen wegweisenden Vorbemerkungen, mit Ausführungen zu den biblischen, alt- wie neutestamentlichen Grundlagen (1. Kapitel: „Im Licht des Wortes"). Es folgen zentrale Aspekte zur gegenwärtigen Situation von Ehe und Familie (2. Kapitel: „Die Wirklichkeit und die Herausforderungen der Familie") sowie Ausführungen zur Theologie von Ehe und Familie (3. Kapitel „Auf Jesus schauen – Die Berufung der Familie"). Gewissermaßen das Herzstück des gesamten Textes stellen die beiden folgenden Kapitel dar, die in einer Auslegung des „Hohenliedes der Liebe" des Apostels Paulus (*1 Kor* 13,4–7) spirituell-katechetische Aspekte für das Leben in der Ehe (4. Kapitel: „Die Liebe in der Ehe") und in der Familie (5. Kapitel: „Die Liebe, die fruchtbar wird") darlegen. Dem folgen Hinweise für die Seelsorge der Kirche (6. Kapitel: „Einige pastorale Perspektiven") und Ausführungen zur Erziehung in der Familie (7. Kapitel: „Die Erziehung der Kinder stärken"). In einem eigenen Kapitel geht Papst Franziskus auf den Umgang der Kirche mit den Ehen und Familien ein, die nicht oder nur zum Teil mit der kirchlichen Lehre übereinstimmen (8. Kapitel: „Die Zerbrechlichkeit begleiten, unterscheiden und eingliedern"), bevor er noch einmal explizit die spirituelle Dimension des Lebens in Ehe und Familie thematisiert (9. Kapitel: „Spiritualität in Ehe und Familie"). Das Schreiben endet mit einem Gebet zur Heiligen Familie.

Insgesamt geht es Papst Franziskus spürbar darum, in positiver und ermutigender Weise Wertoptionen, Möglichkeiten und Perspektiven für das Leben in Ehe und Familie zu eröffnen. *»Als Christen dürfen wir nicht darauf verzichten, uns zugunsten der Ehe zu äußern«*, so der Papst. *»Wir würden der Welt Werte vorenthalten, die wir beisteuern können und müssen. […] Uns kommt ein verantwortungsvollerer und großherzigerer Einsatz zu, der darin besteht, die Gründe und die Motivationen aufzuzeigen, sich für die Ehe und die Familie zu entscheiden, so dass die Menschen eher bereit sind, auf die Gnade zu antworten, die Gott ihnen anbietet.«* (Nr. 35) Dabei verliert der Papst keineswegs einen realistischen Blick auf die Lebenswirklichkeiten und erliegt nicht der Gefahr, die Ehe zu überhöhen. *»Man sollte nicht«*, sagt Franziskus mit Verweis auf den heiligen Papst Johannes Paul II., *»zwei begrenzten Menschen die gewaltige Last aufladen, in vollkommener Weise die Vereinigung nachzubilden, die zwischen Christus und seiner Kirche besteht, denn die Ehe als Zeichen beinhaltet einen ›dynamischen Prozess von Stufe zu Stufe entsprechend der fortschreitenden Hereinnahme der Gaben Gottes‹.«* (Nr. 122) Vielmehr rät er den Familien, *»mit Realismus die Grenzen, die Herausforderungen oder die Unvollkommenheit zu akzeptieren und auf den Ruf zu hören, gemeinsam zu wachsen«* (Nr. 135).

Der Text schöpft sowohl aus den beiden Synodenversammlungen wie auch aus biblischen Quellen sowie aus den Aussagen des päpstlichen Lehramts und hier insbesondere aus den Reflexionen des heiligen Papstes Johannes Paul II. Neben zahlreichen anderen Autoren, die Papst Franziskus zitiert, ist es immer wieder Thomas von Aquin, der zu Wort kommt. Dies unterstreicht die Ausrichtung, die sich deutlich stärker an tugend-ethischen und insbesondere auf die Klugheit bezogenen Linien orientiert als an einer Ethik der normativen Verbote. So traut der Papst dem Menschen und besonders den Ehepaaren etwas zu, was nicht zuletzt auch an der mehrfachen Hervorhebung des individuellen Gewissens deutlich wird: »*Aufgrund der Erkenntnis, welches Gewicht die konkreten Bedingtheiten haben, können wir ergänzend sagen, dass das Gewissen der Menschen besser in den Umgang der Kirche mit manchen Situationen einbezogen werden muss*« (Nr. 303). »*Wir sind berufen, die Gewissen zu bilden, nicht aber dazu, den Anspruch zu erheben, sie zu ersetzen.*« (Nr. 37)

Der Duktus des Schreibens ist den Menschen zugewandt. Dazu gehört auch eine ausnehmend positive Würdigung der menschlichen Sexualität und der Erotik: »*Wir dürfen also die erotische Dimension der Liebe keineswegs als ein geduldetes Übel oder als eine Last verstehen, die zum Wohl der Familie toleriert werden muss, sondern müssen sie als Geschenk Gottes betrachten, das die Begegnung der Eheleute verschönert.*« (Nr. 152)

Im Blick auf die Art und Weise der kirchlichen Verkündigung mahnt der Papst eine »*heilsame Selbstkritik*« (Nr. 36) an, da man anerkennen müsse, »*dass unsere Weise, die christlichen Überzeugungen zu vermitteln, und die Art, die Menschen zu behandeln, manchmal dazu beigetragen haben, das zu provozieren, was wir heute beklagen*« (Nr. 36). Gefordert werden dagegen Unterstützung und Hilfe für die Ehepaare und Familien: »*Wer kümmert sich heute darum, die Ehen zu stärken, ihnen bei der Überwindung der Gefahren zu helfen, die sie bedrohen, sie in ihrer Erziehungsrolle zu begleiten und zur Beständigkeit der ehelichen Einheit zu motivieren?*« (Nr. 52) Hier sieht der Papst eine zentrale Aufgabe der Kirche und ihrer Pastoral, von der er vor allem das »*Bemühen*« fordert, »*die Ehen zu festigen und so den Brüchen zuvorzukommen*« (Nr. 307). Dabei betont er zugleich, »*dass die christlichen Familien durch die Gnade des Ehesakra-*

14

ments die hauptsächlichen Subjekte der Familienpastoral sind«
(Nr. 108). Der Papst macht deutlich, dass nicht nur die Eheleute und Familien von der Unterstützung durch die Gemeinschaft der Kirche profitieren, sondern dass diese Beziehung
auch umgekehrt gilt: *»Die in den Familien gelebte Liebe ist eine
ständige Kraft für die Kirche.«* (Nr. 88)

Beachtlich ist die Vielzahl der Aspekte, die in diesem Schreiben
aufgegriffen werden und die den Text zu einem umfassenden
Zeugnis der Lehre von Papst Franziskus machen. Dies wird
nicht zuletzt daran deutlich, dass der Papst in hohem Maß
auch auf die bisherigen Ansprachen, Texte und Dokumente
seines Pontifikats Bezug nimmt. Dabei knüpft er immer wieder am Zentrum des christlichen Glaubens an, denn *»das Geheimnis der christlichen Familie kann man nur im Licht der unendlichen Liebe des himmlischen Vaters ganz verstehen, die sich in
Christus offenbarte«* (Nr. 59).

Im achten Kapitel geht das Schreiben schließlich auch auf die
Gläubigen ein, die in – wie der Papst bewusst sagt –, sogenannten *»irregulären«* Situationen leben, die dem kirchlichen Leit-
bild von Ehe und Familie nicht oder nur teilweise entsprechen,
also Gläubige, die ohne Trauschein oder in einer Zivilehe zusammenleben und auch die zivil geschiedenen und wiederverheirateten Katholiken. Hier sind dem Papst zwei pastorale
Prinzipien wichtig. Zum einen hebt er die *»Logik der Integration«* hervor, die niemanden aus der kirchlichen Gemeinschaft
ausschließt: *»Niemand darf auf ewig verurteilt werden, denn das
ist nicht die Logik des Evangeliums!«* (Nr. 297) Zum anderen
fordert er die Seelsorger auf, die konkreten Situationen, in denen die Gläubigen leben, genau zu unterscheiden. Es ist gerade
die Vielfalt und Komplexität der Situationen, die es verbietet,
eine generelle Regel undifferenziert anzuwenden. Damit wird

die Bedeutung allgemeiner sittlicher und kirchenrechtlicher Normen keineswegs gering geschätzt. Aber der Papst erinnert an eine grundlegende Einsicht des Thomas von Aquin, dass eine allgemeine Norm unmöglich alle besonderen Situationen umfassen kann. Insbesondere gilt es, zwischen einer Situation, die objektiv nicht den Anforderungen des Evangeliums entspricht, und der Schuldhaftigkeit der betreffenden Person genau zu unterscheiden. *»Daher ist es nicht mehr möglich zu behaupten, dass alle, die in irgendeiner sogenannten ›irregulären‹ Situation leben, sich in einem Zustand der Todsünde befinden und die heiligmachende Gnade verloren haben.«* (Nr. 301)

Diese prinzipielle Einsicht hat weitreichende Konsequenzen für den pastoralen Umgang mit wiederverheirateten Geschiedenen. Es reicht eben nicht für ein Urteil einfach festzustellen, dass eine zweite zivile Verbindung im Widerspruch zur ersten, sakramentalen Ehe und damit im Widerspruch zur objektiven Norm steht. Es ist vielmehr notwendig, in jedem einzelnen Fall die besondere Lebenssituation der Betroffenen zu betrachten. Angesichts dieser Überlegungen ist es nur konsequent, dass der Papst keine generelle Regelung zur Zulassung von wiederverheirateten Geschiedenen zur sakramentalen Kommunion gibt. Nur im Blick auf die jeweilige Lebensgeschichte und Realität lässt sich gemeinsam mit den betroffenen Personen klären, ob und wie in ihrer Situation Schuld vorliegt, die einem Empfang der Eucharistie entgegensteht. Dabei ist die Frage einer Zulassung zu den Sakramenten der Versöhnung und der Kommunion immer im Kontext der Biographie eines Menschen und seiner Bemühungen um ein christliches Leben zu beantworten. Auf beide zuletzt genannten Aspekte weist der Papst explizit hin (vgl. Fußnoten 336 und 351).

Das Nachsynodale Schreiben ist reich an Anregungen für die pastorale Praxis; es bietet zudem auch eine wichtige Vertiefung der kirchlichen Lehre über Ehe und Familie. Nicht zuletzt sind nun wir Bischöfe, aber auch unsere Priester und die Theologen gefragt, die vielfältigen Einsichten und Akzentsetzungen moraltheologisch und pastoraltheologisch zu durchdringen und in der Verkündigung und Pastoral wirksam werden zu lassen: »*Es wird dann Aufgabe der verschiedenen Gemeinschaften sein, stärker praxisorientierte und wirkungsvolle Vorschläge zu erarbeiten, die sowohl die Lehre der Kirche als auch die Bedürfnisse und Herausforderungen vor Ort berücksichtigen.*« (Nr. 199)

Für die Eheleute und die Familien ist das Schreiben ein außerordentlich hilfreiches Orientierungsangebot und ein reicher Schatz an Impulsen für das konkrete Leben. Gerade die einfachen und griffig formulierten katechetischen Hinweise des Papstes eignen sich, um sie mit ins alltägliche Leben zu nehmen. So etwa, wenn Papst Franziskus sein eigenes, schon bekanntes Diktum wiederholt: »*In der Familie ist es nötig …, drei Worte zu gebrauchen … Drei Worte: ›darf ich?‹, ›danke‹ und ›entschuldige‹.*« (Nr. 133) Oder aber, wenn er den Familien mit auf den Weg gibt: »*Die Familie muss immer der Ort sein, von dem jemand, der etwas Gutes im Leben erreicht hat, weiß, dass man es dort mit ihm feiern wird.*« (Nr. 110)

Wir sind Papst Franziskus für das Nachsynodale Schreiben *Amoris Laetitia* überaus dankbar. Es weist einen Weg der Kirche, an dem wir auch als Bischofskonferenz arbeiten werden. Wir werden uns in den kommenden Monaten bemühen, die Anregungen und Impulse umzusetzen und für die pastorale Arbeit in Deutschland anzuwenden. Das Schreiben des Papstes ist eine Ermutigung zum Leben und zur Liebe! Wir bitten besonders die Priester, im Geist dieses Textes auf die Menschen zuzugehen, auf die, die sich auf dem Weg zur Ehe befinden, auf die Eheleute, aber auch auf die, deren eheliche Beziehungen missglückt sind und die sich oft von der Kirche alleingelassen vorkommen. Der Tenor dieses Schreibens ist: Niemand darf ausgeschlossen werden von der Barmherzigkeit Gottes.

Kardinal Reinhard Marx
Erzbischof Dr. Heiner Koch
Bischof Dr. Franz-Josef Bode

PRÄSENTATION
DES NACHSYNODALEN APOSTOLISCHEN SCHREIBENS
»AMORIS LAETITIA« VON PAPST FRANZISKUS
DURCH KARDINAL CHRISTOPH SCHÖNBORN

Am Abend des 13. März 2013 waren die ersten Worte des neugewählten Papstes Franziskus zu den Menschen am Petersplatz und in der ganzen Welt: *Buona Sera! Guten Abend!* So einfach wie dieser Gruß sind Sprache und Stil des neuen Schreibens von Papst Franziskus. Nicht ganz so kurz wie dieser schlichte Gruß, aber so lebensnahe. Papst Franziskus spricht auf diesen 200 Seiten *Über die Liebe in der Familie (Amoris Laetitia AL)*, und er tut es so konkret, so schlicht, so herzerwärmend wie dieses *Buona sera* des 13. März 2013. Das ist sein Stil, und er wünscht sich, dass über die Dinge des Lebens so lebensnahe wie möglich gesprochen wird, besonders wenn es um die Familie geht, die zu den elementarsten Wirklichkeiten des Lebens gehört.

Um es vorweg zu sagen: kirchliche Dokumente gehören oft nicht zur leserfreundlichsten literarischen Gattung. Dieses päpstliche Schreiben ist lesbar. Und wer sich von der Länge nicht abschrecken lässt, wird Freude an der Konkretheit und Lebensnähe dieses Textes finden. Papst Franziskus spricht von den Familien in einer Anschaulichkeit, die in Lehrschreiben der Kirche nicht immer zu finden ist.

Bevor ich näher auf das Schreiben eingehe, möchte ich sehr persönlich sagen, warum ich es mit Freude, Dankbarkeit und immer wieder mit starker Ergriffenheit gelesen habe. In der kirchlichen Rede über Ehe und Familie besteht oft eine Tendenz, vielleicht unbewusst, die Rede über diese Lebenswirklichkeiten zweigleisig zu führen. Da gibt es die Ehen und Familien, die »in Ordnung" sind, die den Regeln entsprechen, in denen alles »stimmt« und »passt«, und dann gibt es die »irregulären« Situationen, die ein Problem darstellen. Schon mit dem Wort »irregulär« wird suggeriert, dass diese Unterscheidung so feinsäuberlich getroffen werden kann.

Wer also auf der Seite der »Irregulären« zu stehen kommt, wird damit leben müssen, dass die »Regulären« auf der anderen Seite sind. Wie schmerzlich das für die ist, die selber aus einer Patchwork-Familie stammen, ist mir persönlich vertraut durch die eigene Familiensituation. Die kirchliche Rede kann hier verletzend sein, ja das Gefühl geben, ausgeschlossen zu sein.

Papst Franziskus hat sein Schreiben unter das Leitwort gestellt: »Es geht darum, alle zu integrieren« (AL 297). Denn es geht um eine Grundeinsicht des Evangeliums: Wir bedürfen alle der Barmherzigkeit! »Wer von euch ohne Sünde ist, der werfe den ersten Stein« (Joh 8,7). Alle, in welcher Ehe- und Familiensituation wir uns befinden, sind *unterwegs*. Auch eine Ehe, bei der alles »stimmt«, ist unterwegs. Sie muss wachsen, lernen, neue Etappen schaffen. Sie kennt Sünde und Versagen, braucht Versöhnung und Neubeginn, und das bis ins hohe Alter (vgl. AL 134).

Es ist Papst Franziskus gelungen, wirklich alle Situationen anzusprechen, ohne katalogisieren, ohne kategorisieren, mit jenem Blick eines fundamentalen Wohlwollens, der etwas mit dem Herzen Gottes, mit den Augen Jesu zu tun hat, die niemanden ausschließen (vgl. AL 291), alles annimmt und allen die *Freude des Evangeliums* zuspricht. Deshalb ist die Lektüre von *Amoris Laetitia* so wohltuend. Keiner muss sich verurteilt, keiner verachtet fühlen. In diesem Klima des Angenommenseins wird die Rede von der christlichen Sicht von Ehe und Familie zur Einladung, zur Ermutigung, zur Freude über die Liebe, an die wir glauben dürfen und die niemanden, wirklich und ehrlich niemand ausschließt.

Für mich ist deshalb AL vor allem und zuerst ein *Sprachereignis*, wie es schon *Evangelium Gaudium* war. Etwas im kirchlichen Diskurs hat sich gewandelt. Dieser Wandel der Sprache war schon während des Synodalen Weges spürbar. Zwischen den beiden Synodensitzungen von Oktober 2014 und Oktober 2015 ist deutlich erkennbar, wie der Ton wertschätzender geworden ist, wie die verschiedenen Lebenssituationen einfach einmal angenommen werden, ohne sie gleich zu be- oder verurteilen. In AL ist dies zum durchgehenden Sprachstil geworden. Dahinter steht freilich nicht nur eine linguistische Option, sondern eine tiefe Ehrfurcht vor jedem Menschen, der nie zuerst ein »Problemfall« in einer »Kategorie« ist, sondern eine unverwechselbare Person mit ihrer Geschichte und ihrem Weg mit und zu Gott. Papst Franziskus sagte in *Evangelium Gaudium*, wir müssten „die Schuhe ausziehen vor dem heiligen Boden des Anderen" (EG 36).

Diese Grundhaltung durchzieht das ganze Schreiben. Sie ist auch der tiefere Grund für die beiden anderen Schlüsselworte: *unterscheiden* und *begleiten*. Sie gelten nicht nur für die »sogenannten irregulären Situationen« (Papst Franziskus betont dieses „sogenannt"!), sondern für alle Menschen, für jede Ehe, für jede Familie. Denn alle sind unterwegs und alle bedürfen der »Unterscheidung« und der »Begleitung«.

Meine große Freude an diesem Dokument ist, dass es konsequent die künstliche, äußerliche, fein säuberliche Trennung von »regulär« und »irregulär« überwindet und *alle* unter den

21

gemeinsamen Anspruch des Evangeliums stellt, gemäß dem Wort des Hl. Paulus: »Er hat alle unter in den Ungehorsam eingeschlossen, um sich aller zu erbarmen« (Röm 11,32).

Dieses durchgehende Prinzip der Inklusion macht freilich manch einem Sorgen. Wird hier nicht dem Relativismus das Wort gesprochen? Wird die so oft angesprochene Barmherzigkeit nicht zur Beliebigkeit? Gibt es nicht mehr die Klarheit von Grenzen, die nicht überschritten werden dürfen, von Situationen, die objektiv als irregulär, ja als sündhaft zu bezeichnen sind? Wird dieses Schreiben nicht einem gewissen Laxismus Vorschub leisten, einem „everything goes"? Ist Jesu eigene Barmherzigkeit nicht oft eine durchaus strenge, anspruchsvolle Barmherzigkeit? Um das klarzustellen: Papst Franziskus lässt keinen Zweifel an seiner Absicht und unserer Aufgabe:

»Als Christen dürfen wir nicht darauf verzichten, uns zugunsten der Ehe zu äußern, nur um dem heutigen Empfinden nicht zu widersprechen, um in Mode zu sein oder aus Minderwertigkeitsgefühlen angesichts des moralischen und menschlichen Niedergangs. Wir würden der Welt Werte vorenthalten, die wir beisteuern können und müssen. Es stimmt, dass es keinen Sinn hat, bei einer rhetorischen Anprangerung der aktuellen Übel stehen zu bleiben, als könnten wir dadurch etwas ändern. Ebenso wenig dient es, mit der Macht der Autorität Regeln durchsetzen zu wollen. Uns kommt ein verantwortungsvollerer und großherzigerer Einsatz zu, der darin besteht, die Gründe und die Motivationen aufzuzeigen, sich für die Ehe und die Familie zu entscheiden, so dass die Menschen eher bereit sind, auf die Gnade zu antworten, die Gott ihnen anbietet« (AL 35).

Papst Franziskus ist überzeugt, dass die christliche Sicht von Ehe und Familie auch heute eine ungebrochene Anziehungskraft hat. Aber er fordert eine deutliche Selbstkritik: »Zugleich müssen wir demütig und realistisch anerkennen, dass unsere Weise, die christlichen Überzeugungen zu vermitteln, und die Art, die Menschen zu behandeln, manchmal dazu beigetragen haben, das zu provozieren, was wir heute beklagen« (AL 36). »Andere Male haben wir ein allzu abstraktes theologisches Ideal der Ehe vorgestellt, das fast künstlich konstruiert und weit von der konkreten Situation und den tatsächlichen Möglichkeiten der realen Familien entfernt ist. Diese übertriebene Idealisierung vor allem, wenn wir nicht das Vertrauen auf die Gnade wachgerufen haben, hat die Ehe nicht erstrebenswerter und attraktiver gemacht, sondern das völlige Gegenteil bewirkt« (AL 36).

Ich erlaube mir, hier eine Erfahrung der Synode vom vergangenen Oktober zu erzählen: So weit ich weiß, haben zwei der dreizehn *Circuli minores* ihre Arbeit damit begonnen, dass alle Teilnehmer zuerst einmal erzählt haben, wie ihre eigene Familiensituation ist. Dabei zeigte sich schnell, dass fast alle der Bischöfe oder der anderen Teilnehmer des *Circulus minor* in ihrer eigenen Familie mit den Themen, Sorgen und »Irregularitäten« konfrontiert sind, von denen wir in der Synode meist viel zu abstrakt gesprochen haben. Papst Franziskus lädt uns alle ein, über unsere Familien zu sprechen, »so, wie sie sind«. Und nun das Großartige des Synodalen Weges und dessen Weiterführung durch Papst Franziskus: Weit davon entfernt, dass dieser nüchterne Realismus über die Familien »so, wie sie sind«, uns vom Ideal wegführt! Im Gegenteil: Papst Franziskus schafft es, zusammen mit den Arbeiten der beiden Synoden, einen zutiefst hoffnungsvollen, positiven Blick auf die Familie zu werfen. Doch erfordert dieser ermutigende Blick auf die Familie jene pastorale Neuausrichtung, von der *Evangelii Gaudium* so eindrucksvoll sprach. Der folgende Text aus *Amoris laetitia*

(Nr. 37) zeichnet die großen Linien dieser pastoralen Neuausrichtung (EG 25) nach:

»Lange Zeit glaubten wir, dass wir allein mit dem Beharren auf doktrinellen, bioethischen und moralischen Fragen und ohne dazu anzuregen, sich der Gnade zu öffnen, die Familien bereits ausreichend unterstützten, die Bindung der Eheleute festigten und ihr miteinander geteiltes Leben mit Sinn erfüllten. Wir haben Schwierigkeiten, die ehe vorrangig als einen dynamischen Weg der Entwicklung und Verwirklichung darzustellen und nicht so sehr als eine Last, die das ganze Leben lang zu tragen ist. Wir tun uns ebenfalls schwer, dem Gewissen der Gläubigen Raum zu geben, die oftmals inmitten ihrer Begrenzungen, so gut es ihnen möglich ist, dem Evangelium entsprechen und ihr persönliches Unterscheidungsvermögen angesichts von Situationen entwickeln, in denen alle Schemata auseinanderbrechen. Wir sind berufen, die Gewissen zu bilden, nicht aber dazu, den Anspruch zu erheben, sie zu ersetzen« (AL 37).

Aus Papst Franziskus spricht ein tiefes Vertrauen in die Herzen und die Sehnsucht der Menschen. Sehr schön kommt das in seinen Ausführungen über die Erziehung zum Ausdruck. Man spürt darin die große jesuitische Tradition der Erziehung zur Eigenverantwortung. Zwei entgegengesetzte Gefahren spricht er an: das *Laissez-faire* und die Obsession, alles kontrollieren und beherrschen zu wollen. Einerseits gilt: »Die Familie darf nicht aufhören, ein Ort des Schutzes, der Begleitung, der Führung zu sein [...] Stets bedarf es einer Aufsicht. Die Kinder sich selbst zu überlassen, ist niemals gesund« (AL 260).

Aber die Wachsamkeit kann auch übertrieben werden: »Übertriebene Sorge erzieht nicht und man kann nicht alle Situationen, in die ein Kind geraten könnte, unter Kontrolle haben [...]

Wenn ein Vater versessen darauf ist zu wissen, wo sein Sohn ist, und alle seine Bewegungen zu kontrollieren, wird er nur bestrebt sein, dessen Raum zu beherrschen. Auf diese Weise wird er ihn nicht erziehen, er wird ihn nicht stärken und ihn nicht darauf vorbereiten, Herausforderungen die Stirn zu bieten. Worauf es ankommt, ist vor allem, mit viel Liebe im Sohn Prozesse der Reifung seiner Freiheit, der Befähigung, des geistlichen Wachstums und der Pflege der echten Selbstständigkeit auszulösen« (AL 261). Ich finde, es ist sehr erhellend, diese Gedanken über die Erziehung mit denen über die pastorale Praxis der Kirche in Verbindung zu bringen. Denn genau in diesem Sinn spricht Papst Franziskus immer wieder das Vertrauen in das *Gewissen* der Gläubigen an: »Wir sind berufen, die Gewissen zu bilden, nicht aber dazu, den Anspruch erheben, sie zu ersetzen« (AL 37). Die große Frage ist freilich: wie wird das Gewissen geformt? Wie kommt es zu dem, was ein Schlüsselbegriff des ganzen großen Dokumentes ist, der Schlüssel zum rechten Verständnis des Anliegens von Papst Franziskus: »die persönliche Unterscheidung«, besonders in schwierigen, komplexen Situationen? Die Unterscheidung ist ein zentraler Begriff der ignatianischen Exerzitien. Denn diese sollen helfen, den Willen Gottes in den konkreten Lebenssituationen zu unterscheiden. Die Unterscheidung macht die reife Persönlichkeit aus, und zu dieser Reifung der Persönlichkeit will ja der christliche Weg helfen: Keine fremdgesteuerten Automaten, sondern in der Freundschaft mit Christus gereifte Menschen. Nur wo das persönliche Unterscheiden gewachsen ist, kann es auch zu dem »pastoralen Unterscheiden« kommen, das vor allem wichtig ist »angesichts von Situationen, die nicht gänzlich dem entsprechen, was der Herr uns aufträgt« (AL 6). Um dieses »pastorale Unterscheiden« geht es im 8. Kapitel, das vermutlich am meisten die kirchliche Öffentlichkeit, aber auch die Medien interessiert.

Dennoch muss ich daran erinnern, dass Papst Franziskus die Kapitel 4 und 5 als die zwei zentralen Kapitel bezeichnet hat, nicht nur im geographischen Sinn, sondern von der Sache her: »Denn wir können nicht zu einem Weg der Treue und der gegenseitigen Hingabe ermutigen, wenn wir nicht zum Wachstum, zur Festigung und zur Vertiefung der ehelichen und familiären Liebe anregen« (AL 89). Diese beiden zentralen Kapitel von *Amoris laetitia* werden wohl von vielen übersprungen werden, um gleich zu den sogenannten »heißen Eisen«, den kritischen Punkten zu kommen. Als erfahrener Pädagoge weiß freilich Papst Franziskus, dass nichts so stark motiviert und anzieht, wie die positive Erfahrung der Liebe. »Von der Liebe sprechen« (AL 89) – das macht Papst Franziskus offenbar große Freude, und er spricht von der Liebe mit großer Lebendigkeit, Anschaulichkeit, Einfühlung. Das 4. Kapitel ist ein ausführlicher Kommentar zum »Hohenlied der Liebe« aus 1 Kor 13. Allen sei die Meditation dieser Seiten ans Herz gelegt. Sie ermutigen, an die Liebe zu glauben (vgl. 1 Joh 4,16) und auf ihre Kraft zu vertrauen. Hier hat ein weiteres Schlüsselwort von *Amoris laetitia* seinen »Hauptsitz«: wachsen: Nirgendwo wird so deutlich wie in der Liebe, dass es um einen dynamischen Prozess geht, in dem die Liebe wachsen, aber auch erkalten kann. Ich kann nur einladen, diese köstlichen Kapitel zu lesen und zu verkosten! Auf einen Aspekt darf ich eigens hinweisen: Mit seltener Deutlichkeit spricht Papst Franziskus auch vom Anteil der *passiones*, der Leidenschaften, der Emotionen, des Eros, der Sexualität in der ehelichen und familiären Liebe. Es ist kein Zufall, dass Papst Franziskus sich hier besonders auf den hl. Thomas von Aquin bezieht, der den *passiones* eine so wichtige Rolle zuspricht, während die neuzeitliche, oft puritanische Moral sie meist schlecht gemacht oder vernachlässigt hat. Hier findet der Titel des päpstlichen Schreibens seine volle Entfaltung: *Amoris laetitia!* Hier wird deutlich, wie es gelingen kann,

»den Wert und den Reichtum der Ehe zu entdecken« (AL 205).
Hier wird aber auch schmerzlich sichtbar, wie weh die Verwundungen der Liebe, wie verletzend die Erfahrungen vom Scheitern der Beziehungen sind. Deshalb ist es nicht verwunderlich,
dass besonders das achte Kapitel die Aufmerksamkeit und das
Interesse anzieht. Denn die Frage, wie die Kirche mit solchen
Verwundungen, mit dem Scheitern in der Liebe umgeht, ist für
viele zur Testfrage geworden, ob die Kirche wirklich der Ort er-
fahrbarer Barmherzigkeit Gottes ist.

Dieses Kapitel verdankt viel der intensiven Arbeit der beiden
Synoden, der ausgiebigen Diskussion in der kirchlichen und
weltlichen Öffentlichkeit. Hier zeigt sich die Fruchtbarkeit der
Vorgangsweise von Papst Franziskus. Er wollte ausdrücklich
eine offene Diskussion über die pastorale Begleitung von komplexen Situationen, und er konnte sich weitgehend auf die von
den beiden Synoden ihm vorgelegten Texte stützen, um zu zeigen, wie »die Kirche ihre schwächsten Kinder, die unter verletzter und verlorener Liebe leiden, aufmerksam und fürsorglich begleiten« aussehen kann (AL 291).

Ausdrücklich macht Papst Franziskus sich die ihm vorgelegten
Aussagen der beiden Synoden zu eigen: »die Synodenväter haben einen allgemeinen Konsens erreicht, den ich unterstütze«.
Betreffend die zivil wiederverheirateten Geschiedenen sagt er:
»Ich nehme die Bedenken vieler Synodenväter auf, die darauf
hinweisen wollten, dass [...]. Die Logik der Integration ist
der Schlüssel ihrer pastoralen Begleitung [...] Sie sollen sich
nicht nur als nicht exkommuniziert fühlen, sondern können
als lebendige Glieder der Kirche leben und reifen, indem sie
diese wie eine Mutter empfinden, die sie immer aufnimmt«
(AL 299).

Was heißt das aber konkret? Diese Frage wird zu Recht von vielen gestellt.

Die entscheidenden Aussagen stehen in *Amoris laetitia* 300. Sie bieten sicher noch Stoff für Diskussion. Sie sind aber auch eine wichtige Klärung und Weichenstellung für den zweiten Weg. Zuerst eine Klarstellung: »Wenn man die zahllosen Unterschiede der konkreten Situationen [...] berücksichtigt, kann man verstehen, dass man von der Synode oder von diesem Schreiben keine neue, auf *alle Fälle* anzuwendende generelle gesetzliche Regelung kanonischer Art erwarten durfte« (AL 300). Manche haben sich eine solche neue Norm erwartet. Sie werden enttäuscht sein. Was ist möglich? Der Papst sagt es mit aller Klarheit: »Es ist nur möglich, eine neue Ermutigung auszudrücken zu einer verantwortungsvollen persönlichen und pastoralen Unterscheidung der je spezifischen Fälle«.

Wie diese persönliche und pastorale Unterscheidung aussehen kann und soll, ist Thema des ganzen Abschnitts AL 300–312. Schon auf der Synode 2015 wurde, im Anschluss an die Formulierungen des *Circulus Germanicus* ein *Itinerarium* der Unterscheidung, der Gewissensprüfung vorgeschlagen, das Papst Franziskus sich zu eigen macht. »Es handelt sich um einen Weg der Begleitung und der Unterscheidung, der ,diese Gläubigen darauf aus[richtet], sich ihrer Situation vor Gott bewusst zu werden«. Aber Papst Franziskus erinnert auch daran: »… wird diese Unterscheidung niemals von den Erfordernissen der Wahrheit und der Liebe des Evangeliums, die die Kirche vorlegt, absehen können« (AL 300).

Zwei Fehlhaltungen benennt Papst Franziskus: Die eine ist der Rigorismus: »Daher darf ein Hirte sich nicht damit zufrieden geben, gegenüber denen, die in ›irregulären‹ Situationen leben, nur moralische Gesetze anzuwenden, als seien es Felsblöcke, die man auf das Leben von Menschen wirft. Das ist der Fall der verschlossenen Herzen, die sich sogar hinter der Lehre der Kirche zu verstecken pflegen« (AL 305). Andererseits darf die Kirche auf keine Weise »darauf verzichten, das vollkommene Ideal der Ehe, den Plan Gottes in seiner ganzen Größe vorzulegen« (AL 307).

Natürlich wird die Frage gestellt: und was sagt der Papst über den Zugang zu den Sakramenten für Personen, die in »irregulären« Situationen leben? Schon Papst Benedikt hatte gesagt, dass keine »einfache Rezepte« (AL 298, Anm. 337) existieren. Und Papst Franziskus erinnert noch einmal an die Notwendigkeit, die Situationen gut zu unterscheiden in der Linie von *Familiaris consortio* (Nr. 84) von Papst Johannes Paul II. (AL 298). »Die Unterscheidung muss dazu verhelfen, die möglichen Wege der Antwort auf Gott und des Wachstums inmitten der Begrenzungen zu finden. In dem Glauben, dass alles weiß oder schwarz ist, versperren wir manchmal den Weg der Gnade und des Wachstums und nehmen den Mut für Wege der Heiligung, die Gott verherrlichen« (AL 305). Und Papst Franziskus erinnert an ein so wichtiges Wort, das er in *Evangelii Gaudium* 44 geschrieben hatte: »Ein kleiner Schritt inmitten großer menschlicher Begrenzungen kann Gott wohlgefälliger sein als das äußerlich korrekte Leben dessen, der seine Tage verbringt, ohne auf nennenswerte Schwierigkeiten zu stoßen«. Im Sinne dieser *»via caritatis«* (AL 306) sagt der Papst dann schlicht und einfach in einer Fußnote (AL 305, Anm. 355), dass auch die Hilfe der Sakramente »in gewissen Fällen« gegeben werden kann. Dazu bietet er keine Kasuistik, keine Rezepte, sondern erinnert einfach an zwei seiner bekannten Worte: »Die Priester erinnere ich daran, dass der Beichtstuhl keine Folterkammer sein darf, sondern ein Ort der Barmherzigkeit des Herrn« (EG 44) und: »Die Eucharistie ist, obwohl sie die Fülle des sakramentalen Lebens darstellt, nicht eine Belohnung für die Vollkommenen, sondern ein großzügiges Heilmittel und eine Nahrung für die Schwachen« (EG 47).

Ist das nicht eine Überforderung der Hirten, der Seelsorger, der Gemeinden, wenn die „Unterscheidung der Situationen" nicht genauer geregelt ist? Papst Franziskus weiß um diese Sorge: »Ich verstehe diejenigen, die eine unerbittliche Pastoral vorziehen, die keinen Anlass zu irgendeiner Verwirrung gibt« (AL 308). Dem hält er entgegen: »Wir stellen der Barmherzigkeit so viele Bedingungen, dass wir sie gleichsam aushöhlen und sie um ihren konkreten Sinn und ihre reale Bedeutung bringen, und das ist die übelste Weise, das Evangelium zu verflüssigen« (AL 311).

Papst Franziskus vertraut auf die »Freude der Liebe«. Sie weiß den Weg zu finden. Sie ist der Kompass, der uns den Weg zeigt. Sie ist das Ziel und der Weg zugleich, weil Gott die Liebe ist, und weil die Liebe aus Gott ist. Nichts ist so anspruchsvoll wie die Liebe. Sie ist nicht billig zu haben. Deshalb braucht niemand zu fürchten, dass Papst Franziskus mit *Amoris laetitia* auf einen allzu einfachen Weg einlädt. Leicht ist er nicht. Aber voller Freude!

Kardinal Christoph Schönborn

NACHSYNODALES
APOSTOLISCHES SCHREIBEN

AMORIS LÆTITIA

DES HEILIGEN VATERS
PAPST FRANZISKUS

AN DIE BISCHÖFE,
AN DIE PRIESTER UND DIAKONE,
AN DIE PERSONEN GEWEIHTEN LEBENS
AN DIE CHRISTLICHEN EHELEUTE
UND AN ALLE CHRISTGLÄUBIGEN LAIEN

ÜBER DIE LIEBE IN DER FAMILIE

1 Die Freude der Liebe, die in den Familien gelebt wird, ist auch die Freude der Kirche. So haben die Synodenväter darauf hingewiesen, dass trotz der vielen Anzeichen einer Krise der Ehe »*vor allem unter den Jugendlichen der Wunsch nach einer Familie lebendig [bleibt]. Dies bestärkt die Kirche*«.[1] Als Antwort auf diese Sehnsucht ist »*die christliche Verkündigung über die Familie [...] wirklich eine frohe Botschaft*«.[2]

2 Der synodale Weg hat ermöglicht, die Situation der Familien in der heutigen Welt offen darzulegen, unseren Blick zu weiten und uns die Bedeutung der Ehe und der Familie neu bewusst zu machen. Zugleich machte uns die Vielschichtigkeit der angesprochenen Themen die Notwendigkeit deutlich, einige doktrinelle, moralische, spirituelle und pastorale Fragen unbefangen weiter zu vertiefen. Die Reflexion der Hirten und Theologen wird uns, wenn sie kirchentreu, ehrlich, realistisch und kreativ ist, zu größerer Klarheit verhelfen. Die Debatten, wie sie in den Medien oder in Veröffentlichungen und auch unter kirchlichen Amtsträgern geführt werden, reichen von einem ungezügelten Verlangen, ohne ausreichende Reflexion oder Begründung alles zu verändern, bis zu der Einstellung, alles durch die Anwendung genereller Regelungen oder durch die Herleitung übertriebener Schlussfolgerungen aus einigen theologischen Überlegungen lösen zu wollen.

---

1 III. Ausserordentliche Generalversammlung der Bischofssynode, *Relatio Synodi* (18. Oktober 2014), 2.

2 XIV. Ordentliche Generalversammlung der Bbischofssynode, *Relatio finalis* (24. Oktober 2015), 3.3., dt.: Christoph Kardinal Schönborn (Hg.): Berufung und Sendung der Familie. Die zentralen Texte der Bischofssynode, Freiburg 2015, S. 121.

3 Indem ich daran erinnere, dass die Zeit mehr wert ist als der Raum, möchte ich erneut darauf hinweisen, dass nicht alle doktrinellen, moralischen oder pastoralen Diskussionen durch ein lehramtliches Eingreifen entschieden werden müssen. Selbstverständlich ist in der Kirche eine Einheit der Lehre und der Praxis notwendig; das ist aber kein Hindernis dafür, dass verschiedene Interpretationen einiger Aspekte der Lehre oder einiger Schlussfolgerungen, die aus ihr gezogen werden, weiterbestehen. Dies wird so lange geschehen, bis der Geist uns in die ganze Wahrheit führt (vgl. *Joh 16,13*), das heißt bis er uns vollkommen in das Geheimnis Christi einführt und wir alles mit seinem Blick sehen können. Außerdem können in jedem Land oder jeder Region besser inkulturierte Lösungen gesucht werden, welche die örtlichen Traditionen und Herausforderungen berücksichtigen. Denn »*die Kulturen [sind] untereinander sehr verschieden, und jeder allgemeine Grundsatz [...] muss inkulturiert werden, wenn er beachtet und angewendet werden soll*«.[3]

4 Auf jeden Fall muss ich sagen, dass der synodale Weg sehr Schönes enthalten und viel Licht geschenkt hat. Ich danke für viele Beiträge, die mir geholfen haben, die Probleme der Familien der Welt in ihrem ganzen Umfang zu betrachten. Die Gesamtheit der Wortmeldungen der Synodenväter, die ich mit ständiger Aufmerksamkeit angehört habe, ist mir wie ein kost-

---

3 Ansprache zum Abschluss der XIV. Ordentlichen Generalversammlung der Bischofssynode (24. Oktober 2015): *L'Osservatore Romano* (dt.) Jg. 45, Nr. 44 (30. Oktober 2015), S. 1. Vgl. Päpstliche Bibelkommission, *Fede e cultura alla luce della Bibbia. Atti della Sessione plenaria 1979 della Pontificia Commissione Biblica (Glaube und Kultur im Licht der Bibel. Akten der Plenarsitzung 1979)*, Turin 1981; Zweites Vatikanisches Konzil, Past. Konst. *Gaudium et spes über die Kirche in der Welt von heute*, 44; Johannes Paul II., Enzyklika *Redemptoris missio* (7. Dezember 1990), 52: *AAS* 83 (1991), S. 300; Franziskus, Apostolisches Schreiben *Evangelii gaudium* (24. November 2013), 69, 117: Freiburg 2013, S. 110f., S. 155f.

bares, aus vielen berechtigten Besorgnissen und ehrlichen, aufrichtigen Fragen zusammengesetztes Polyeder erschienen. Deshalb habe ich es für angemessen gehalten, ein nachsynodales Apostolisches Schreiben zu verfassen, das Beiträge der beiden jüngsten Synoden über die Familie sammelt, und weitere Erwägungen hinzuzufügen, die die Überlegung, den Dialog oder die pastorale Praxis orientieren können und zugleich den Familien in ihrem Einsatz und ihren Schwierigkeiten Ermutigung und Anregung bieten.

5 Dieses Schreiben gewinnt eine spezielle Bedeutung im Zusammenhang mit dem Jubiläumsjahr der Barmherzigkeit. An erster Stelle, weil ich das Schreiben als einen Vorschlag für die christlichen Familien verstehe, der sie anregen soll, die Gaben der Ehe und der Familie zu würdigen und eine starke und uneingeschränkte Liebe zu Werten wie Großherzigkeit, Verbindlichkeit, Treue oder Geduld zu pflegen. An zweiter Stelle, weil es alle ermutigen soll, dort selbst Zeichen der Barmherzigkeit und der Nähe zu sein, wo das Familienleben sich nicht vollkommen verwirklicht oder sich nicht in Frieden und Freude entfaltet.

6 Beim Aufbau des Textes werde ich mit einer von der Heiligen Schrift inspirierten Eröffnung beginnen, die ihm eine angemessene Einstimmung verleiht. Von da ausgehend werde ich die aktuelle Situation der Familien betrachten, um „Bodenhaftung" zu bewahren. Danach werde ich an einige Grundfragen der Lehre der Kirche über Ehe und Familie erinnern, um so zu den beiden zentralen Kapiteln zu führen, die der Liebe gewidmet sind. In der Folge werde ich einige pastorale Wege vorzeichnen, die uns Orientierung geben sollen, um stabile und fruchtbare Familien nach Gottes Plan aufzubauen; in einem weiteren Kapitel werde ich mich mit der Erziehung der Kinder

beschäftigen. Danach geht es mir darum, zur Barmherzigkeit und zur pastoralen Unterscheidung einzuladen angesichts von Situationen, die nicht gänzlich dem entsprechen, was der Herr uns aufträgt, und zum Schluss werde ich kurze Leitlinien für eine Spiritualität der Familie entwerfen.

7 Infolge der Reichhaltigkeit dessen, was der synodale Weg in den beiden Jahren der Reflexion einbrachte, spricht dieses Schreiben in unterschiedlicher Darstellungsweise viele und mannigfaltige Themen an. Das erklärt seinen unvermeidlichen Umfang. Darum empfehle ich nicht, es hastig ganz durchzulesen. Sowohl für die Familien als auch für die in der Familienpastoral Tätigen kann es nutzbringender sein, wenn sie es Abschnitt für Abschnitt geduldig vertiefen oder wenn sie darin nach dem suchen, was sie in der jeweiligen konkreten Situation brauchen. Es ist zum Beispiel möglich, dass die Eheleute sich mehr mit dem vierten und fünften Kapitel identifizieren, dass die pastoralen Mitarbeiter ein besonderes Interesse am sechsten Kapitel haben und dass alle sich am meisten durch das achte Kapitel angesprochen fühlen. Ich hoffe, dass jeder sich durch die Lektüre angeregt fühlt, das Leben der Familien liebevoll zu hüten, denn sie »*sind nicht ein Problem, sie sind in erster Linie eine Chance*«.[4]

---

4 PAPST FRANZISKUS: *Ansprache bei der Begegnung mit den Familien in Santiago de Cuba* (22. September 2015): *L'Osservatore Romano* (dt.) Jg. 45, Nr. 40 (2. Oktober 2015), S. 8.

ERSTES KAPITEL

IM LICHT DES WORTES

8 Die Bibel ist bevölkert mit Familien, mit Generationen, sie ist voller Geschichten der Liebe wie auch der Familienkrisen, und das von der ersten Seite an, wo die Familie von Adam und Eva auftritt mit ihrer Last der Gewalt, aber auch mit der Kraft des Lebens, das weitergeht (vgl. *Gen* 4), bis zur letzten Seite, wo die Hochzeit der Braut und des Lammes erscheint (vgl. *Offb* 21,2.9) Die beiden Häuser, die Jesus beschreibt und die auf Fels oder auf Sand gebaut sind (vgl. *Mt* 7,24–27), sind ein symbolischer Ausdruck vieler familiärer Situationen, die durch die persönliche Freiheit ihrer Mitglieder geschaffen werden, denn – wie der Dichter schrieb – »*jedes Haus ist ein Leuchter*«.[5] Treten wir nun in eines dieser Häuser ein, geführt vom Psalmisten durch einen Gesang, der noch heute sowohl in der jüdischen als auch in der christlichen Liturgie der Trauung erklingt:

»*Wohl dem Mann,*
der den Herrn fürchtet und ehrt und der auf seinen Wegen geht!
Was deine Hände erwarben, kannst du genießen;
wohl dir, es wird dir gut ergehn.
Wie ein fruchtbarer Weinstock ist deine Frau drinnen in deinem
Haus.
Wie junge Ölbäume sind deine Kinder rings um deinen Tisch.
So wird der Mann gesegnet,
der den Herrn fürchtet und ehrt.
Es segne dich der Herr vom Zion her.

---

5   Jorge Luis Borges, *Calle desconocida*, in: *Fervor de Buenos Aires*, Buenos Aires 2011, S. 23.

Du sollst dein Leben lang das Glück Jerusalems schauen
und die Kinder deiner Kinder sehn.
Frieden über Israel!« (*Ps* 128,1–6)

DU UND DEINE FRAU

9 Überschreiten wir also die Schwelle dieses heiter-gelassenen Heimes mit seiner Familie, die in festlicher Tafelrunde vereint ist. Im Mittelpunkt begegnen wir dem Paar von Vater und Mutter mit seiner ganzen Geschichte der Liebe. In ihnen verwirklicht sich jenes ursprüngliche Vorhaben, das Christus selbst mit Nachdruck ins Gedächtnis ruft: »*Habt ihr nicht gelesen, dass der Schöpfer die Menschen am Anfang als Mann und Frau geschaffen hat?*« (*Mt* 19,4). Und es wird die Anweisung aus dem Buch Genesis aufgegriffen: »*Darum verlässt der Mann Vater und Mutter und bindet sich an seine Frau, und sie werden ein Fleisch*« (2,24).

10 Die großartigen beiden ersten Kapitel des Buches Genesis bieten uns die Darstellung des menschlichen Paares in seiner grundlegenden Wirklichkeit. In diesem Anfangstext der Bibel scheinen einige entscheidende Feststellungen auf. Die erste, die von Jesus zusammenfassend zitiert wird, besagt: »*Gott schuf also den Menschen als sein Abbild; als Abbild Gottes schuf er ihn. Als Mann und Frau schuf er sie*« (*Gen* 1,27). Überraschenderweise wird dem »*Abbild Gottes*« als erläuternde Parallele ausgerechnet das Paar »*Mann und Frau*« zugeordnet. Bedeutet das etwa, dass Gott selber geschlechtlich ist oder dass ihn eine göttliche Gefährtin begleitet, wie einige antike Religionen glaubten? Natürlich nicht, denn wir wissen, mit welcher Klarheit die Bibel diese unter den Kanaanäern im Heiligen Land verbreitete Glaubensvorstellung als götzendienerisch zurückwies. Die

Transzendenz Gottes bleibt gewahrt; da er jedoch zugleich der Schöpfer ist, ist die Fruchtbarkeit des menschlichen Paares ein lebendiges und wirkungsvolles »*Abbild*«, ein sichtbares Zeichen des Schöpfungsaktes.

11 Das liebende Paar, das Leben zeugt, ist das wahre, lebende „Bildnis" (nicht jenes aus Stein und Gold, das der Dekalog verbietet), das imstande ist, den Gott, der Schöpfer und Erlöser ist, darzustellen. Daher wird die fruchtbare Liebe das Symbol der inneren Wirklichkeiten Gottes[6]. Darauf ist es zurückzuführen, dass die Erzählung der Genesis nach der sogenannten „priesterschriftlichen Überlieferung" von verschiedenen Geschlechterfolgen durchzogen ist[7], denn die Zeugungsfähigkeit des menschlichen Paares ist der Weg, auf dem sich die Heilsgeschichte entwickelt. In diesem Licht wird die fruchtbare Beziehung des Paares ein Bild, um das Geheimnis Gottes zu entdecken und zu beschreiben, das grundlegend ist in der christlichen Sicht der Dreifaltigkeit, die in Gott den Vater, den Sohn und den Geist der Liebe betrachtet. Der dreieinige Gott ist Gemeinschaft der Liebe, und die Familie ist sein lebendiger Abglanz. Die Worte des heiligen Johannes Paul II. schenken uns Klärung. Er sagte, »*unser Gott sei in seinem tiefsten Geheimnis nicht Einsamkeit, sondern Familie, weil er in sich selber Vaterschaft, Sohnschaft und Liebe, die das Wesentliche der Familie ist, darstellt. Diese Liebe innerhalb der Familie Gottes ist der Heilige Geist.*«[8] Die Familie ist also dem göttlichen Wesen selbst nicht

---

6   vgl. *Gen* 1,28; 9,7; 17,2–5.16; 28,3; 35,11; 48,3–4.

7   vgl. *Gen* 4,17–22.25–26; 5; 10; 11,10–32; 25,1–4.12–17.19–26; 36.

8   JOHANNES PAUL II.; *Homilie in der Eucharistiefeier in Puebla de los Ángeles* (28. Januar 1979), 2: *L'Osservatore Romano* (dt.) Jg. 9, Nr. 6 (9. Februar 1979), S. 9; *AAS* 76 (1979), S. 184.

fremd.[9] Dieser trinitarische Aspekt des Paares wird in der paulinischen Theologie neu dargestellt, wenn der Apostel es mit dem »*Geheimnis*« der Bindung zwischen Christus und der Kirche in Beziehung bringt (vgl. *Eph* 5,21–33).

12 Doch Jesus verweist uns in seiner Reflexion über die Ehe noch auf einen anderen Abschnitt aus dem Buch Genesis, auf das zweite Kapitel, wo ein wunderbares Bild des Paares mit leuchtenden Einzelheiten erscheint. Wir wählen nur zwei davon aus. Die erste ist die Unruhe des Mannes, der nach einer „Hilfe" sucht, „die ihm entspricht" (vgl. *Verse* 18.20), die fähig ist, die Einsamkeit aufzulösen, die ihn umtreibt und die durch die Nähe der Tiere und der gesamten Schöpfung nicht gemildert wird. Der originale hebräische Ausdruck verweist uns auf eine direkte, gleichsam „frontale" Beziehung – Auge in Auge – in einem auch wortlosen Dialog, denn in der Liebe sind die Momente des Schweigens gewöhnlich beredter als die Worte. Es ist die Begegnung mit einem Gesicht, einem „Du", das die göttliche Liebe widerspiegelt, das »*den besten Gewinn*« ausmacht, weil »*eine Hilfe, die ihm entspricht, eine stützende Säule*« für den Mann ist, wie ein weiser biblischer Autor sagt (*Sir* 36,29), beziehungsweise wie die Braut im Hohelied in einem großartigen Bekenntnis der Liebe und der gegenseitigen Hingabe ausruft: »*Der Geliebte ist mein, und ich bin sein [...] Meinem Geliebten gehöre ich, und mir gehört der Geliebte*« (2,16; 6,3).

13 Aus dieser Begegnung, die der Einsamkeit abhilft, gehen die Zeugung und die Familie hervor. Das ist das zweite Detail, das wir herausstellen können: Adam, der gewissermaßen der Mann aller Zeiten und aller Regionen unseres Planeten ist,

---

9   Vgl. *ebd.*

gründet gemeinsam mit seiner Frau eine neue Familie, wie Jesus mit einem Zitat aus dem Buch Genesis bekräftigt: »*Darum wird der Mann [...] sich an seine Frau binden und die zwei werden ein Fleisch sein*« (*Mt* 19,5; vgl. *Gen* 2,24). Das Verb „sich binden" bezeichnet im hebräischen Original eine innige Übereinstimmung, ein physisches und inneres Sich-Anschließen, das so weit geht, dass es gebraucht wird, um die Vereinigung mit Gott zu beschreiben: »*Meine Seele hängt an dir*«, singt der Beter (*Ps* 63,9). So wird die eheliche Vereinigung nicht nur in ihrer geschlechtlichen und körperlichen Dimension angesprochen, sondern auch in ihrer freiwilligen liebenden Hingabe. Das Ergebnis dieser Vereinigung ist, »*ein Fleisch*« zu werden, sowohl in der physischen Umarmung als auch in der Vereinigung der Herzen und der Leben und vielleicht in dem Kind, das aus den beiden geboren wird und das in sich die beiden „Fleische" tragen und sie nicht nur genetisch, sondern auch geistig vereinen wird.

DEINE KINDER WIE JUNGE ÖLBÄUME

14 Nehmen wir den Gesang des Psalmisten wieder auf. Dort erscheinen, wo der Mann und die Frau am Tisch sitzen, die Kinder, die bei ihnen sind, »*wie junge Ölbäume*« (*Ps* 128,3), das heißt voller Energie und Vitalität. Wenn die Eltern wie die Fundamente des Hauses sind, dann sind die Kinder gleichsam die „lebendigen Steine" der Familie (vgl. 1 *Petr* 2,5). Es ist bedeutsam, dass im Alten Testament das am zweithäufigsten erscheinende Wort nach dem für die Gottheit (YHWH, der »Herr«) das für Kind ist (ben), eine Vokabel, die auf das hebräische Wort banah verweist, das »aufbauen« bedeutet. Deshalb wird im Psalm 127 die Gabe der Kinder mit Bildern gerühmt, die sich sowohl auf den Bau eines Hauses, als auch auf das so-

ziale und kommerzielle Leben beziehen, das sich am Stadttor abspielte: »*Wenn nicht der Herr das Haus baut, müht sich jeder umsonst, der daran baut [...] Kinder sind eine Gabe des Herrn, die Frucht des Leibes ist sein Geschenk. Wie Pfeile in der Hand des Kriegers, so sind Söhne aus den Jahren der Jugend. Wohl dem Mann, der mit ihnen den Köcher gefüllt hat! Beim Rechtsstreit mit ihren Feinden scheitern sie nicht*« (V. 1.3–5). Es ist wahr, dass diese Bilder die Kultur einer antiken Gesellschaft widerspiegeln, doch die Gegenwart der Kinder ist in jeder Hinsicht ein Zeichen der Fülle der Familie in der Kontinuität der Heilsgeschichte selbst, von Generation zu Generation.

15 In diesem Licht können wir noch eine weitere Dimension der Familie aufnehmen. Wir wissen, dass im Neuen Testament von der Gemeinde die Rede ist, die sich im Haus versammelt (vgl. 1 *Kor* 16,19; *Röm* 16,5; *Kol* 4,15; *Phlm2*). Der Lebensraum der Familie konnte sich in eine Hauskirche verwandeln, in einen Ort der Eucharistie, der Gegenwart Christi am selben Tisch. Unvergesslich ist die in der Offenbarung des Johannes dargestellte Szene: »*Ich stehe vor der Tür und klopfe an. Wer meine Stimme hört und die Tür öffnet, bei dem werde ich eintreten und wir werden Mahl halten, ich mit ihm und er mit mir*« (3,20). So wird ein Haus skizziert, das in seinem Innern die Gegenwart Gottes birgt, das gemeinsame Gebet und somit den Segen des Herrn. Das ist es, was in Psalm 128 bekräftigt wird, der uns als Grundlage dient: »*So wird der Mann gesegnet, der den Herrn fürchtet und ehrt. Es segne dich der Herr vom Zion her*« (V. 4–5).

16 Die Bibel betrachtet die Familie auch als Ort der Katechese für die Kinder. Das scheint in der Beschreibung der Pascha-Feier auf (vgl. *Ex* 12,26–27; *Dtn* 6,20–25), und später wurde es in der jüdischen Haggadah verdeutlicht, das heißt in

der dialogischen Erzählung, die den Ritus des Pascha-Mahles begleitet. Mehr noch rühmt ein Psalm die Verkündigung des Glaubens in der Familie: »*Was wir hörten und erfuhren, was uns die Väter erzählten, das wollen wir unseren Kindern nicht verbergen, sondern dem kommenden Geschlecht erzählen: die ruhmreichen Taten und die Stärke des Herrn, die Wunder, die er getan hat. Er stellte sein Gesetz auf in Jakob, gab in Israel Weisung und gebot unseren Vätern, ihre Kinder das alles zu lehren, damit das kommende Geschlecht davon erfahre, die Kinder späterer Zeiten; sie sollten aufstehen und es weitergeben an ihre Kinder*« (*Ps* 78,3–6). Daher ist die Familie der Ort, wo die Eltern zu den ersten Glaubenslehrern ihrer Kinder werden. Es ist eine »hand-werkliche« Aufgabe, von Mensch zu Mensch: »*Wenn dich morgen dein Sohn fragt […] dann sag ihm …*« (*Ex* 13,14). So stimmten die verschiedenen Generationen ihren Gesang zum Herrn an: die jungen Männer und auch die Mädchen, die Alten mit den Jungen (vgl. *Ps* 148,12).

17 Die Eltern haben die Pflicht, ihre Erziehungsaufgabe ernsthaft zu erfüllen, wie die biblischen Weisen immer wieder lehren[10]. Die Kinder sind aufgefordert, das Gebot: »*Ehre deinen Vater und deine Mutter*« (*Ex* 20,12) anzunehmen und zu praktizieren, wobei das Wort »ehren« die Erfüllung der familiären und sozialen Verpflichtungen in vollem Umfang bedeutet, ohne sie mit religiösen Entschuldigungen zu vernachlässigen (vgl. *Mk* 7,11–13). In der Tat: »*Wer den Vater ehrt, erlangt Verzeihung der Sünden, und wer seine Mutter achtet, gleicht einem Menschen, der Schätze sammelt*« (*Sir* 3,3–4).

18 Das Evangelium erinnert uns auch daran, dass die Kinder kein Eigentum der Familie sind, sondern dass sie ihren ei-

---

10   vgl. *Spr* 3,11–12; 6,20–22; 13,1; 22,15; 23,13–14; 29,17.

genen Lebensweg vor sich haben. Wenn es stimmt, dass Jesus sich als Vorbild des Gehorsams gegenüber seinen irdischen Eltern zeigt und ihnen untertan ist (vgl. *Lk* 2,51), ist es auch sicher, dass Jesus zeigt, dass die Lebensentscheidung des Kindes und seine persönliche christliche Berufung eine Trennung verlangen können, um die eigene Hingabe an das Reich Gottes zu erfüllen (vgl. *Mt* 10,34–37; *Lk* 9,59–62). Mehr noch, er selbst antwortet im Alter von zwölf Jahren Maria und Josef, dass er eine andere, höhere Aufgabe erfüllen muss, jenseits seiner geschichtlichen Familie (vgl. *Lk* 2,48–50). Deshalb hebt er die Notwendigkeit anderer, sehr tiefer Bindungen auch innerhalb der familiären Beziehungen hervor: »*Meine Mutter und meine Brüder sind die, die das Wort Gottes hören und danach handeln*« (*Lk* 8,21). Andererseits geht Jesus in der Aufmerksamkeit, die er den Kindern widmet – die in der Gesellschaft des antiken Nahen Ostens als Subjekte ohne besondere Rechte und sogar als Objekte des Familienbesitzes betrachtet wurden –, so weit, sie den Erwachsenen geradezu als Lehrmeister vorzustellen wegen ihres einfachen und spontanen Vertrauens gegenüber den anderen: »*Amen, das sage ich euch: Wenn ihr nicht umkehrt und wie die Kinder werdet, könnt ihr nicht in das Himmelreich kommen. Wer so klein sein kann wie dieses Kind, der ist im Himmelreich der Größte*« (*Mt* 18,3–4).

Ein blutbefleckter Weg des Leidens

19 Die Idylle, die der Psalm 128 besingt, bestreitet nicht eine bittere Wirklichkeit, welche die ganze Heilige Schrift kennzeichnet. Es ist die Gegenwart des Schmerzes, des Bösen und der Gewalt, die das Leben der Familie und ihre innige Lebens- und Liebesgemeinschaft auseinander brechen lassen. Aus gutem Grund steht die Rede Christi über die Ehe (vgl. *Mt*

19,3–9) im Kontext eines Disputs über die Scheidung. Das Wort Gottes ist ständiger Zeuge dieser dunklen Dimension, die sich schon in den Anfängen auftut, als sich mit der Sünde die Beziehung der Liebe und der Reinheit zwischen Mann und Frau in eine Herrschaft verwandelt: »*Du hast Verlangen nach deinem Mann, er aber wird über dich herrschen*« (*Gen* 3,16).

20 Es ist ein blutbefleckter Weg des Leidens, der viele Seiten der Bibel durchzieht. Ausgehend von der brudermörderischen Gewalt Kains gegen Abel und den verschiedenen Streitigkeiten zwischen den Söhnen und zwischen den Frauen der Patriarchen Abraham, Isaak und Jakob gelangt dieser Weg später zu den Tragödien, die das Haus Davids mit Blut überströmen, und geht bis zu den vielfältigen familiären Schwierigkeiten, welche die Erzählung des Tobias durchdringen oder das bittere Bekenntnis des verlassenen Ijob: »*Meine Brüder hat er von mir entfernt, meine Bekannten sind mir entfremdet [...] Mein Atem ist meiner Frau zuwider; die Söhne meiner Mutter ekelt es vor mir*« (*Ijob* 19,13.17).

21 Jesus selbst wird in einer einfachen Familie geboren, die alsbald in ein fremdes Land fliehen muss. Er tritt in das Haus des Petrus ein, wo dessen Schwiegermutter krank ist (vgl. *Mk* 1,30–31), lässt sich in das Drama des Todes im Haus des Jaïrus (vgl. *Mk* 5,24.36–43; *Lk* 8,41–42.49–55) oder in der Familie des Lazarus (vgl. *Joh* 11,1–44) einbeziehen, hört den verzweifelten Aufschrei der Witwe von Naïn angesichts ihres verstorbenen Sohnes (vgl. *Lk* 7,11–15) und beachtet die Klage des Vaters des Epileptikers in einem kleinen ländlichen Dorf (vgl. *Mk* 9,17–27). Er trifft sich mit Zöllnern wie Matthäus (vgl. *Mt* 9,9–13; *Lk* 5,27–32) und Zachäus (vgl. *Lk* 19,5–10) in deren Häusern und sogar mit Sünderinnen wie der Frau, die in das Haus des Pharisäers eindringt (vgl. *Lk* 7,36–50). Er weiß um

die Ängste und die Spannungen der Familien und greift sie in seinen Gleichnissen auf: von den Söhnen, die ihr Elternhaus verlassen, um sich in ein Abenteuer zu stürzen (vgl. *Lk* 15,11–32), bis zu den schwierigen Söhnen mit unerklärlichen Verhaltensweisen (vgl. *Mt* 21,28–31) oder zu Opfern von Gewalt (vgl. *Mk* 12,1–9). Er interessiert sich auch für die Hochzeiten, die Gefahr laufen, einen beschämenden Eindruck zu hinterlassen, weil der Wein fehlt (vgl. Joh 2,1–10) oder dadurch, dass die eingeladenen Gäste ausbleiben (vgl. *Mt* 22,1–10). Und ebenso kennt er den Alptraum, den der Verlust einer Münze in einer armen Familie auslöst (*Lk* 15,8–10).

22 In diesem kurzen Überblick können wir feststellen, dass das Wort Gottes sich nicht als eine Folge abstrakter Thesen erweist, sondern als ein Reisegefährte auch für die Familien, die sich in einer Krise oder inmitten irgendeines Leides befinden. Es zeigt ihnen das Ziel des Weges, wenn Gott »*alle Tränen von ihren Augen abwischen [wird]: Der Tod wird nicht mehr sein, keine Trauer, keine Klage, keine Mühsal*« (*Offb* 21,4).

Deiner Hände Arbeit

23 Am Anfang von Psalm 128 wird der Vater als ein Arbeiter dargestellt, der mit seiner Hände Arbeit den äußeren Wohlstand und den Seelenfrieden seiner Familie aufrecht erhalten kann: »*Was deine Hände erwarben, kannst du genießen; wohl dir, es wird dir gut ergehn*« (V. 2). Dass die Arbeit ein grundlegender Teil der Würde des menschlichen Lebens ist, geht aus den ersten Seiten der Bibel hervor, wenn erklärt wird: »*Gott, der Herr, nahm also den Menschen und setzte ihn in den Garten von Eden, damit er ihn bebaue und hüte*« (*Gen* 2,15). Es ist die Darstellung des Arbeiters, der die Materie verwandelt und die Ener-

gien der Schöpfung ausnutzt, indem er das »*Brot der Mühsal*« (*Ps* 127,2) herstellt und außerdem sich selbst bildet.

24 Die Arbeit ermöglicht zugleich die Entwicklung der Gesellschaft und den Unterhalt der Familie wie auch ihre Beständigkeit und ihre Fruchtbarkeit: »*Du sollst dein Leben lang das Glück Jerusalems schauen und die Kinder deiner Kinder sehn*« (*Ps* 128,5–6). Im Buch der Sprichwörter wird auch die Aufgabe der Familienmutter dargestellt, deren Arbeit in all ihren tagtäglichen Einzelheiten beschrieben wird, mit denen sie das Lob ihres Ehemannes und der Kinder auf sich zieht (vgl. 31,10–31). Der Apostel Paulus selbst zeigte sich stolz, dass er gelebt hatte, ohne den anderen zur Last zu fallen, weil er mit seinen Händen gearbeitet und sich so seinen Unterhalt gesichert hatte (vgl. *Apg* 18,3; 1 *Kor* 4,12; 9,12). Er war so überzeugt von der Notwendigkeit der Arbeit, dass er für seine Gemeinden eine eiserne Regel aufstellte: »*Wer nicht arbeiten will, soll auch nicht essen*« (2 *Thess* 3,10; vgl. 1 *Thess* 4,11).

25 Nach diesen Ausführungen versteht man, dass Arbeitslosigkeit und unsichere Arbeitsbedingungen zu Leiden werden: Das ist im Buch Ruth verzeichnet und Jesus erwähnt es im Gleichnis von den Arbeitern, die in erzwungenem Müßiggang auf dem Dorfplatz sitzen (vgl. *Mt* 20,1–16), oder erfährt es in der Tatsache selbst, dass er oftmals von Bedürftigen und Hungernden umgeben ist. Es ist das, was die Gesellschaft in vielen Ländern in tragischer Weise erlebt, und dieser Mangel an Arbeitsplätzen schädigt auf verschiedene Weise die Ausgeglichenheit der Familien.

26 Ebenso wenig dürfen wir den Verfall vergessen, den die Sünde in die Gesellschaft einbringt, wenn der Mensch sich gegenüber der Natur wie ein Tyrann verhält, indem er sie verwüs-

tet und sie in egoistischer und sogar brutaler Weise gebraucht. Die Auswirkungen sind zugleich die Verödung des Bodens (vgl. *Gen* 3,17–19) und das wirtschaftliche wie das soziale Ungleichgewicht, gegen das sich in aller Klarheit die Stimme der Propheten erhebt, von Elias (vgl. 1 *Kön* 21) bis zu den Worten, die Jesus selbst gegen die Ungerechtigkeit äußert (vgl. *Lk* 12,13–21; 16,1–31).

Die Zärtlichkeit der Umarmung

27 Christus hat als Kennzeichen seiner Jünger vor allem das Gesetz der Liebe und der Selbsthingabe an die anderen eingeführt (vgl. *Mt* 22,39; *Joh* 13,34), und er tat das durch einen Grundsatz, den ein Vater oder eine Mutter gewöhnlich im eigenen Leben bezeugt: »*Es gibt keine größere Liebe, als wenn einer sein Leben für seine Freunde hingibt*« (*Joh* 15,13). Frucht der Liebe sind auch Barmherzigkeit und Vergebung. Auf dieser Linie ist die Szene sehr bezeichnend, die eine Ehebrecherin auf dem Tempelplatz von Jerusalem zeigt, umgeben von ihren Anklägern und später mit Jesus allein, der sie nicht verurteilt und sie zu einem würdigeren Leben auffordert (vgl. *Joh* 8,1–11).

28 Am Horizont der Liebe, die in der christlichen Erfahrung der Ehe und der Familie im Mittelpunkt steht, zeichnet sich auch noch eine andere Tugend ab, die in diesen Zeiten hektischer und oberflächlicher Beziehungen etwas ausgeklammert wird: die Zärtlichkeit. Wenden wir uns dem sanften und ausdrucksstarken Psalm 131 zu. Wie man auch in anderen Texten bemerkt (vgl. *Ex* 4,22; *Jes* 49,15; *Ps* 27,10), wird die Verbindung zwischen dem Gläubigen und seinem Herrn mit Wesenszügen der Vater- oder der Mutterliebe beschrieben. Hier

erscheint die zarte und sanfte Vertrautheit, die zwischen der Mutter und ihrem Kind, einem Neugeborenen, besteht, das in den Armen seiner Mutter schläft, nachdem es gestillt worden ist. Wie das hebräische Wort *gamûl* besagt, handelt es sich um ein bereits abgestilltes Kind, das sich bewusst an die Mutter klammert, die es an die Brust hebt. Es ist also eine bewusste Vertrautheit und nicht eine bloß biologische. Darum singt der Psalmist: »*Ich ließ meine Seele ruhig werden und still; wie ein kleines Kind bei der Mutter ist meine Seele still in mir*« (*Ps* 131,2). Parallel können wir uns einer anderen Szene zuwenden, wo der Prophet Hosea Gott als Vater diese bewegenden Worte in den Mund legt: »*Als Israel jung war, gewann ich ihn lieb […] Ich war es, der Efraim gehen lehrte, ich nahm ihn bei der Hand […] Mit menschlichen Fesseln zog ich sie an mich, mit den Ketten der Liebe. Ich war da für sie wie die [Eltern], die den Säugling an ihre Wangen heben. Ich neigte mich ihm zu und gab ihm zu essen*« (11,1.3–4).

29 Mit diesem Blick, der Glaube und Liebe, Gnade und Engagement, menschliche Familie und göttliche Dreieinigkeit umfängt, betrachten wir die Familie, die das Wort Gottes den Händen des Mannes, der Frau und der Kinder anvertraut, damit sie eine Gemeinschaft von Menschen bilden, die ein Abbild der Einheit zwischen dem Vater, dem Sohn und dem Heiligen Geist ist. Die Tätigkeit von Zeugung und Erziehung ist ihrerseits ein Widerschein des Schöpfungswerkes des Vaters. Die Familie ist berufen, das tägliche Gebet, die Lektüre des Wortes Gottes und die eucharistische Kommunion miteinander zu teilen, um die Liebe wachsen zu lassen und sich immer mehr in einen Tempel zu verwandeln, in dem der Heilige Geist wohnt.

30 Vor jeder Familie erscheint das Bild der Familie von Nazareth mit ihrem Alltag aus Ermüdung und sogar aus Alpträumen wie in dem Moment, als sie unter der unfassbaren Gewalt des Herodes leiden mussten – eine Erfahrung, die sich noch heute in vielen Familien ausgeschlossener und wehrloser Flüchtlinge tragisch wiederholt. Die Familien sind eingeladen, wie die Sterndeuter das Kind mit seiner Mutter zu betrachten, vor ihm niederzufallen und es anzubeten (vgl. *Mt* 2,11). Sie sind aufgefordert, wie Maria ihre traurigen und begeisternden familiären Herausforderungen mutig und gelassen zu leben und die Wunder Gottes im Herzen zu bewahren und darüber nachzudenken (vgl. *Lk* 2,19.51). Im Schatz von Marias Herz befinden sich auch alle Ereignisse einer jeden unserer Familien, die sie sorgsam bewahrt. Daher kann sie uns helfen, sie zu deuten, um in der Familiengeschichte die Botschaft Gottes zu erkennen.

ZWEITES KAPITEL

DIE WIRKLICHKEIT UND DIE HERAUSFORDERUNGEN DER FAMILIE

31 Das Wohl der Familie ist entscheidend für die Zukunft der Welt und der Kirche. Unzählige Analysen sind über die Ehe und die Familie, über ihre aktuellen Schwierigkeiten und Herausforderungen erstellt worden. Es ist heilsam, auf die konkrete Wirklichkeit zu achten, denn »*die Forderungen und Anrufe des göttlichen Geistes sprechen auch aus den Ereignissen der Geschichte*«, durch die »*die Kirche [...] zu einer tieferen Kenntnis des unerschöpflichen Mysteriums der Ehe und Familie geführt werden kann*«.[11]

Ich beabsichtige nicht, hier all das vorzulegen, was über die verschiedenen, auf die Familie im aktuellen Kontext bezogenen Themen gesagt werden könnte. Da aber die Synodenväter einen Blick auf die Wirklichkeit der Familien der ganzen Welt vermittelt haben, halte ich es für angebracht, einige ihrer pastoralen Beiträge aufzunehmen und weitere Besorgnisse aus meiner persönlichen Sicht hinzuzufügen.

DIE HEUTIGE SITUATION DER FAMILIE

32 »*In Treue zur Lehre Christi betrachten wir die Wirklichkeit der heutigen Familie in ihrer ganzen Komplexität, mit ihren Licht- und Schattenseiten [...] Der anthropologisch-kulturelle Wandel beeinflusst heute alle Aspekte des Lebens und erfordert*

---

11 JOHANNES PAUL II., Apostolisches Schreiben *Familiaris consortio* (22. November 1981), 4: *AAS* 74 (1982), S. 84.

eine analytische und differenzierte Zugehensweise.«[12] In dem einige Jahrzehnte zurückliegenden Kontext erkannten die Bischöfe Spaniens bereits eine häusliche Wirklichkeit mit mehr Freiheitsräumen an, »*mit einer gleichmäßigen Verteilung von Lasten, Verantwortlichkeiten und Aufgaben [...] Eine höhere Bewertung der persönlichen Kommunikation zwischen den Eheleuten trägt dazu bei, das gesamte familiäre Zusammenleben menschlicher zu gestalten [...] Weder die Gesellschaft, in der wir leben, noch jene, auf die wir zugehen, erlauben ein wahlloses Weiterbestehen von Formen und Modellen der Vergangenheit.*«[13] Doch »*wir sind uns der Hauptrichtung der anthropologisch-kulturellen Veränderungen bewusst, aufgrund derer die Individuen in ihrem Gefühls- und Familienleben von Seiten der sozialen Strukturen weniger Unterstützung erfahren*«.[14]

33 Andererseits »*muss ebenso die wachsende Gefahr betrachtet werden, die im ausufernden Individualismus zum Ausdruck kommt, der die familiären Bindungen entstellt und dazu führt, jedes Mitglied der Familie als eine Insel zu betrachten, wobei in einigen Fällen die Vorstellung eines Subjekts überwiegt, das sich nach eigenen Wünschen formt, welche wiederum als etwas Absolutes angesehen werden*«.[15] »*Die Spannungen, die von einer überzogenen individualistischen Kultur des Besitzes und des Genusses in die Familien hineingetragen werden, bringen in ihnen Dynamiken der Abneigung und Aggressivität hervor.*«[16] Ich möchte den heutigen Lebensrhythmus, den Stress, die Gesellschafts-

---

12 *Relatio Synodi* 2014, 5.

13 BISCHOFSKONFERENZ VON SPANIEN, *Matrimonio y familia* (6. Juli 1979), 3.16.23.

14 *Relatio finalis* 2015, 5, in: Schönborn, S. 121.

15 *Relatio Synodi* 2014, 5.

16 *Relatio finalis* 2015, 8, in: Schönborn, S. 124.

struktur und die Arbeitsorganisation hinzufügen, denn das sind kulturelle Faktoren, welche die Möglichkeit dauerhafter Entscheidungen gefährden. Zugleich begegnen wir mehrdeutigen Phänomenen. So wird zum Beispiel eine individuelle Gestaltung der Persönlichkeit geschätzt, die auf Authentizität setzt, anstatt vorgeformte Verhaltensweisen nachzuahmen. Das ist ein Wert, der die unterschiedlichen Fähigkeiten und die Spontaneität fördern kann, aber wenn er schlecht ausgerichtet ist, auch Haltungen ständigen Argwohns, der Flucht vor Verbindlichkeiten, des Sich-Verschließens in die Bequemlichkeit und der Arroganz hervorbringen kann. Die Freiheit der Wahl erlaubt, das eigene Leben zu planen und die persönlichen Stärken zu entfalten, doch wenn dieser Freiheit die edlen Ziele fehlen und sie nicht mit persönlicher Disziplin verbunden ist, verkommt sie zu einer Unfähigkeit, sich großherzig hinzugeben. In der Tat steigt in vielen Ländern, in denen die Zahl der Eheschließungen zurückgeht, die Anzahl der Menschen, die sich entscheiden, allein zu leben, oder die zusammenleben, ohne zusammen zu wohnen. Wir können auch einen lobenswerten Sinn für Gerechtigkeit hervorheben, doch falsch verstanden verwandelt er die Bürger in Kunden, die nur die Erfüllung von Dienstleistungen fordern.

34 Wenn diese Gefahren auf das Verständnis von Familie übergreifen, kann diese zu einem zeitweiligen Aufenthaltsort werden, zu dem man kommt, wenn es einem für sich selbst nützlich erscheint, oder wohin man sich begibt, um Rechte einzufordern, während die Bindungen der flüchtigen Unbeständigkeit der Wünsche und der Umstände überlassen bleiben. Im Grunde ist es heute leicht, die echte Freiheit mit der Vorstellung zu verwechseln, dass jeder urteilen mag, wie er meint, als gebe es jenseits der einzelnen Menschen keine Wahrheiten, Werte und Grundsätze, die uns orientieren, als sei alles

gleich und müsse alles erlaubt sein. In diesem Kontext wird das Ideal der Ehe mit ihrer durch Ausschließlichkeit und Beständigkeit charakterisierten Verbindlichkeit schließlich ausgelöscht durch die umstandsbedingten Zweckmäßigkeiten oder durch die Launen der inneren Regungen. Man fürchtet die Einsamkeit, man wünscht sich einen Raum des Schutzes und der Treue, doch zugleich wächst die Furcht, gefangen zu sein durch eine Beziehung, die das Erreichen der persönlichen Bestrebungen zurückstellen könnte.

35 Als Christen dürfen wir nicht darauf verzichten, uns zugunsten der Ehe zu äußern, nur um dem heutigen Empfinden nicht zu widersprechen, um in Mode zu sein oder aus Minderwertigkeitsgefühlen angesichts des moralischen und menschlichen Niedergangs. Wir würden der Welt Werte vorenthalten, die wir beisteuern können und müssen. Es stimmt, dass es keinen Sinn hat, bei einer rhetorischen Anprangerung der aktuellen Übel stehen zu bleiben, als könnten wir dadurch etwas ändern. Ebenso wenig dient es, mit der Macht der Autorität Regeln durchsetzen zu wollen. Uns kommt ein verantwortungsvollerer und großherzigerer Einsatz zu, der darin besteht, die Gründe und die Motivationen aufzuzeigen, sich für die Ehe und die Familie zu entscheiden, so dass die Menschen eher bereit sind, auf die Gnade zu antworten, die Gott ihnen anbietet.

36 Zugleich müssen wir demütig und realistisch anerkennen, dass unsere Weise, die christlichen Überzeugungen zu vermitteln, und die Art, die Menschen zu behandeln, manchmal dazu beigetragen haben, das zu provozieren, was wir heute beklagen. Daher sollte unsere Reaktion eine heilsame Selbstkritik sein. Andererseits haben wir häufig die Ehe so präsentiert, dass ihr Vereinigungszweck – nämlich die Berufung, in der Liebe zu wachsen, und das Ideal der gegenseitigen Hilfe überlagert

wurde durch eine fast ausschließliche Betonung der Aufgabe der Fortpflanzung. Auch haben wir die Neuvermählten in ihren ersten Ehejahren nicht immer gut begleitet, etwa mit Angeboten, die auf ihre Zeitpläne, ihren Sprachgebrauch und ihre wirklich konkreten Sorgen eingehen. Andere Male haben wir ein allzu abstraktes theologisches Ideal der Ehe vorgestellt, das fast künstlich konstruiert und weit von der konkreten Situation und den tatsächlichen Möglichkeiten der realen Familien entfernt ist. Diese übertriebene Idealisierung, vor allem, wenn wir nicht das Vertrauen auf die Gnade wachgerufen haben, hat die Ehe nicht erstrebenswerter und attraktiver gemacht, sondern das völlige Gegenteil bewirkt.

37 Lange Zeit glaubten wir, dass wir allein mit dem Beharren auf doktrinellen, bioethischen und moralischen Fragen und ohne dazu anzuregen, sich der Gnade zu öffnen, die Familien bereits ausreichend unterstützten, die Bindung der Eheleute festigten und ihr miteinander geteiltes Leben mit Sinn erfüllten. Wir haben Schwierigkeiten, die Ehe vorrangig als einen dynamischen Weg der Entwicklung und Verwirklichung darzustellen und nicht so sehr als eine Last, die das ganze Leben lang zu tragen ist. Wir tun uns ebenfalls schwer, dem Gewissen der Gläubigen Raum zu geben, die oftmals inmitten ihrer Begrenzungen, so gut es ihnen möglich ist, dem Evangelium entsprechen und ihr persönliches Unterscheidungsvermögen angesichts von Situationen entwickeln, in denen alle Schemata auseinanderbrechen. Wir sind berufen, die Gewissen zu bilden, nicht aber dazu, den Anspruch zu erheben, sie zu ersetzen.

38 Wir müssen dankbar sein, dass die Menschen großenteils jene familiären Beziehungen würdigen, die die Zeit überdauern möchten und die Achtung gegenüber dem anderen si-

cherstellen. Darum wird es begrüßt, dass die Kirche Bereiche der Begleitung und Beratung zu Fragen anbietet, die mit dem Wachstum der Liebe, der Konfliktbewältigung und der Kindererziehung verbunden sind. Viele schätzen die Kraft der Gnade, die sie in der sakramentalen Versöhnung und in der Eucharistie erfahren und die ihnen ermöglicht, die Herausforderungen von Ehe und Familie zu ertragen. In manchen Ländern, speziell in verschiedenen Teilen Afrikas, hat die Säkularisierung einige traditionelle Werte nicht schwächen können, und in jeder Eheschließung ereignet sich eine starke Vereinigung zwischen zwei Großfamilien, in denen sich noch ein wohldefiniertes System der Handhabung von Konflikten und Schwierigkeiten erhalten hat. In der Welt von heute wird auch das Zeugnis von Ehen gewürdigt, die nicht nur die Zeit überdauert haben, sondern weiter gemeinsame Pläne haben und die gegenseitige Zuneigung bewahren. Das öffnet einer positiven, einladenden Pastoral die Tür, die eine schrittweise Vertiefung der Ansprüche des Evangeliums ermöglicht. Dennoch haben wir oft in einer Haltung der Defensive gehandelt. Wir verbrauchen die pastoralen Energien, indem wir den Angriff auf die verfallende Welt verdoppeln und wenig vorsorgende Fähigkeit beweisen, um Wege des Glücks aufzuzeigen. Viele haben nicht das Gefühl, dass die Botschaft der Kirche über Ehe und Familie immer ein deutlicher Abglanz der Predigt und des Verhaltens Jesu gewesen ist, der zwar ein anspruchsvolles Ideal vorgeschlagen, zugleich aber niemals die mitfühlende Nähe zu den Schwachen wie der Samariterin und der Ehebrecherin verloren hat.

39 Das bedeutet nicht, aufzugeben, auf den kulturellen Niedergang hinzuweisen, der die Liebe und die Hingabe nicht fördert. Die Beratungen, die den beiden letzten Synoden vorausgingen, brachten verschiedene Symptome der „Kultur des

Provisorischen" ans Licht. Ich beziehe mich zum Beispiel auf die Schnelligkeit, mit der die Menschen von einer Liebesbeziehung zur anderen wechseln. Sie meinen, dass man die Liebe wie in den sozialen Netzen nach Belieben des Konsumenten ein- und ausschalten und sogar schnell blockieren kann. Ich denke auch an die Furcht, welche die Perspektive einer dauerhaften Verbindlichkeit weckt, an die Versessenheit auf Freizeit, an die Beziehungen, die Kosten und Nutzen abwägen und nur erhalten bleiben, wenn sie ein Mittel sind, um der Einsamkeit abzuhelfen, um Schutz zu haben oder um irgendeine Dienstleistung zu erhalten. Es überträgt sich auf die affektiven Beziehungen das, was mit den Dingen und der Umwelt geschieht: Alles kann man wegwerfen; jeder gebraucht und wirft weg, verbraucht und zerschlägt, nutzt und presst aus, solange es dienlich ist. Danach adieu. Der Narzissmus macht die Menschen unfähig, über sich selbst, über ihre Wünsche und Bedürfnisse hinauszusehen. Wer jedoch die anderen benutzt, wird früher oder später mit der gleichen Logik schließlich selber benutzt, manipuliert und verlassen werden. Es ist auffallend, dass die Brüche oft bei älteren Erwachsenen geschehen, die eine Art „Autonomie" suchen und das Ideal zurückweisen, gemeinsam alt zu werden und sich gegenseitig zu umsorgen und zu unterstützen.

40 »*Auf die Gefahr hin, allzu sehr zu vereinfachen, könnten wir sagen, dass wir in einer Kultur leben, die junge Menschen zwingt, keine Familie zu gründen, weil es ihnen an Chancen für die Zukunft mangelt. Und auf der anderen Seite bietet diese selbe Kultur anderen so viele Wahlmöglichkeiten, dass auch sie von der Gründung einer Familie abgehalten werden.*«[17] In manchen Län-

---

17 *Ansprache an den Kongress der Vereinigten Staaten von Amerika* (24. September 2015), *in:* Annette Schavan (Hg.): Päpste vor Parlamenten. In Verantwortung vor Gott und den Mensche, Freiburg 2016, S. 57.

dern werden viele junge Menschen »*häufig [...] durch Schwierigkeiten wirtschaftlicher Art, durch Probleme, die das Arbeitsleben betreffen, oder durch das Studium veranlasst, die Hochzeit zu verschieben. Manchmal geschieht dies auch aufgrund anderer Motive: aufgrund des Einflusses von Ideologien, die Ehe und Familie abwerten; der Erfahrung des Scheiterns anderer Ehepaare, das sie nicht riskieren wollen; der Furcht vor etwas, das sie als zu groß und zu heilig empfinden; aufgrund der gesellschaftlichen Chancen und der wirtschaftlichen Vorteile, die sich aus dem bloßen Zusammenleben ergeben, oder aufgrund einer rein emotionalen und romantischen Vorstellung von der Liebe; der Angst, ihre Freiheit und ihre Selbständigkeit zu verlieren; der Ablehnung von etwas, das als institutionell und bürokratisch wahrgenommen wird.*«[18] Wir müssen die Worte, die Motivationen und die Zeugen finden, die uns helfen, die innersten Fasern der jungen Menschen zum Schwingen zu bringen, dort, wo sie am fähigsten sind zu Großherzigkeit, Engagement, Liebe und sogar zu Heldentum, um sie einzuladen, mit Begeisterung und Mut die Herausforderung der Ehe anzunehmen.

41 Die Synodenväter verwiesen auf die heutigen »*kulturellen Tendenzen, die eine Affektivität ohne Grenzen zu propagieren scheinen [...] eine narzisstische, instabile und veränderliche Affektivität, die dem Einzelnen nicht immer hilft, eine größere Reife zu erreichen*«. Sie zeigten sich besorgt über »*eine gewisse Verbreitung der Pornographie und der Vermarktung des Körpers, die auch durch den Missbrauch des Internets begünstigt wird*« und über »*die Situation der Menschen, die zur Prostitution gezwungen werden*«. In diesem Gesamtkontext »*sind Paare manchmal unsicher, zögernd, und haben Mühe, Möglichkeiten zu finden, wie sie wachsen können. Viele neigen dazu, in frühen Stadien ih-*

---

18 *Relatio finalis* 2015, 29, in: Schönborn, S. 144.

res Gefühls- und Sexuallebens stecken zu bleiben. Die Krise der Paarbeziehung destabilisiert die Familie und kann durch Trennungen und Scheidungen schwere Konsequenzen für Erwachsene, Kinder und die ganze Gesellschaft mit sich bringen, indem sie den Einzelnen und die sozialen Bindungen schwächt.«[19] Den Ehekrisen wird »oft übereilt und ohne den Mut zur Geduld, zur Prüfung, zu gegenseitiger Vergebung, zu Versöhnung und auch zum Opfer begegnet [...] Aus dem Scheitern gehen so neue Beziehungen hervor, neue Paare, neue Verbindungen und neue Ehen; es entstehen schwierige familiäre Verhältnisse, die für das christliche Leben problematisch sind.«[20]

42 »Der durch eine geburtenfeindliche Mentalität und eine weltweite, verhütungsfördernde Politik hervorgerufene demographische Rückgang führt nicht nur zu einer Situation, in welcher der Generationswechsel nicht mehr gesichert ist, sondern mit der Zeit auch zu dem Risiko einer wirtschaftlichen Verarmung und des Verlustes von Vertrauen in die Zukunft. Die Biotechnologien haben sich ebenfalls stark auf die Geburtenrate ausgewirkt.«[21] Weitere Faktoren kann man ergänzen wie »die Industrialisierung, die sexuelle Revolution, die Angst vor Überbevölkerung, die wirtschaftlichen Probleme [...] Die Konsumgesellschaft kann dazu führen, dass Menschen davon absehen, Kinder zu bekommen, nur damit sie ihre Freiheit nicht aufgeben und ihren Lebensstil beibehalten können.«[22] Es ist wahr, dass das rechtschaffene Gewissen der Eheleute, wenn sie in der Weitergabe des Lebens sehr großzügig gewesen sind, sie zu der Entscheidung führen

---

19 *Relatio Synodi* 2014, 10.

20 III. Ausserordentliche Generalversammlung der Bischofssynode, *Botschaft*: *L'Osservatore Romano* (dt.) Jg. 44, Nr. 43 (24. Oktober 2014), S. 12.

21 *Relatio Synodi* 2014, 10.

22 *Relatio finalis* 2015, 7, in: Schönborn, S. 123f.

kann, die Kinderzahl aus genügend ernsten Gründen zu begrenzen, doch auch »*dieser Würde des Gewissens zuliebe lehnt die Kirche mit aller Entschiedenheit Zwangseingriffe des Staates zugunsten von Verhütung, Sterilisation oder gar Abtreibung ab*«.[23] Diese Maßnahmen sind sogar an Orten mit hoher Geburtenrate unannehmbar, doch es ist auffallend, dass die Politiker auch in einigen Ländern dazu ermutigen, die unter dem Drama einer sehr niedrigen Geburtenrate leiden. Wie die Bischöfe von Korea betonten, bedeutet das, »*in widersprüchlicher Weise zu handeln und die eigene Pflicht zu vernachlässigen*«.[24]

43 Die Schwächung des Glaubens und der religiösen Praxis in einigen Gesellschaften beeinträchtigt die Familien und lässt sie immer mehr mit ihren Schwierigkeiten allein. Die Synodenväter sagten: »*Eine der größten Erscheinungsformen der Armut in der gegenwärtigen Kultur ist die Einsamkeit, Ergebnis der Abwesenheit Gottes im Leben der Menschen und der Zerbrechlichkeit der Beziehungen. Es gibt außerdem ein allgemeines Gefühl der Ohnmacht angesichts der sozioökonomischen Wirklichkeit, das oft dazu führt, die Familien zu erdrücken [...] Oft fühlen sich die Familien aufgrund des Desinteresses und der geringen Aufmerksamkeit von Seiten der Institutionen verlassen. Im Hinblick auf die soziale Organisation sind die negativen Folgen sehr deutlich: von der demographischen Krise bis zu den Schwierigkeiten in der Erziehung, vom Zaudern bei der Annahme des ungeborenen Lebens bis dahin, dass die Gegenwart der alten Menschen als Last empfunden wird, und zur Ausbreitung eines affektiven Unwohlseins, das manchmal zur Gewalt führt. Es liegt in der Verantwortung des Staates, rechtliche und wirtschaftliche Bedin-*

---

23 *Ebd.*, 63, in: Schönborn, S. 181.

24 KONFERENZ DER KATHOLISCHEN BISCHÖFE VON KOREA, *Towards a Culture of Life!* (15. März 2007).

gungen zu schaffen, welche den Jugendlichen eine Zukunft garantieren und ihnen dabei helfen, ihr Vorhaben der Familiengründung umzusetzen.«[25]

44 Das Fehlen einer würdigen oder angemessenen Wohnung führt gewöhnlich dazu, die Formalisierung einer Beziehung aufzuschieben. Es ist daran zu erinnern, dass die »*Familie [...] das Recht [hat] auf eine menschenwürdige Wohnung, die für das Familienleben geeignet ist und der Zahl der Familienmitglieder entspricht, in einer äußeren Umgebung, in der die Grunddienste für das Leben von Familie und Gemeinschaft gewährleistet sind*«.[26] Eine Familie und ein Zuhause sind zwei Dinge, die sich gegenseitig erfordern. Dieses Beispiel zeigt, dass wir auf die Rechte der Familie bestehen müssen und nicht nur auf die Rechte des Einzelnen. Die Familie ist ein Gut, auf das die Gesellschaft nicht verzichten kann, sondern das geschützt werden muss.[27] Die Verteidigung dieser Rechte ist »*ein prophetischer Aufruf zugunsten der Familie, die geachtet und gegen jeden widerrechtlichen Zugriff verteidigt werden muss*«,[28] vor allem im heutigen Kontext, da sie in den Plänen der Politik gewöhnlich wenig Raum einnimmt. Die Familien haben unter anderem das Recht, »*von den staatlichen Autoritäten eine angemessene Familienpolitik auf juristischem, wirtschaftlichem, sozialem und steuerrechtlichem Gebiet erwarten zu können*«.[29] Manchmal nehmen die Ängste der Familien dramatische Formen an, wenn sie

---

25 *Relatio Synodi* 2014, 6.

26 PÄPSTLICHER RAT FÜR DIE FAMILIE, *Charta der Familienrechte* (22. Oktober 1983), 11.

27 Vgl. *Relatio finalis* 2015, 11–12, in: Schönborn, S. 127f.

28 PÄPSTLICHER RAT FÜR DIE FAMILIE, *Charta der Familienrechte* (22. Oktober 1983), Einführung. 26 Ebd., 9.

29 *Ebd.*, 9.

angesichts der Krankheit eines geliebten Menschen keinen Zugang zu angemessener medizinischer Versorgung haben oder wenn viel Zeit ohne eine würdige Anstellung vergeht. »*Wirtschaftliche Zwänge schließen Familien vom Zugang zur Bildung, zum kulturellen Leben und zum aktiven gesellschaftlichen Leben aus. Das derzeitige Wirtschaftssystem bringt verschiedene Formen sozialer Ausgrenzung hervor. Die Familien leiden besonders unter den Problemen, welche die Arbeitswelt betreffen. Die Möglichkeiten für junge Menschen sind begrenzt, und das Arbeitsangebot bietet oft nur eine geringe Auswahl und ist ausgesprochen unsicher. Die Arbeitstage sind lang und werden oftmals durch lange An- und Abfahrtszeiten erschwert. Das hindert die Familien daran, gemeinsame Zeit mit den Kindern zu verbringen, um ihre Beziehung auf diese Weise täglich zu stärken.*«[30]

45 »*Besonders in einigen Ländern werden viele Kinder außerhalb der Ehe geboren, und viele von ihnen wachsen dann mit nur einem Elternteil oder in einem erweiterten oder neugebildeten familiären Umfeld auf [...] Schließlich ist die sexuelle Ausbeutung von Kindern eine der skandalösesten und perversesten Wirklichkeiten der heutigen Gesellschaft. Auch die von kriegerischer Gewalt, Terrorismus oder organisierter Kriminalität heimgesuchten Gesellschaften erleben, dass sich die Lage der Familien verschlechtert. Vor allem in den großen Metropolen und ihren Randgebieten wächst das so genannte Phänomen der Straßenkinder.*«[31] Der sexuelle Missbrauch von Kindern wird noch skandalöser, wenn er an den Orten geschieht, wo sie geschützt werden müssen, besonders in den Familien, in den Schulen und in den christlichen Gemeinschaften und Institutionen.[32]

---

30 *Relatio finalis* 2015, 14, in: Schönborn, S. 129f.
31 *Relatio Synodi* 2014, 8.
32 Vgl. *Relatio finalis* 2015, 78, in: Schönborn, S. 193.

46 Die Migrationen »*stellen ein weiteres Zeichen der Zeit dar, das mit all seinen negativen Auswirkungen auf das Familienleben verstanden und angegangen werden muss*«.[33] Die letzte Synode hat dieser Problematik eine große Bedeutung beigemessen und betont, dass sie »*auf unterschiedliche Weise ganze Völker in verschiedenen Teilen der Welt [betrifft]. Die Kirche spielt in diesem Bereich eine führende Rolle. Es scheint heute mehr denn je dringend geboten, dieses dem Evangelium entsprechende Zeugnis (vgl. Mt 25,35) beizubehalten und weiterzuentwickeln [...] Menschliche Mobilität, die der natürlichen historischen Bewegung der Völker entspricht, kann sich sowohl für die Familie, die emigriert, als auch für das Land, das sie aufnimmt, als echter Reichtum erweisen. Etwas anderes ist die erzwungene Migration von Familien als Folge von Krieg, Verfolgung, Armut und Ungerechtigkeit.*

Sie ist gezeichnet von den Wechselfällen einer Reise, die oft das Leben in Gefahr bringt, die Menschen traumatisiert und die Familien destabilisiert. Die Begleitung der Migranten erfordert eine spezifische Pastoral, die sich an die Migrantenfamilien richtet, aber auch an die Mitglieder der Kernfamilien, die in den Ursprungsländern geblieben sind. Dies hat mit Respekt vor ihren Kulturen, vor der religiösen und menschlichen Bildung, aus der sie stammen, vor dem spirituellen Reichtum ihrer Riten und Traditionen zu erfolgen, auch durch eine besondere pastorale Fürsorge [...] Für die Familien und den Einzelnen erzeigt sich die Migration dann besonders dramatisch und verheerend, wenn sie jenseits der Legalität stattfindet und von internationalen Menschenhändlerringen durchgeführt wird. Dasselbe gilt auch, wenn sie Frauen oder unbegleitete Minderjährige betrifft oder wenn sie zu längeren Aufenthalten in Durchgangs- oder Flüchtlingslagern zwingt, wo es nicht möglich ist, einen Integrationsprozess einzu-

---

33 *Relatio Synodi* 2014, 8.

leiten. Extreme Armut und andere Situationen des Zerfalls führen die Familien manchmal sogar dazu, ihre eigenen Kinder in die Prostitution oder zum Zweck des Organhandels zu verkaufen.«[34] »Die Verfolgung der Christen sowie die Verfolgung ethnischer und religiöser Minderheiten in verschiedenen Teilen der Welt, vor allem im Nahen Osten, stellen eine große Prüfung dar: nicht nur für die Kirche, sondern auch für die ganze internationale Gemeinschaft. Jedes Bemühen, den Verbleib von christlichen Familien und Gemeinden in ihren Herkunftsländern zu fördern, muss unterstützt werden.«[35]

47 Besondere Aufmerksamkeit widmeten die Synodenväter auch den Familien, *»in denen Menschen mit besonderen Bedürfnissen leben. Die Behinderung, die in das Leben eindringt, schafft eine tiefe und unerwartete Herausforderung und bringt die Gleichgewichte, die Wünsche und die Erwartungen durcheinander [...] Große Bewunderung verdienen die Familien, die liebevoll die schwierige Prüfung eines behinderten Kindes annehmen. Sie bezeugen der Kirche und der Gesellschaft auf wertvolle Weise die Treue gegenüber dem Geschenk des Lebens. Wenn sie den Weg der Annahme und Pflege des Geheimnisses der Zerbrechlichkeit geht, kann die Familie aber zusammen mit der christlichen Gemeinschaft unvorhergesehene Kompetenzen, neue Gesten, Sprachen und Formen des Verständnisses und der Identität entdecken. Menschen mit einer Behinderung stellen für die Familie ein Geschenk und eine Gelegenheit dar, in der Liebe, in der gegenseitigen Unterstützung und in der Einheit zu wachsen [...] Die Familie, die mit dem Blick des Glaubens die Gegenwart von Menschen mit*

---

34 *Relatio finalis* 2015, 23, in: Schönborn, S. 137f.; vgl. *Botschaft zum Welttag des Migranten und Flüchtlings 2016* (12. September 2015): *L'Osservatore Romano* (dt.) Jg. 45, Nr. 44 (30. Oktober 2015), S. 11.

35 *Relatio finalis* 2015, 24, in: Schönborn, S. 138f.

Behinderung annimmt, wird die Qualität und den Wert jedes Lebens, mit seinen Bedürfnissen, seinen Rechten und seinen Chancen erkennen und garantieren können. Sie wird für alle Lebensphasen Dienste und Pflege anregen sowie Begleitung und Zuneigung fördern.«[36] Ich möchte unterstreichen, dass die Aufmerksamkeit, die sowohl den Migranten als auch den Menschen mit Behinderungen geschenkt wird, ein Zeichen des Heiligen Geistes ist. Denn beide Situationen dienen gleichsam als Muster: In ihnen steht in besonderer Weise auf dem Spiel, wie heute die Logik der barmherzigen Aufnahme und der Integration der Schwachen gelebt wird.

48 *»Die meisten Familien achten die alten Menschen, umgeben sie mit Liebe und betrachten sie als einen Segen. Besondere Wertschätzung gebührt den Familienvereinigungen und -bewegungen, die sich unter geistlichem und sozialem Aspekt für die alten Menschen einsetzen […]. In den hochindustrialisierten Gesellschaften, in denen ihr Anteil an der Bevölkerung wächst, während die Geburtenrate zurückgeht, besteht die Gefahr, dass sie als eine Last wahrgenommen werden. Andererseits stellt die Pflege, derer sie bedürfen, ihre Angehörigen oftmals auf eine harte Probe.«*[37] *»Je mehr versucht wird, auf alle mögliche Weise den Moment des Todes auszublenden, desto notwendiger wird heute die Wertschätzung der abschließenden Lebensphase. Schwäche und Abhängigkeit der alten Menschen werden manchmal auf bösartige Weise zum reinen wirtschaftlichen Vorteil ausgenutzt. Zahlreiche Familien lehren uns, dass es möglich ist, den letzten Abschnitten des Lebens zu begegnen, indem der Sinn der Vollendung und der Einbindung des ganzen Daseins in das Ostergeheimnis hervorgehoben wird. Eine große Zahl alter Menschen wird in kirchlichen*

---

36 *Ebd.,* 21, in: Schönborn, S. 135f.

37 *Ebd.,* 17, in: Schönborn, S. 132.

*Einrichtungen aufgenommen, wo sie auf materieller und geistli-
cher Ebene in einem ruhigen und familiären Ambiente leben können. Euthanasie und assistierter Suizid stellen für die Familien
auf der ganzen Welt eine schwere Bedrohung dar. In vielen Staaten ist diese Praxis erlaubt. Die Kirche, die sich entschieden gegen
diese Praxis wendet, fühlt sich verpflichtet, den Familien zu helfen, die sich um ihre alten und kranken Mitglieder kümmern.«*[38]

49 Ich möchte die Situation der im Elend versunkenen und
auf vielfältige Weise heimgesuchten Familien hervorheben, wo
die Grenzsituationen des Lebens besonders schmerzlich erlebt
werden. Wenn alle Schwierigkeiten haben, so gestalten sich diese
in einem sehr armen Haushalt viel härter.[39] Wenn zum Beispiel
eine Frau ihr Kind allein aufziehen muss, wegen einer Trennung oder aus anderen Gründen, und dabei arbeiten muss,
ohne die Möglichkeit zu haben, das Kind bei anderen Menschen zu lassen, wächst es in einer Verlassenheit auf, die es aller
Art von Risiken aussetzt, und seine persönliche Reifung bleibt
gefährdet. In den schwierigen Situationen, welche die am meisten Bedürftigen erleben, muss die Kirche besonders achtsam
sein, um zu verstehen, zu trösten, einzubeziehen, und sie muss
vermeiden, diesen Menschen eine Reihe von Vorschriften auf-
zuerlegen, als seien sie felsenstark. Damit bewirkt man nämlich
im Endeffekt, dass sie sich gerade von der Mutter verurteilt und
verlassen fühlen, die berufen ist, ihnen die Barmherzigkeit Gottes nahezubringen. Auf diese Weise möchten einige, anstatt die
heilsame Kraft der Gnade und das Licht des Evangeliums anzubieten, dieses »*„indoktrinieren" und zu toten Steinen machen [...]
mit denen man die anderen bewerfen kann*«.[40]

---

38 *Ebd.,* 20, in: Schönborn, S. 134f.

39 Vgl. *ebd.,* 15, in: Schönborn, S. 130f.

40 *Ansprache zum Abschluss der XIV. Ordentlichen Generalversammlung der Bi-*

EINIGE HERAUSFORDERUNGEN

50 Die eingegangenen Antworten auf die beiden Befragungen, die während des synodalen Weges ausgesandt wurden, erwähnten unterschiedlichste Situationen, die neue Herausforderungen stellen. Außer den bereits angedeuteten bezogen sich viele auf die Erziehungsaufgabe, die unter anderem dadurch erschwert wird, dass die Eltern müde und ohne Lust, miteinander zu reden, nach Hause kommen, dass in vielen Familien nicht einmal mehr die Gewohnheit existiert, gemeinsam zu essen, und dass es neben der Fernsehsucht eine zunehmend große Vielfalt an Unterhaltungsangeboten gibt. Das erschwert die Weitergabe des Glaubens von den Eltern an die Kinder. Andere berichteten, dass die Familien an einer enormen Ängstlichkeit kränkeln. Anscheinend ist man stärker darum besorgt, zukünftigen Problemen zuvorzukommen, als die Gegenwart miteinander zu teilen. Das, was an sich eine kulturelle Frage ist, verschärft sich infolge einer unsicheren beruflichen Zukunft, infolge der wirtschaftlichen Unsicherheit oder bedingt durch die Besorgnis um die Zukunft der Kinder.

51 Es wurde auch die Drogenabhängigkeit erwähnt als eine der Plagen unserer Zeit, die viele Familien leiden lässt und sie nicht selten schließlich zerstört. Etwas Ähnliches geschieht mit dem Alkoholismus, der Spielsucht und mit anderen Süchten. Die Familie könnte der Ort der Vorbeugung und Eindämmung sein, doch die Gesellschaft und die Politik hören nicht auf, darauf hinzuweisen, dass eine Familie in Gefahr »*die Reaktionsfähigkeit verliert, um ihren Mitgliedern zu helfen [...] Wir stellen die schwerwiegenden Folgen dieses Bruches in zerstörten*

schofssynode (24. Oktober 2015): L'Osservatore Romano (dt.) Jg. 45, Nr. 44 (30. Oktober 2015), S. 1.

Familien fest: entwurzelte Kinder, verlassene alte Menschen, verwaiste Kleinkinder noch lebender Eltern, orientierungs- und zügellose Heranwachsende und Jugendliche.«[41] Wie die Bischöfe von Mexiko gesagt haben, gibt es traurige Situationen familiärer Gewalt, die ein Nährboden sind für neue Formen sozialer Aggressivität, denn *»die familiären Beziehungen erklären auch die Veranlagung zu einer gewalttätigen Persönlichkeit. Die Familien, die einen Einfluss in dieser Hinsicht ausüben, sind die, in denen ein Mangel an Kommunikation besteht, in denen defensive Haltungen vorherrschen und ihre Mitglieder sich nicht gegenseitig unterstützen; in denen es keine familiären Aktivitäten gibt, die die Beteiligung begünstigen; in denen die Beziehungen der Eltern gewöhnlich konfliktgeladen und gewalttätig sind und in denen die Eltern-Kind-Beziehung durch feindseliges Verhalten gekennzeichnet ist. Die innerfamiliäre Gewalt ist eine Schule für Ressentiment und Hass in den menschlichen Grundbeziehungen.«*[42]

52 Niemand kann meinen, die Familie als natürliche, auf die Ehe gegründete Gemeinschaft zu schwächen, sei etwas, das der Gesellschaft zugutekommt. Es geschieht das Gegenteil: Es beeinträchtigt die Reifung der Personen, die Pflege der gemeinschaftlichen Werte und die ethische Entwicklung der Städte und Dörfer. Es wird nicht mehr in aller Klarheit wahrgenommen, dass nur die ausschließliche und unauflösliche Vereinigung zwischen einem Mann und einer Frau eine vollkommene gesellschaftliche Funktion erfüllt, weil sie eine beständige Verpflichtung ist und die Fruchtbarkeit ermöglicht.

---

41 Bischofskonferenz von Argentinien, *Navega mar adentro* (31. Mai 2003), 42.

42 Bischofskonferenz von Mexiko, *Que en Cristo nuestra paz México tenga vida digna* (15. Februar 2009), 67.

Wir müssen die große Vielfalt familiärer Situationen anerkennen, die einen gewissen Halt bieten können, doch die ehe-ähnlichen Gemeinschaften oder die Partnerschaften zwischen Personen gleichen Geschlechts, zum Beispiel, können nicht einfach mit der Ehe gleichgestellt werden. Keine widerrufliche oder der Weitergabe des Lebens verschlossene Vereinigung sichert uns die Zukunft der Gesellschaft. Doch wer kümmert sich heute darum, die Ehen zu stärken, ihnen bei der Überwindung der Gefahren zu helfen, die sie bedrohen, sie in ihrer Erziehungsrolle zu begleiten und zur Beständigkeit der ehelichen Einheit zu motivieren?

53 *»In einigen Gesellschaften besteht weiterhin die Praxis der Polygamie; in anderen Kontexten hält sich die Praxis der arrangierten Ehen [...] In vielen Bereichen, nicht nur im Westen, verbreitet sich weitgehend die Praxis des Zusammenlebens der Paare vor der Ehe oder auch das Zusammenleben ganz ohne die Absicht, eine institutionalisierte Bindung einzugehen.«*[43] In verschiedenen Ländern erleichtert die Gesetzgebung das Vordringen einer Vielfalt von Alternativen, so dass eine Ehe mit den Merkmalen der Ausschließlichkeit, der Unauflöslichkeit und der Offenheit für das Leben schließlich als ein veraltetes Angebot unter vielen anderen erscheint. In vielen Ländern schreitet ein rechtlicher Abbau der Familie voran, der dazu neigt, Formen anzunehmen, die fast ausschließlich auf dem Muster der Autonomie des Willens basieren. Obwohl es legitim und richtig ist, alte, durch Autoritarismus und sogar Gewalt gekennzeichnete Formen der „traditionellen" Familie zu verwerfen, dürfte das nicht zur Geringschätzung der Ehe führen, sondern zur Wiederentdeckung ihres wahren Sinnes und zu ihrer Erneuerung. Die Kraft der Familie *»wohnt wesentlich der Fähigkeit der Familie inne, zu lieben*

---

43 *Relatio finalis* 2015, 25, in: Schönborn, S. 140.

und lieben zu lehren. Wie verletzt eine Familie auch sein mag, sie kann immer von der Liebe ausgehend wachsen.«[44]

54 In diesem kurzen Blick auf die Wirklichkeit möchte ich hervorheben, dass es zwar bemerkenswerte Verbesserungen in der Anerkennung der Rechte der Frau und ihrer Beteiligung im öffentlichen Bereich gegeben hat, in einigen Ländern aber noch vieles voranzubringen ist. Die Ausrottung unannehmbarer Bräuche ist noch nicht geschafft. Ich hebe die beschämende Gewalt hervor, die manchmal gegen Frauen verübt wird, die Misshandlung in der Familie und verschiedene Formen der Sklaverei, die nicht etwa ein Beweis der männlichen Kraft sind, sondern ein feiger Verlust an Würde. Die verbale, physische und sexuelle Gewalt, die in einigen Ehen gegen die Frauen verübt wird, widerspricht der Natur der ehelichen Vereinigung selbst. Ich denke an die schlimme Genitalverstümmelung der Frau in manchen Kulturen, aber auch an die Ungleichheit im Zugang zu würdigen Arbeitsplätzen und zu Entscheidungspositionen. Die Geschichte trägt die Spuren der Ausschreitungen der patriarchalen Kulturen, in denen die Frau als zweitrangig betrachtet wurde, doch erinnern wir uns auch an die Leihmutterschaft oder *»an die Instrumentalisierung und Kommerzialisierung des weiblichen Körpers in der gegenwärtigen Medienkultur«.*[45] Manche meinen, viele aktuelle Probleme seien seit der Emanzipation der Frau aufgetreten. *»Aber auch das ist kein gültiges Argument. Es ist falsch, es ist nicht wahr! Es ist eine Form des Chauvinismus.«*[46] Die identische Würde von Mann und

---

44 *Ebd.,* 10, in: Schönborn, S. 127.

45 *Generalaudienz* (22. April 2015): *L'Osservatore Romano* (dt.) Jg. 45, Nr. 18 (1. Mai 2015), S. 2.

46 *Generalaudienz* (29. April 2015): *L'Osservatore Romano* (dt.) Jg. 45, Nr. 19 (8. Mai 2015), S. 2.

Frau ist uns ein Grund zur Freude darüber, dass alte Formen von Diskriminierung überwunden werden und sich in den Familien eine Praxis der Wechselseitigkeit entwickelt. Wenn Formen des Feminismus aufkommen, die wir nicht als angemessen betrachten können, bewundern wir gleichwohl in der deutlicheren Anerkennung der Würde der Frau und ihrer Rechte ein Werk des Heiligen Geistes.

55 Der Mann »*spielt im Leben der Familie eine gleichermaßen entscheidende Rolle, besonders im Hinblick auf den Schutz und die Unterstützung der Ehefrau und der Kinder [...] Viele Männer sind sich der Bedeutung ihrer Rolle in der Familie bewusst und füllen sie mit ihrer männlichen Wesensart aus. Durch die Abwesenheit des Vaters werden das Leben der Familie, die Erziehung der Kinder und ihre Eingliederung in die Gesellschaft stark beeinträchtigt. Es kann sich um physische, emotionale, geistige und geistliche Abwesenheit handeln. Dieser Mangel bringt die Kinder um ein adäquates Vorbild väterlichen Verhaltens.* «[47]

56 Eine weitere Herausforderung ergibt sich aus verschiedenen Formen einer Ideologie, die gemeinhin Gender genannt wird und die »*den Unterschied und die natürliche Aufeinander-Verwiesenheit von Mann und Frau leugnet. Sie stellt eine Gesellschaft ohne Geschlechterdifferenz in Aussicht und höhlt die anthropologische Grundlage der Familie aus. Diese Ideologie fördert Erziehungspläne und eine Ausrichtung der Gesetzgebung, welche eine persönliche Identität und affektive Intimität fördern, die von der biologischen Verschiedenheit zwischen Mann und Frau radikal abgekoppelt sind. Die menschliche Identität wird einer individualistischen Wahlfreiheit ausgeliefert, die sich im Laufe der Zeit*

---

47 *Relatio finalis* 2015, 28, in: Schönborn, S. 143.

auch ändern kann.«[48] Es ist beunruhigend, dass einige Ideologien dieser Art, die behaupten, gewissen und manchmal verständlichen Wünschen zu entsprechen, versuchen, sich als einzige Denkweise durchzusetzen und sogar die Erziehung der Kinder zu bestimmen. Man darf nicht ignorieren, dass »*das biologische Geschlecht (sex) und die soziokulturelle Rolle des Geschlechts (gender) unterschieden, aber nicht getrennt werden [können]* «.[49] Andererseits hat »*die biotechnologische Revolution im Bereich der menschlichen Zeugung [...] die technische Möglichkeit geschaffen, den Akt der Zeugung zu manipulieren und ihn von der sexuellen Beziehung zwischen Mann und Frau unabhängig zu machen. Das menschliche Leben und die Elternschaft sind auf diese Weise zu etwas geworden, das zusammengefügt oder getrennt werden kann. Sie unterliegen nun vor allen Dingen den Wünschen des Einzelnen oder des [...] Paares.*«[50] Verständnis zu haben für die menschliche Schwäche oder die Vielschichtigkeit des Lebens, ist etwas anderes, als Ideologien zu akzeptieren, die beabsichtigen, die in der Wirklichkeit untrennbaren Aspekte in zwei Teile auseinanderzunehmen. Verfallen wir nicht der Sünde, den Schöpfer ersetzen zu wollen! Wir sind Geschöpfe, wir sind nicht allmächtig. Die Schöpfung geht uns voraus und muss als Geschenk empfangen werden. Zugleich sind wir berufen, unser Menschsein zu behüten, und das bedeutet vor allem, es so zu akzeptieren und zu respektieren, wie es erschaffen worden ist.

57 Ich danke Gott, denn viele Familien, die sich bei weitem nicht für vollkommen halten, leben in der Liebe, verwirklichen ihre Berufung und gehen voran, auch wenn sie unterwegs viele

48 *Ebd.*, 8, in: Schönborn, S. 125.

49 *Ebd.*, 58, in: Schönborn, S. 175.

50 *Ebd.*, 33, in: Schönborn, S. 147.

Male fallen. Das Ergebnis der Überlegungen der Synode ist nicht ein Stereotyp der Idealfamilie, sondern eine herausfordernde Collage aus vielen unterschiedlichen Wirklichkeiten voller Freuden, Dramen und Träume. Die Realitäten, die uns Sorgen machen, sind Herausforderungen. Wir gehen nicht in die Falle, uns in Wehklagen der Selbstverteidigung zu verschleißen, anstatt eine missionarische Kreativität wachzurufen. In allen Situationen »*spürt die Kirche die Notwendigkeit, ein Wort der Wahrheit und der Hoffnung zu sagen [...] Die großen Werte der christlichen Ehe und Familie entsprechen jener Suche, welche die menschliche Existenz durchzieht.*«[51] Wenn wir viele Schwierigkeiten feststellen, sind diese – wie die Bischöfe von Kolumbien sagten – ein Aufruf, »*in uns die Energien der Hoffnung freizusetzen und sie in prophetischen Träumen, verwandelnden Handlungen und Fantasie der Liebe zum Ausdruck zu bringen.*«[52]

---

51 *Relatio Synodi* 2014, 11.

52 Bischofskonferenz von kolumbien, *A tiempos difíciles, colombianos nuevos* (13. Februar 2003), 3.

DRITTES KAPITEL

AUF JESUS SCHAUEN – DIE BERUFUNG DER FAMILIE

58 Vor den Familien und in ihrer Mitte muss immer wieder die Erstverkündigung erklingen, das, was »*am schönsten, am größten, am anziehendsten und zugleich am notwendigsten ist*«[53], und »*es muss die Mitte der Evangelisierungstätigkeit […] bilden*«.[54] Es ist die wichtigste Verkündigung, »*die man immer wieder auf verschiedene Weise neu hören muss und die man in der einen oder anderen Form […] immer wieder verkünden muss*«.[55] Denn »*es gibt nichts Solideres, nichts Tieferes, nichts Sichereres, nichts Dichteres und nichts Weiseres als diese Verkündigung*« und »*die ganze christliche Bildung ist in erster Linie Vertiefung des Kerygmas*«.[56]

59 Unsere Lehre über Ehe und Familie darf nicht aufhören, aus dem Licht der Verkündigung von Liebe und Zärtlichkeit Anregung zu schöpfen und sich dadurch zu verwandeln, um nicht zu einer bloßen Verteidigung einer kalten und leblosen Doktrin zu werden. Denn auch das Geheimnis der christlichen Familie kann man nur im Licht der unendlichen Liebe des himmlischen Vaters ganz verstehen, die sich in Christus offenbarte – in ihm, der hingegeben wurde bis zum Ende und lebendig in unserer Mitte weilt. Deshalb möchte ich den lebendigen Christus betrachten, der in vielen Geschichten der Liebe

---

53 Franziskus, Apostolisches Schreiben *Evangelii gaudium* (24. November 2013), 35: Freiburg 2013, S. 77.

54 *Ebd.*, 164, S. 198.

55 *Ebd.*, S. 199.

56 *Ebd.*, 165, S. 200

gegenwärtig ist, und das Feuer des Heiligen Geistes auf alle Familien der Welt herabrufen.

60 In diesem Rahmen beinhaltet dieses kurze Kapitel eine Zusammenfassung der Lehre der Kirche über Ehe und Familie. Auch hier werde ich verschiedene Beiträge der Synodenväter zitieren, die sie in ihren Betrachtungen über das Licht, das der Glaube uns schenkt, vorlegten. Sie gingen von dem Blick Jesu aus und wiesen darauf hin, dass er »*mit Liebe und Zärtlichkeit auf die Männer und Frauen geblickt [hat], die ihm begegneten; als er die Erfordernisse des Gottesreiches verkündete, hat er ihre Schritte mit Wahrheit, Geduld und Barmherzigkeit begleitet*«.[57] So begleitet uns der Herr auch heute in unseren Bestrebungen, das Evangelium der Familie zu leben und zu übermitteln.

JESUS STELLT DEN GÖTTLICHEN PLAN WIEDER HER UND FÜHRT IHN ZU SEINER VOLLENDUNG

61 Gegenüber denen, die die Ehe verpönten, lehrt das Neue Testament: »*Alles, was Gott geschaffen hat, ist gut, und nichts ist verwerflich*« (1 *Tim* 4,4). Die Ehe ist eine „Gnadengabe" des Herrn (vgl. 1 *Kor* 7,7). Wegen dieser positiven Bewertung wird zugleich großer Nachdruck auf das Hüten dieser göttlichen Gabe gelegt: »*Die Ehe soll von allen in Ehren gehalten werden, und das Ehebett bleibe unbefleckt*« (*Hebr* 13,4). Dieses Geschenk Gottes schließt die Sexualität ein: »*Entzieht euch einander nicht*« (1 *Kor* 7,5).

---

57 *Relatio Synodi* 2014, 12.

62 Die Synodenväter erinnerten daran, dass Jesus »*unter Bezugnahme auf die ursprüngliche Absicht hinsichtlich des menschlichen Paares die unauflösliche Verbindung von Mann und Frau [bestätigt], auch wenn er sagt: „Nur, weil ihr so hartherzig seid, hat Mose erlaubt, eure Frauen aus der Ehe zu entlassen. Am Anfang war das nicht so" (Mt 19,8). Die Unauflöslichkeit der Ehe („Was aber Gott verbunden hat, das darf der Mensch nicht trennen" Mt 19,6) ist nicht vor allem als ein dem Menschen auferlegtes „Joch" zu verstehen, sondern als ein „Geschenk" für die in der Ehe vereinten Menschen. Auf diese Weise zeigt Jesus, wie Gottes Entgegenkommen den Weg der Menschen immer begleitet, die verhärteten Herzen mit seiner Gnade heilt und verwandelt und sie über den Weg des Kreuzes auf ihren Ursprung hin ausrichtet. Aus den Evangelien geht klar das Beispiel Jesu hervor*«: Er hat »*die Botschaft von der Bedeutung der Ehe als Vollendung der Offenbarung verkündet, die den ursprünglichen Plan Gottes wieder herstellt (vgl. Mt 19,3).*«[58]

63 »*Jesus, der alles in sich versöhnt hat, hat Ehe und Familie zu ihrer ursprünglichen Form zurückgeführt (vgl. Mk 10,1–12). Christus hat Ehe und Familie erlöst (vgl. Eph 5,21–32) und nach dem Bild der Heiligsten Dreifaltigkeit, dem Geheimnis, aus dem jede wahre Liebe entstammt, wieder hergestellt. Der eheliche Bund, der in der Schöpfung grundgelegt und in der Heilsgeschichte offenbart wurde, erhält die volle Offenbarung seiner Bedeutung in Christus und in seiner Kirche. Ehe und Familie empfangen von Christus durch die Kirche die notwendige Gnade, um Gottes Liebe zu bezeugen und ein gemeinsames Leben zu leben. Das Evangelium der Familie zieht sich durch die Geschichte der Welt, von der Erschaffung des Menschen nach dem Bild und Gleichnis Gottes (vgl. Gen 1,26–27) bis zur Erfüllung des Ge-*

---

58 Ebd., 14.

heimnisses des Bundes in Christus am Ende der Zeit mit der Hochzeit des Lammes (vgl. Offb19,9).«[59]

64 *»Das Vorbild Jesu ist beispielhaft für die Kirche [...] Er hat sein öffentliches Wirken mit dem Zeichen von Kana begonnen, das er bei einer Hochzeitsfeier gewirkt hat (vgl. Joh 2,1–11) [...] Er hat alltägliche Momente der Freundschaft mit der Familie von Lazarus und seinen beiden Schwestern (vgl. Lk 10,38) und mit der Familie des Petrus (vgl. Mt 8,14) verlebt. Er hat das Weinen der Eltern um ihre Kinder gehört, ihnen das Leben wiedergegeben (vgl. Mk 5,41; Lk 7,14–15) und so die wahre Bedeutung der Barmherzigkeit offenbart, welche die Wiederherstellung des Bundes beinhaltet (vgl. Johannes Paul II., Dives in misericordia, 4). Das geht deutlich aus den Begegnungen mit der samaritischen Frau (vgl. Joh 4,1–30) und der Ehebrecherin (vgl. Joh 8,1–11) hervor, in denen die Wahrnehmung der Sünde angesichts der ungeschuldeten Liebe Jesu erwacht.«*[60]

65 Die Inkarnation des Wortes in einer menschlichen Familie in Nazareth erschüttert mit seiner Neuheit die Geschichte der Welt. Wir müssen uns in das Geheimnis der Geburt Jesu vertiefen, in das „Ja" Marias bei der Verkündigung des Engels, als das Wort in ihrem Schoß aufkeimte; auch in das „Ja" Josefs, der ihm den Namen Jesus gab und sich um Maria kümmerte; in das Fest der Hirten bei der Krippe; in die Anbetung der Sterndeuter; in die Flucht nach Ägypten, bei der Jesus am Schmerz seines ins Exil geschickten, verfolgten und gedemütigten Volkes Anteil nimmt; in die religiöse Erwartung des Zacharias und in die Freude, welche die Geburt Johannes des Täufers begleitet; in die für Simeon und Hanna erfüllte

---

59 *Ebd.*, 16.
60 *Relatio finalis* 2015, 41, in: Schönborn, S. 156f.

Verheißung im Tempel und in die Bewunderung der Lehrer, als sie die Weisheit des heranwachsenden Jesus vernahmen. Und später müssen wir vordringen in die dreißig langen Jahre, in denen Jesus sein Brot mit seiner Hände Arbeit verdiente, dabei mit verhaltener Stimme das Gebet und die gläubige Überlieferung seines Volkes rezitierte und sich im Glauben seiner Väter fortbildete, bis er ihn im Geheimnis des Reiches Frucht bringen ließ. Das ist das Mysterium der Geburt und das Geheimnis von Nazareth, erfüllt vom Wohlgeruch der Familie! Es ist das Mysterium, das Franziskus von Assisi, Thérèse vom Kinde Jesu und Charles de Foucauld so sehr faszinierte und an dem sich auch die christlichen Familien laben, um ihre Hoffnung und ihre Freude zu erneuern.

66 »*Der Bund der Liebe und der Treue, aus dem die Heilige Familie von Nazareth lebt, erleuchtet das Prinzip, das jeder Familie Gestalt gibt und sie befähigt, den Wechselfällen des Lebens und der Geschichte besser zu begegnen. Auf dieser Grundlage kann jede Familie auch in ihrer Schwachheit ein Licht im Dunkel der Welt werden. „Hier lernen wir, wie Familie zu leben ist. Nazareth lehre uns, was eine Familie ist, was ihre Liebesgemeinschaft, ihre einfache und schlichte Schönheit, ihr heiliger und unverletzlicher Charakter ist. Lernen wir von Nazareth, wie angenehm und unersetzlich die Erziehung in der Familie ist: Erkennen wir, welches ihre grundlegende Rolle in der Gesellschaftsordnung ist" (Paul VI., Ansprache in Nazareth, 5. Januar 1964).*«[61]

---

61   *Ebd.,* 38, in: Schönborn, S. 153f.

DIE FAMILIE IN DEN DOKUMENTEN DER KIRCHE

67 Das Zweite Vatikanische Konzil hat sich in der Pastoralen Konstitution Gaudium et spes der Förderung der Würde von Ehe und Familie gewidmet (vgl. 47–52). *»Hier ist die Ehe als Gemeinschaft des Lebens und der Liebe definiert worden (vgl. 48), wobei die Liebe in die Mitte der Familie gestellt […] wird. Die „wahre Liebe zwischen Mann und Frau" (49) umfasst die gegenseitige Hingabe seiner selbst, und schließt nach dem Plan Gottes auch die sexuelle Dimension und die Affektivität ein und integriert sie (vgl. 48–49). Darüber hinaus unterstreicht Gaudium et spes Nr. 48 die Verwurzelung der Brautleute in Christus: Christus, der Herr, „begegnet den christlichen Gatten im Sakrament der Ehe" und bleibt bei ihnen. In der Menschwerdung nimmt er die menschliche Liebe an, reinigt sie, bringt sie zur Vollendung und schenkt den Brautleuten mit seinem Geist die Fähigkeit, sie zu leben, indem er ihr ganzes Leben mit Glaube, Hoffnung und Liebe durchdringt. Auf diese Weise werden die Brautleute gleichsam geweiht und bauen durch eine eigene Gnade den Leib Christi auf, indem sie so etwas wie eine Hauskirche bilden (vgl. Lumen gentium 11). Daher schaut die Kirche, um ihr eigenes Geheimnis in Fülle zu verstehen, auf die christliche Familie, die es in unverfälschter Weise darlebt.«*[62]

68 Später hat *»der selige Paul VI. […] auf der Linie des Zweiten Vatikanischen Konzils die Lehre über Ehe und Familie vertieft. Besonders mit der Enzyklika Humanae vitae hat er das innere Band zwischen der ehelichen Liebe und der Weitergabe des Lebens ans Licht gehoben: „Deshalb fordert die Liebe von den Ehegatten, dass sie ihre Aufgabe verantwortlicher Elternschaft richtig erkennen. Diese Aufgabe, auf die man heute mit gutem*

---

62 *Relatio Synodi* 2014, 17,

Recht ganz besonderen Wert legt, muss darum richtig verstanden werden [...] Die Aufgabe verantwortungsbewusster Elternschaft verlangt von den Gatten, dass sie in Wahrung der rechten Güter- und Wertordnung ihre Pflichten gegenüber Gott, sich selbst, gegenüber ihrer Familie und der menschlichen Gesellschaft anerkennen" (10). In seinem Apostolischen Schreiben Evangelii nuntiandi hat Paul VI. die Beziehung zwischen Familie und Kirche hervorgehoben.«[63]

69 »Der hl. Johannes Paul II. hat der Familie durch seine Katechesen über die menschliche Liebe, den Brief an die Familien Gratissimam sane und vor allem durch das Apostolische Schreiben Familiaris consortio eine besondere Aufmerksamkeit geschenkt. In diesen Dokumenten hat der Papst die Familie als den „Weg der Kirche" bezeichnet und eine Gesamtschau der Berufung des Mannes und der Frau zur Liebe dargeboten. Zugleich hat er die Grundlinien der Familienpastoral und eine Pastoral im Hinblick auf die Gegenwart der Familie in der Gesellschaft vorgelegt. Vor allem hat er, im Zusammenhang mit der „ehelichen Liebe" (vgl. Familiaris consortio 13), die Art und Weise beschrieben, in der die Eheleute in ihrer gegenseitigen Liebe die Gabe des Geistes Christi empfangen und ihre Berufung zur Heiligkeit leben.«[64]

70 »In der Enzyklika Deus caritas est hat Papst Benedikt XVI. das Thema der Wahrheit der Liebe zwischen Mann und Frau wieder aufgegriffen, das erst im Licht der Liebe des gekreuzigten Christus vollkommen deutlich wird (vgl. 2). Der Papst unterstreicht: „Die auf einer ausschließlichen und endgültigen Liebe beruhende Ehe wird zur Darstellung des Verhältnisses Gottes zu sei-

---

63 *Relatio finalis* 2015, 43, in: Schönborn, S. 17.
64 *Relatio Synodi* 2014, 18.

*nem Volk und umgekehrt: die Art, wie Gott liebt, wird zum Maß-
stab menschlicher Liebe". Darüber hinaus unterstreicht er in der
Enzyklika Caritas in veritate die Bedeutung der Liebe als Prinzip
des Lebens in der Gesellschaft (vgl. 44), dem Ort, an dem man die
Erfahrung des Gemeinwohls macht.«*[65]

DAS SAKRAMENT DER EHE

71 *»Schrift und Tradition eröffnen uns den Zugang zu einer
Kenntnis der Dreifaltigkeit, die sich in familiären Zügen offenbart. Die Familie ist das Abbild Gottes, der Gemeinschaft von
Personen ist. Bei der Taufe bezeichnete die Stimme des Vaters Jesus
als seinen geliebten Sohn, und in dieser Liebe ist es uns geschenkt,
den Heiligen Geist zu erkennen (vgl. Mk 1,10–11). Jesus, der
alles in sich versöhnt und den Menschen von der Sünde befreit hat,
hat nicht nur die Ehe und die Familie zu ihrer ursprünglichen
Form zurückgeführt, sondern auch die Ehe zum sakramentalen
Zeichen seiner Liebe für die Kirche erhoben (vgl. Mt 19,1–12;
Mk 10,1–12; Eph 5,21–32). In der in Christus vereinten
menschlichen Familie wird das „Bild und Gleichnis" der heiligsten Dreifaltigkeit wiederhergestellt (vgl. Gen 1,26), das Geheimnis, aus dem jede wahre Liebe hervorgeht. Ehe und Familie empfangen von Christus durch die Kirche die Gnade des Heiligen
Geistes, um das Evangelium der Liebe Gottes zu bezeugen.«*[66]

72 Das Sakrament der Ehe ist nicht eine gesellschaftliche
Konvention, ein leerer Ritus oder das bloße äußere Zeichen einer Verpflichtung. Das Sakrament ist eine Gabe für die Heiligung und die Erlösung der Eheleute, denn *»ihr gegenseitiges*

---

65   *Ebd.,* 19.

66   *Relatio finalis* 2015, 38, in: Schönborn, S. 153.

Sichgehören macht die Beziehung Christi zur Kirche sakramental gegenwärtig. Die Eheleute sind daher für die Kirche eine ständige Erinnerung an das, was am Kreuz geschehen ist; sie sind füreinander und für die Kinder Zeugen des Heils, an dem sie durch das Sakrament teilhaben.«[67] Die Ehe ist eine Berufung, insofern sie eine Antwort auf den besonderen Ruf ist, die eheliche Liebe als unvollkommenes Zeichen der Liebe zwischen Christus und der Kirche zu leben. Daher muss die Entscheidung, zu heiraten und eine Familie zu gründen, Frucht einer Prüfung der eigenen Berufung sein.

73 »*Das gegenseitige Geschenk, welches für die sakramentale Ehe grundlegend ist, hat seinen Ursprung in der Gnade der Taufe, die den Bund jedes Menschen mit Christus in der Kirche begründet. In der gegenseitigen Annahme und mit der Gnade Christi versprechen sich die Eheleute vollkommene Hingabe, Treue und Offenheit für das Leben. Sie erkennen die Gaben, die Gott ihnen schenkt, als konstitutive Elemente der Ehe an und nehmen ihre gegenseitige Verpflichtung in seinem Namen und gegenüber der Kirche ernst. Im Glauben ist es dann möglich, die Güter der Ehe als Aufgabe anzunehmen, die durch die Gnade des Sakramentes besser erfüllt werden kann [...] Deshalb blickt die Kirche auf die Eheleute als das Herz der ganzen Familie, die ihrerseits ihren Blick auf Jesus richtet.*«[68]

Das Sakrament ist weder eine „Sache" noch eine „Kraft", denn in Wirklichkeit begegnet Christus selbst »*durch das Sakrament der Ehe den christlichen Gatten (vgl. Gaudium et spes 48). Er bleibt bei ihnen und gibt ihnen die Kraft, ihr Kreuz auf sich zu nehmen und ihm so nachzufolgen, aufzustehen, nachdem*

---

67 JOHANNES PAUL II., Apostolisches Schreiben *Familiaris consortio* (22. November 1981), 13: *AAS* 74 (1982), S. 94.

68 *Relatio Synodi* 2014, 21.

sie gefallen sind, einander zu vergeben, die Last des andern zu tragen.«[69]

Die christliche Ehe ist ein Zeichen, das nicht nur darauf hinweist, wie sehr Christus seine Kirche in dem am Kreuz besiegelten Bund geliebt hat, sondern das diese Liebe in der Gemeinschaft der Gatten gegenwärtig werden lässt. Indem sie sich vereinen und ein Fleisch werden, bilden sie die Vermählung des Gottessohnes mit der menschlichen Natur ab. Darum gibt er ihnen »*in den Freuden ihrer Liebe und ihres Familienlebens [...] schon hier einen Vorgeschmack des Hochzeitsmahles des Lammes.*«[70] Auch wenn die »*Analogie zwischen dem Paar Mann-Frau und Christus-Kirche« eine »unvollkommene Analogie*«[71] ist, lädt sie dazu ein, den Herrn anzurufen, dass er seine eigene Liebe in die Begrenztheit der ehelichen Beziehungen ausgieße.

74 Die auf menschliche Weise gelebte und durch das Sakrament geheiligte geschlechtliche Vereinigung ist ihrerseits für die Eheleute ein Weg des Wachstums im Leben der Gnade. Es ist das »bräutliche Geheimnis«.[72] Der Wert der körperlichen Vereinigung kommt in den Worten des Ehekonsenses zum Ausdruck, durch die sie einander angenommen und sich einander hingegeben haben, um das ganze Leben miteinander zu teilen. Diese Worte verleihen der Sexualität eine Bedeutung und befreien sie von jeglicher Zweideutigkeit. Doch in Wirklichkeit wird das ganze gemeinsame Leben der Ehegatten, das ganze Netz der Beziehungen, die sie untereinander, mit ihren

---

69 *Katechismus der Katholischen Kirche*, 1642.

70 *Ebd.*

71 *Generalaudienz* (6. Mai 2015): *L'Osservatore Romano* (dt.) Jg. 45, Nr. 20 (15. Mai 2015), S. 2.

72 LEO DER GROSSE, *Epistula Rustico narbonensi episcopo,* inquis. IV: *PL* 54, Sp. 1205 A; vgl. HINKMAR VON REIMS, *Epist.* 22: *PL* 126, Sp. 142

Kindern und mit der Welt knüpfen werden, geprägt und gestärkt sein durch die Gnade des Sakramentes, das aus dem Geheimnis der Inkarnation und aus dem Pascha-Mysterium entspringt, in dem Gott seine ganze Liebe zur Menschheit zum Ausdruck brachte und sich innig mit ihr vereinte. Niemals werden sie nur auf ihre eigenen Kräfte gestellt sein, um sich den Herausforderungen zu stellen, die ihnen begegnen. Sie sind aufgefordert, auf die Gabe Gottes mit ihrem Bemühen, ihrer Kreativität, ihrer Widerstandsfähigkeit und ihrem täglichen Ringen zu antworten; doch immer werden sie den Heiligen Geist anrufen können, der ihre Vereinigung geheiligt hat, damit die empfangene Gnade in jeder neuen Situation von neuem offenbar wird.

75 Nach der lateinischen Tradition der Kirche sind der Mann und die Frau, die heiraten, die Spender des Sakraments der Ehe.[73] Indem sie ihren Konsens erklären und ihn in der körperlichen Hingabe zum Ausdruck bringen, empfangen sie eine große Gabe. Ihr Konsens und die Vereinigung ihrer Körper sind die Mittel des göttlichen Handelns, das sie ein Fleisch werden lässt. In der Taufe wurde ihre Fähigkeit geheiligt, sich in der Ehe zu vereinigen als Diener des Herrn, um auf Gottes Ruf zu antworten. Wenn zwei nicht christliche Ehegatten sich taufen lassen, ist es deshalb nicht notwendig, dass sie das Eheversprechen erneuern. Es genügt, dass sie es nicht ablehnen, da durch die Taufe, die sie empfangen, dieser Bund von selbst sakramental wird. Das Kirchenrecht erkennt auch die Gültigkeit einiger Trauungen an, die ohne einen geweihten Amtsträger

---

73 Vgl. Pius xii., *Enzyklika Mystici Corporis Christi* (29. Juni 1943): *AAS* 35 (1943), S. 202: »*Matrimonio enim quo coniuges sibi invicem sunt ministri gratiae ...*«

gefeiert werden.[74] Denn die natürliche Ordnung ist von der Erlösung Jesu Christi durchdrungen, so dass es »*zwischen Getauften keinen gültigen Ehevertrag geben [kann], ohne dass er zugleich Sakrament ist*«.[75] Die Kirche kann die Öffentlichkeit des Aktes oder die Anwesenheit von Zeugen fordern und andere Bedingungen stellen, die sich im Laufe der Geschichte geändert haben, doch das nimmt den beiden, die heiraten, nicht ihre Eigenschaft als Spender des Sakramentes, noch schwächt es die Zentralität des Konsenses zwischen Mann und Frau: Er ist das, was von selbst die sakramentale Bindung begründet. Auf jeden Fall müssen wir mehr über das göttliche Handeln im Ritus der Trauung nachdenken, wie es in den Ostkirchen sehr markant zu Tage tritt, indem die Bedeutung des Segens über die Brautleute als Zeichen der Schenkung des Heiligen Geistes hervorgehoben wird.

SAATKÖRNER DES WORTES UND UNVOLLKOMMENE SITUATIONEN

76 »*Das Evangelium der Familie nährt auch jene Samen, die noch nicht reif sind, und muss jene Bäume pflegen, die ausgedörrt sind und nicht vernachlässigt werden dürfen*«[76], so dass sie, ausgehend von der Gabe Christi im Sakrament, »*geduldig weitergeführt werden, um zu einer reicheren Kenntnis und einer volleren Einbeziehung dieses Geheimnisses in ihr Leben zu gelangen*«.[77]

---

74 Vgl. *Codex des Kanonischen Rechtes*, Can. 1116; 1161–1165; vgl. auch *Gesetzbuch der katholischen Ostkirchen*, Can. 832; 848–852.

75 *Codex des Kanonischen Rechtes*, Can. 1055 § 2.

76 *Relatio Synodi* 2014, 23.

77 JOHANNES PAUL II., *Apostolisches Schreiben Familiaris consortio* (22. November 1981), 9: *AAS* 74 (1982), S. 90.

77 In Anlehnung an die biblische Lehre, nach der alles durch Christus und auf ihn hin geschaffen wurde (vgl. *Kol* 1,16), haben die Synodenväter bekräftigt: »*Die Erlösungsordnung erleuchtet und vollendet die Schöpfungsordnung. Die Naturehe ist daher im Licht ihrer sakramentalen Vollendung voll zu erfassen; nur, wenn der Blick auf Christus gerichtet bleibt, kann man die Wahrheit der menschlichen Beziehungen in ihrer Tiefe wirklich erkennen. „Tatsächlich klärt sich nur im Geheimnis des fleischgewordenen Wortes das Geheimnis des Menschen wahrhaft auf […] Christus, der neue Adam, macht eben in der Offenbarung des Geheimnisses des Vaters und seiner Liebe dem Menschen den Menschen selbst voll kund und erschließt ihm seine höchste Berufung" (Gaudium et spes 22). Es erweist sich als besonders angemessen […] das eheliche Gut (bonum coniugum) christozentrisch zu verstehen*«[78]. Und dieses eheliche Gut schließt die Einheit, die Offenheit für das Leben, die Treue und die Unauflöslichkeit und in der christlichen Ehe auch die gegenseitige Hilfe auf dem Weg zur vollkommenen Freundschaft mit dem Herrn ein. »*Die Unterscheidung des Vorhandenseins der semina Verbi in den anderen Kulturen (vgl. Ad gentes, 11) kann auch auf die Realität von Ehe und Familie angewandt werden. Über die wahre Naturehe hinaus gibt es wertvolle Elemente in den Eheformen anderer religiöser Traditionen*«[79], auch wenn es ebenso Schattenseiten gibt. Wir können sagen: »*Jeder Mensch, der in diese Welt eine Familie einbringen möchte, welche die Kinder dazu erzieht, sich über jede Tat zu freuen, deren Absicht ist, das Böse zu überwinden – eine Familie, die zeigt, dass der Heilige Geist in ihr lebt und wirkt –, wird Dankbarkeit und Wertschätzung finden, gleich welchem*

---

78 *Relatio finalis* 2015, 47, in: Schönborn, S. 162.

79 *Ebd.*

Volk, welcher Religion oder welchem Land auch immer er an-gehört.«[80]

78 *»Der Blick Christi, dessen Licht jeden Menschen erleuchtet (vgl. Joh 1,9; Gaudium et spes, 22), leitet die Pastoral der Kirche gegenüber jenen Gläubigen, die einfach so zusammenleben oder nur zivil verheiratet oder geschieden und wieder verheiratet sind. In der Perspektive der göttlichen Pädagogik wendet sich die Kirche liebevoll denen zu, die auf unvollkommene Weise an ihrem Leben teilhaben: Sie bittet gemeinsam mit ihnen um die Gnade der Um-kehr, ermutigt sie, Gutes zu tun, liebevoll füreinander zu sorgen und sich in den Dienst für die Gemeinschaft, in der sie leben und arbeiten, zu stellen [...] Wenn eine Verbindung durch ein öffent-liches Band offenkundig Stabilität erlangt – und von tiefer Zunei-gung, Verantwortung gegenüber den Kindern, von der Fähigkeit, Prüfungen zu bestehen, geprägt ist –, kann dies als Chance gesehen werden, sie zum Ehesakrament zu begleiten, wo dies möglich ist.«*[81]

79 *»Angesichts schwieriger Umstände und verletzter Familien muss immer ein allgemeines Prinzip in Erinnerung gerufen wer-den: „Die Hirten mögen beherzigen, dass sie um der Liebe willen zur Wahrheit verpflichtet sind, die verschiedenen Situationen gut zu unterscheiden“ (Familiaris consortio, 84). Der Grad der Ver-antwortung ist nicht in allen Fällen gleich, und es kann Faktoren geben, die die Entscheidungsfähigkeit begrenzen. Daher sind, während die Lehre klar zum Ausdruck gebracht wird, Urteile zu vermeiden, welche die Komplexität der verschiedenen Situationen*

---

80   *Homilie in der Eucharistiefeier zum Abschluss des VIII. Weltfamilientags* (Phil-adelphia, 27. September 2015): *L'Osservatore Romano* (dt.) Jg. 45, Nr.40 (2. Okt-ober 2015), S. 4.

81   *Relatio finalis* 2015, 53–54, in: Schönborn, S. 169.

nicht berücksichtigen. Es ist erforderlich, auf die Art und Weise zu achten, in der die Menschen leben und aufgrund ihres Zustands leiden.«[82]

DIE WEITERGABE DES LEBENS UND DIE ERZIEHUNG DER KINDER

80 Die Ehe ist an erster Stelle eine »*innige Gemeinschaft des Lebens und der Liebe*«[83], *die ein Gut für die Ehegatten selbst darstellt*[84], *und die Geschlechtlichkeit ist »auf die eheliche Liebe von Mann und Frau hin geordnet«.*[85] Daher können auch die »Eheleute, denen Gott Kindersegen versagt hat, […] dennoch ein menschlich und christlich sinnvolles Eheleben führen«.[86] Trotzdem ist diese Vereinigung »*durch ihre natürliche Eigenart*«[87] auf die Zeugung ausgerichtet. »*Das Kind kommt nicht von außen zu der gegenseitigen Liebe der Gatten hinzu; es entspringt im Herzen dieser gegenseitigen Hingabe, deren Frucht und Erfüllung es ist.*«[88] Es erscheint nicht als Abschluss eines Prozesses, sondern ist vom Anbeginn der Liebe als ein wesentliches Merkmal zugegen, das nicht abgeleugnet werden kann, ohne die Liebe selbst zu verkürzen. Von Anfang an wehrt die Liebe jeden Impuls ab, sich in sich selbst zu verschließen, und

---

82 *Ebd.,* 51, in: Schönborn, S. 167.

83 Zweites Vatikanisches Konzil, Past. Konst. *Gaudium et spes* über die Kirche in der Welt von heute, 48.

84 Vgl. *Codex des Kanonischen Rechts,* Can 1055 § 1: »*Ad bonum coniugum atque ad prolis generationem et educationem ordinatum* «.

85 *Katechismus der Katholischen Kirche,* 2360.

86 *Ebd.,* 1654

87 Zweites Vatikanisches Konzil, Past. Konst. *Gaudium et spes* über die Kirche in der Welt von heute, 48.

88 *Katechismus der Katholischen Kirche,* 2366.

öffnet sich einer Fruchtbarkeit, die sie über ihre eigene Existenz hinaus ausdehnt. So kann also kein Geschlechtsakt diese Bedeutung bestreiten,[89] auch wenn aus verschiedenen Gründen nicht immer tatsächlich ein neues Leben gezeugt werden kann.

81 Das Kind verlangt, aus dieser Liebe geboren zu werden, und nicht auf irgendeine Art, da es »*nicht etwas Geschuldetes, sondern ein Geschenk*«[90] ist, das »*die Frucht des spezifischen Aktes der ehelichen Hingabe seiner Eltern*« [91] ist. Denn »*nach der Schöpfungsordnung sind die eheliche Liebe zwischen einem Mann und einer Frau und die Weitergabe des Lebens einander zugeordnet (vgl. Gen 1,27–28). Auf diese Weise hat der Schöpfer Mann und Frau an seinem Schöpfungswerk beteiligt und sie gleichzeitig zu Werkzeugen seiner Liebe gemacht, indem er durch die Weitergabe des menschlichen Lebens die Zukunft der Menschheit ihrer Verantwortung anvertraut hat.*«[92]

82 Die Synodenväter haben angemerkt: »*Es ist nicht schwer, festzustellen, dass sich eine Mentalität ausbreitet, welche die Weitergabe des Lebens auf eine Variable in der Planung eines Einzelnen oder eines Paares verkürzt.*«[93] Die Lehre der Kirche »*verhilft dazu, die Gemeinschaft unter den Ehepartnern in all ihren Dimensionen und mit generativer Verantwortung harmonisch und bewusst zu leben. Es gilt, die Botschaft der Enzyklika Humanae*

---

89 Vgl. PAUL VI., Enzyklika *Humanae vitae* (25. Juli 1968), 11–12: *AAS* 60 (1968), S. 488–489, dt. DH 4475.

90 *Katechismus der Katholischen Kirche*, 2378.

91 KONGREGATION FÜR DIE GLAUBENSLEHRE, Instruktion *Donum vitae* (22. Februar 1987), II, 8: *AAS* 80 (1988), S. 97.

92 *Relatio finalis* 2015, 63, in: Schönborn, S. 180.

93 *Relatio Synodi* 2014, 57.

vitae Papst Pauls VI. wiederzuentdecken, die hervorhebt, dass bei der moralischen Bewertung der Methoden der Geburtenregelung die Würde der Person respektiert werden muss [...] Die Entscheidung zur Adoption oder Pflegschaft bringt eine besondere Fruchtbarkeit der ehelichen Erfahrung zum Ausdruck.«[94] Mit besonderem Dank »*unterstützt die Kirche die Familien, die behinderte Kinder aufnehmen, erziehen und mit ihrer Liebe umfangen*«.[95]

83 In diesem Zusammenhang kann ich nicht umhin zu sagen: Wenn die Familie das Heiligtum des Lebens ist, der Ort, wo das Leben hervorgebracht und gehütet wird, ist es ein schmerzlicher Widerspruch, wenn sie sich in einen Ort verwandelt, wo das Leben abgelehnt und zerstört wird. So groß ist der Wert eines menschlichen Lebens und so unveräußerlich das Recht auf Leben des unschuldigen Kindes, das im Schoß seiner Mutter wächst, dass man die Möglichkeit, Entscheidungen über dieses Leben zu fällen, das ein Wert in sich selbst ist und niemals Gegenstand der Herrschaft eines anderen Menschen sein darf, in keiner Weise als ein Recht über den eigenen Körper präsentieren kann. Die Familie schützt das Leben in allen seinen Phasen und auch in seinem Niedergang. Daher wird »*denjenigen, die im Gesundheitswesen arbeiten [...] die moralische Pflicht der Verweigerung aus Gewissensgründen in Erinnerung gerufen. In gleicher Weise fühlt die Kirche nicht nur die Dringlichkeit, das Recht auf einen natürlichen Tod zu bekräftigen sowie therapeutischen Übereifer und Euthanasie zu vermeiden, sondern sie [...] lehnt [auch] nachdrücklich die Todesstrafe ab.*«[96]

---

94 *Ebd.*, 58.
95 *Ebd.*, 57.
96 *Relatio finalis* 2015, 64, in: Schönborn, S. 182f.

84 Mit Nachdruck wollten die Synodenväter auch darauf hinweisen, dass »*eine der grundlegenden Herausforderungen, vor der die heutigen Familien stehen, [...] sicherlich die Erziehung [ist], welche durch die aktuelle kulturelle Wirklichkeit und den großen Einfluss der Medien noch anspruchsvoller und komplexer gemacht wird*«.[97] »*Die Kirche hat, ausgehend von der christlichen Initiation und durch aufnahmebereite Gemeinschaften im Hinblick auf die Unterstützung der Familien eine wichtige Rolle.*«[98] Doch scheint es mir sehr wichtig, daran zu erinnern, dass die ganzheitliche Erziehung der Kinder eine »sehr strenge Pflicht« und zugleich das »*erstrangige Recht*« der Eltern ist.[99] Es ist nicht nur eine Bürde oder eine Last, sondern auch ein wesentliches und unersetzliches Recht, das zu verteidigen sie aufgerufen sind; und niemand darf den Anspruch erheben, es ihnen zu nehmen. Der Staat bietet subsidiär einen Bildungsdienst an, der die nicht delegierbare Funktion der Eltern begleitet. Diese haben das Recht, die Art der – erschwinglichen und qualitativ guten – Ausbildung, die sie ihren Kindern gemäß ihren Überzeugungen geben wollen, frei zu wählen. Die Schule ersetzt die Eltern nicht, sondern ergänzt sie. Dies ist ein Grundprinzip: »*Jeder andere Mitwirkende am Erziehungsprozess kann nur im Namen der Eltern, aufgrund ihrer Zustimmung und in einem gewissen Maße sogar in ihrem Auftrag tätig werden.*«[100] Doch »*hat sich eine Kluft zwischen Familie und Gesellschaft, zwischen Familie und Schule aufgetan, ist der Erziehungs-*

---

97 *Relatio Synodi* 2014, 60.

98 *Ebd.*, 61.

99 *Codex des Kanonischen Rechtes* Can. 1136; vgl. *Gesetzbuch der katholischen Ostkirchen*, Can. 627.

100 PÄPSTLICHER RAT FÜR DIE FAMILIE, *Menschliche Sexualität: Wahrheit und Bedeutung* (8. Dezember 1995), 23.

pakt heute zerbrochen; und so ist die Erziehungsallianz zwischen Gesellschaft und Familie in eine Krise geraten«.[101]

85 Die Kirche ist berufen, durch einen geeigneten pastoralen Einsatz daran mitzuarbeiten, dass die Eltern ihre Erziehungsaufgabe erfüllen können. Sie muss dies immer so tun, dass sie ihnen hilft, ihre eigene Funktion zur Geltung zu bringen und zu erkennen, dass diejenigen, die das Sakrament der Ehe empfangen haben, zu wirklichen sakramentalen Dienern der Erziehung werden, denn wenn sie ihre Kinder heranbilden, bauen sie die Kirche auf,[102] und damit nehmen sie eine Berufung Gottes an.[103]

Die Familie und die Kirche

86 *»Mit innerer Freude und tiefem Trost blickt die Kirche auf die Familien, die den Lehren des Evangeliums treu bleiben. Sie dankt ihnen für ihr Zeugnis und ermutigt sie darin. Durch sie werden die Schönheit der unauflöslichen Ehe und ihre immer dauernde Treue glaubwürdig. In der Familie, die man als »Hauskirche« bezeichnen könnte (Lumen gentium, 11), reift die erste kirchliche Erfahrung der Gemeinschaft unter den Menschen, in der sich durch die Gnade das Geheimnis der Heiligsten Dreifaltigkeit spiegelt. „Hier lernt man Ausdauer und Freude an der Arbeit, geschwisterliche Liebe, großmütiges, ja wiederholtes Verzeihen*

---

101   *Generalaudienz* (20 Mai 2015): *L'Osservatore Romano* (dt.) Jg. 45, Nr. 22 (29. Mai 2015), S. 2.

102   Vgl. JOHANNES PAUL II., Apostolisches Schreiben *Familiaris consortio* (22. November 1981), 38: *AAS* 74 (1982), S. 129

103   Vgl. *Ansprache zur Eröffnung der Pastoraltagung der Diözese Rom* (14. Juni 2015): *L'Osservatore Romano* (dt.) Jg. 45, Nr. 26 (26. Juni 2015), S. 7.

und vor allem den Dienst Gottes in Gebet und Hingabe des Lebens" (Katechismus der Katholischen Kirche, 1657).«[104]

87 Die Kirche ist eine Familie aus Familien, die durch das Leben aller Hauskirchen ständig bereichert wird. Daher wird *»kraft des Ehesakramentes [...] jede Familie im umfassenden Sinn ein Gut für die Kirche. In dieser Hinsicht wird es für die Kirche heute zum wertvollen Geschenk, die Wechselseitigkeit zwischen Familie und Kirche zu betrachten: Die Kirche ist ein Gut für die Familie, die Familie ist ein Gut für die Kirche. Die Bewahrung des vom Herrn empfangenen sakramentalen Geschenks bezieht nicht nur die einzelne Familie, sondern auch die christliche Gemeinschaft auf entsprechende Weise mit ein.«*[105]

88 Die in den Familien gelebte Liebe ist eine ständige Kraft für die Kirche. *»Der Vereinigungszweck der Ehe stellt eine beständige Aufforderung dar, diese Liebe wachsen zu lassen und zu vertiefen. In ihrem Bund der Liebe erfahren die Eheleute die Schönheit der Vaterschaft und der Mutterschaft; sie teilen miteinander Pläne und Mühen, Wünsche und Sorgen; sie lernen, füreinander zu sorgen und einander zu vergeben. In dieser Liebe feiern sie die Momente gemeinsamen Glücks und stützen einander in den schwierigen Abschnitten ihrer Lebensgeschichte [...] Die Schönheit des gegenseitigen und unverdienten Geschenks, die Freude über das Leben, das geboren wird, und die liebevolle Fürsorge aller Mitglieder, von den Kindern bis zu den alten Menschen, sind einige der Früchte, die die Antwort auf die Berufung der Familie einzigartig und unersetzlich machen«*[106], sowohl für die Kirche als auch für die gesamte Gesellschaft.

---

104 *Relatio Synodi* 2014, 23.
105 *Relatio finalis* 2015, 52, in: Schönborn, S. 168.
106 *Ebd.*, 49–50, in: Schönborn, S. 165f.

VIERTES KAPITEL

DIE LIEBE IN DER EHE

89 Alles Gesagte reicht nicht aus, um das Evangelium von Ehe und Familie zum Ausdruck zu bringen, wenn wir nicht eigens darauf eingehen, von der Liebe zu sprechen. Denn wir können nicht zu einem Weg der Treue und der gegenseitigen Hingabe ermutigen, wenn wir nicht zum Wachstum, zur Festigung und zur Vertiefung der ehelichen und familiären Liebe anregen. Tatsächlich ist die Gnade des Ehesakramentes vor allem dazu bestimmt, »*die Liebe der Gatten zu vervollkommnen*«.[107] Auch hier trifft zu: »*Wenn ich alle Glaubenskraft besäße und Berge damit versetzen könnte, hätte aber die Liebe nicht, wäre ich nichts. Und wenn ich meine ganze Habe verschenkte und wenn ich meinen Leib dem Feuer übergäbe, hätte aber die Liebe nicht, nützte es mir nichts*« (1 *Kor* 13,2–3). Doch das Wort „Liebe", eines der meistgebrauchten, erscheint oft entstellt.[108]

UNSERE TÄGLICHE LIEBE

90 In dem sogenannten Hymnus des heiligen Paulus sehen wir einige Merkmale der wahren Liebe:

> »*Die Liebe ist langmütig,*
> *die Liebe ist gütig.*
> *Sie ereifert sich nicht,*

---

107 *Katechismus der Katholischen Kirche*, 1641.

108 Vgl. BENEDIKT XVI., Enzyklika *Deus caritas est* (25. Dezember 2005), 2: Freiburg 2006, S. 13.

sie prahlt nicht,
sie bläht sich nicht auf.
Sie handelt nicht ungehörig,
sucht nicht ihren Vorteil,
lässt sich nicht zum Zorn reizen,
trägt das Böse nicht nach.
Sie freut sich nicht über das Unrecht,
sondern freut sich an der Wahrheit.
Sie erträgt alles,
glaubt alles,
hofft alles,
hält allem stand.« (1 *Kor* 13,4–7)

Das wird mitten im Leben gelebt und gepflegt, in dem Leben, das die Eheleute untereinander und mit ihren Kindern Tag für Tag teilen. Darum lohnt es sich, dabei zu verweilen, den Sinn der Begriffe dieses Textes genauer zu bestimmen, um eine Anwendung auf das konkrete Leben jeder Familie zu versuchen.

LANGMUT

91 Der erste verwendete Begriff ist *makrothymeī*. Die Übersetzung besagt nicht einfach, dass die Liebe „alles erträgt", denn dieser Gedanke ist zum Schluss, in Vers 7, ausgedrückt. Den Sinn entnimmt man der griechischen Übersetzung des Alten Testaments, wo es heißt, dass Gott »*langmütig*« ist, das heißt „langsam zum Zorn" (*Ex* 34,6; *Num* 14,18). Langmut zeigt sich, wenn der Mensch sich nicht von seinen Instinkten leiten lässt und vermeidet, jemanden anzugreifen. Sie ist eine Eigenschaft des Gottes des Bundes, der auch im Familienleben zu seiner Nachahmung aufruft. Die Texte, in denen Paulus diesen Begriff benutzt, müssen vor dem Hintergrund des Buches

der Weisheit gelesen werden (vgl. 11,23; 12,2.15–18): Zugleich mit dem Lob der Mäßigung Gottes, um Zeit für Reue zu lassen, wird seine Macht betont, die sich zeigt, wenn er barmherzig handelt. Die Langmut Gottes ist eine Übung der Barmherzigkeit mit dem Sünder und offenbart die wahre Macht.

92 Langmut zu besitzen bedeutet nicht, uns ständig schlecht behandeln zu lassen oder physische Aggressionen hinzunehmen oder zuzulassen, dass man uns wie Objekte behandelt. Das Problem besteht, wenn wir verlangen, dass die Beziehungen himmlisch oder die Menschen vollkommen sind oder wenn wir uns in den Mittelpunkt stellen und erwarten, dass nur unser eigener Wille erfüllt wird. Dann macht uns alles ungeduldig, alles bringt uns dazu, aggressiv zu reagieren. Wenn wir die Langmut nicht pflegen, werden wir immer Ausreden haben für Antworten aus dem Zorn heraus, und schließlich werden wir uns in Menschen verwandeln, die nicht verstehen zusammenzuleben, die unsozial sind und unfähig, die eigenen Instinkte zurückzudrängen, und die Familie wird zu einem Schlachtfeld. Darum ermahnt uns das Wort Gottes: »*Jede Art von Bitterkeit, Wut, Zorn, Geschrei und Lästerung und alles Böse verbannt aus eurer Mitte!*« (*Eph* 4,31). Diese Langmut festigt sich, wenn ich anerkenne, dass der andere genauso ein Recht hat, auf dieser Erde zu leben, gemeinsam mit mir und so wie er ist. Es ist nicht wichtig, ob er eine Störung für mich ist, ob er meine Pläne durchkreuzt, ob er mir lästig ist mit seinem Wesen oder mit seinen Ideen, wenn er nicht ganz das ist, was ich erwartete. Die Liebe hat immer ein tiefes Mitgefühl, das dazu führt, den anderen als Teil dieser Welt zu akzeptieren, auch wenn er anders handeln sollte, als ich es gerne hätte.

Haltung dienstbereiter Güte

93 Es folgt das Wort *chrēsteúetai*, das in der gesamten Bibel einmalig ist; es ist abgeleitet von *chrēstós* (gütiger Mensch, der seine Güte in Taten zeigt). Doch wegen der Stelle, an der es steht, nämlich in strenger Parallele zum vorhergehenden Wort, ist es dessen Ergänzung. So will Paulus klären, dass die „Langmut", die an erster Stelle genannt wird, keine völlig passive Haltung ist, sondern dass sie mit einer Aktivität einhergeht, mit einer dynamischen und kreativen Reaktion gegenüber den anderen. Es besagt, dass die Liebe den anderen zugutekommt und sie fördert. Deshalb wird das Wort in einigen Übersetzungen mit „dienstbereit" wiedergegeben.

94 Im gesamten Text wird sichtbar, dass Paulus betonen will, dass die Liebe nicht nur ein Gefühl ist, sondern in dem Sinn verstanden werden muss, den das Verb „lieben" im Hebräischen hat, nämlich „Gutes tun". So sagte der heilige Ignatius von Loyola: »*Die Liebe muss mehr in die Werke als in die Worte gelegt werden*«.[109] Auf diese Weise kann sie ihre ganze Fruchtbarkeit zeigen und ermöglicht uns, das Glück zu erfahren, das im Geben liegt, den Edelmut und die Größe einer überreichlichen Selbsthingabe, ohne abzuwägen, ohne Entlohnung zu erwarten, einzig aus dem Wunsch, zu geben und zu dienen.

---

109 *Ejercicios Espirituales, Contemplación para alcanzar amor*, 230 (dt. Ausg.: *Geistliche Übungen, Betrachtung, um Liebe zu erlangen*, 230, Würzburg 2015³).

EIFERSUCHT UND NEID HEILEN

95 Sodann wird als Gegenteil der Liebe eine Haltung verworfen, die als *zēlos* (Eifersucht bzw. Neid) bezeichnet wird. Das bedeutet, dass in der Liebe kein Platz ist für Gefühle des Unbehagens gegenüber dem Wohl des anderen (vgl. *Apg* 7,9; 17,5). Der Neid ist eine Traurigkeit über fremdes Gut, die zeigt, dass uns das Glück der anderen nicht interessiert, weil wir ausschließlich auf das eigene Wohlsein konzentriert sind. Während die Liebe uns aus uns selbst herausgehen lässt, führt uns der Neid dazu, uns auf das eigene Ich zu konzentrieren. Die wahre Liebe würdigt die fremden Erfolge, sie empfindet sie nicht als Bedrohung und befreit sich von dem bitteren Geschmack des Neides. Sie akzeptiert, dass alle unterschiedliche Gaben und verschiedene Wege im Leben haben. Sie versucht also, den eigenen Weg zu entdecken, um glücklich zu sein, und lässt die anderen den ihren finden.

96 Letztlich geht es darum, das zu erfüllen, was die beiden letzten Gebote des Gesetzes Gottes verlangten: »*Du sollst nicht nach dem Haus deines Nächsten verlangen. Du sollst nicht nach der Frau deines Nächsten verlangen, nach seinem Sklaven oder seiner Sklavin, seinem Rind oder seinem Esel oder nach irgendetwas, das deinem Nächsten gehört*« (*Ex* 20,17). Die Liebe führt uns zu einer aufrichtigen Würdigung jedes Menschen, indem wir sein Recht auf Glück anerkennen. Ich liebe diesen Menschen, betrachte ihn mit dem Blick Gottes des Vaters, der uns alles schenkt, »*damit wir es genießen*« (vgl. 1 *Tim* 6,17), und so bejahe ich innerlich, dass er sich eines guten Momentes erfreuen kann. Dieselbe Wurzel der Liebe ist es jedenfalls, die mich die Ungerechtigkeit ablehnen lässt, dass einige im Überfluss leben und andere nichts besitzen, oder die mich danach trachten lässt, dass auch die Ausgesonderten der Gesellschaft

ein bisschen Freude erleben können. Das aber ist nicht Neid, sondern Verlangen nach Gerechtigkeit.

OHNE ZU PRAHLEN UND SICH AUFZUBLÄHEN

97 Es folgt das Wort *perpereúetai*, das die Ruhmsucht bezeichnet, das Verlangen, sich als überlegen zu zeigen, um die anderen mit einer besserwisserischen und etwas aggressiven Haltung zu beeindrucken. Wer liebt, vermeidet nicht nur, übermäßig von sich selbst zu sprechen, sondern weil er sich auf die anderen konzentriert, versteht er außerdem, an seinem Platz zu bleiben, ohne im Mittelpunkt stehen zu wollen. Das nächste Wort – *physio tai* – ist sehr ähnlich, denn es weist darauf hin, dass die Liebe nicht arrogant ist. Wörtlich ausgedrückt besagt es, dass sie sich nicht vor den anderen „größer macht", und bezeichnet damit etwas noch Nuancierteres. Es ist nicht nur die Versessenheit, die eigenen Qualitäten zur Schau zu stellen, sondern es geht außerdem das Empfinden der Realität verloren. Man hält sich für größer als man ist, weil man meint, „spiritueller" oder „weiser" zu sein. Paulus gebraucht dieses Verb noch andere Male, zum Beispiel, um zu sagen: »*Die Erkenntnis macht aufgeblasen, die Liebe dagegen baut auf*« (1 *Kor* 8,1b). Das heißt, einige halten sich für groß, weil sie mehr wissen als die anderen, und sie befassen sich damit, sie zu fordern und zu kontrollieren, während doch in Wirklichkeit das, was uns groß macht, die Liebe ist, die den Schwachen versteht, umsorgt und hält. In einem anderen Vers gebraucht der Apostel das Wort, um die zu kritisieren, die sich »*wichtig gemacht*« haben (1 *Kor* 4,18), in Wirklichkeit aber mehr Geschwafel als wahre „Kraft" des Geistes haben (vgl. 1 *Kor* 4,19).

98 Es ist wichtig, dass die Christen dies leben in der Art, wie sie diejenigen Angehörigen behandeln, die im Glauben wenig gebildet, die schwach oder in ihren Überzeugungen weniger gefestigt sind. Manchmal geschieht das Gegenteil: Die vermeintlich Größten in ihren Familien werden unerträglich arrogant. Die Haltung der Demut erscheint hier als etwas, das Teil der Liebe ist, denn um die anderen von Herzen verstehen, sie entschuldigen oder ihnen dienen zu können, ist es unerlässlich, den Stolz zu heilen und die Demut zu pflegen. Jesus erinnerte seine Jünger daran, dass in der Welt der Macht jeder danach trachtet, den anderen zu beherrschen, und darum sagt er ihnen: »*Bei euch soll es nicht so sein*« (*Mt* 20,26). Die Logik der christlichen Liebe ist nicht die Mentalität dessen, der sich den anderen überlegen fühlt und es nötig hat, sie seine Macht spüren zu lassen, sondern »*wer bei euch groß sein will, der soll euer Diener sein*« (*Mt* 20,27). Im Familienleben darf nicht die Logik der Herrschaft der einen über die anderen regieren oder der Wettbewerb, um zu sehen, wer der Intelligenteste oder der Mächtigste ist, denn diese Logik endet mit der Liebe. Auch für die Familie gilt dieser Rat: »*Alle aber begegnet einander in Demut! Denn Gott tritt den Stolzen entgegen, den Demütigen aber schenkt er seine Gnade*« (1 *Petr* 5,5).

LIEBENSWÜRDIGE FREUNDLICHKEIT

99 Lieben heißt auch liebenswürdig werden, und dort erhält das Wort *aschemoneī* seinen Sinn. Es will darauf hinweisen, dass die Liebe nicht ungehörig handelt, sich nicht unhöflich verhält, nicht hart ist im Umgang. Ihre Methoden, ihre Worte, ihre Gesten sind angenehm und nicht rau und starr. Sie verabscheut es, andere leiden zu lassen. Die Höflichkeit »*ist eine Schule des Feingefühls und der Uneigennützigkeit*«, die vom

Menschen verlangt, »*sein Denken und Fühlen zu verfeinern und hören, sprechen und – in gewissen Momenten – schweigen zu lernen*«.[110] Liebenswürdig sein ist nicht ein Stil, den der Christ wählen oder ablehnen kann: Es ist ein Teil der unverzichtbaren Anforderungen der Liebe; daher »*ist jeder Mensch verpflichtet, freundlich gegenüber denen zu sein, die ihn umgeben* «.[111] Tag für Tag »*in das Leben des anderen einzutreten erfordert, auch wenn er Teil unseres Lebens ist, das Taktgefühl einer unaufdringlichen Haltung, die das Vertrauen und den Respekt erneuert […] Je inniger und tiefer die Liebe ist, desto mehr erfordert sie die Achtung der Freiheit und die Fähigkeit zu warten, dass der andere die Tür seines Herzens öffnet.*«[112]

100 Um sich für eine wirkliche Begegnung mit dem anderen zu bereiten, muss man mit einem liebenswürdigen Blick auf ihn schauen. Das ist nicht möglich, wenn ein Pessimismus herrscht, der die fremden Schwächen und Fehler herausstellt, vielleicht um die eigenen Komplexe zu kompensieren. Ein liebenswürdiger Blick ermöglicht, dass wir uns nicht so sehr bei den Begrenzungen des anderen aufhalten und so, auch wenn wir verschieden sind, ihn tolerieren und uns zu einem gemeinsamen Projekt zusammentun können. Die freundliche Liebe schafft Verbindungen, pflegt Bindungen, knüpft neue Netze der Eingliederung und baut ein festes soziales Gefüge auf. Auf diese Weise schützt man sich selbst, da man ohne ein Gefühl der Zugehörigkeit keine Hingabe an die anderen aufrecht erhalten kann, jeder schließlich nur den eigenen Vorteil sucht und das Zusammenleben unmöglich wird. Ein unsozialer

---

110   Octavio Paz, *La llama doble,* Barcelona 1993, S. 35.

111   Thomas von Aquin, *Summa Theologiae* II-IIae, q. 114, art. 2, ad 1.

112   *Generalaudienz* (13. Mai 2015): *L'Osservatore Romano* (dt.) Jg 45, Nr. 21 (22. Mai 2015), S. 2.

Mensch meint, dass die anderen dafür da sind, seine Bedürfnisse zu befriedigen, und wenn sie es tun, nur ihre Pflicht erfüllen. Dann ist kein Raum für die Freundlichkeit der Liebe und ihre Sprache. Wer liebt, kann Worte der Ermutigung sagen, die wieder Kraft geben, die aufbauen, die trösten und die anspornen. Sehen wir zum Beispiel einige Worte, die Jesus den Menschen sagte: »*Hab Vertrauen, mein Sohn*!« (*Mt* 9,2); »*Dein Glaube ist groß*!« (*Mt* 15,28); »*Steh auf*!« (*Mk* 5,41); »*Geh in Frieden*!« (*Lk* 7,50); »*Fürchtet euch nicht*!« (*Mt* 14,27). Das sind keine Worte, die demütigen, die traurig machen, die ärgern, die herabwürdigen. In der Familie muss man diese freundliche Sprache Jesu lernen.

FREIGEBIGE LOSLÖSUNG

101 Oft haben wir gesagt, dass man, um die anderen zu lieben, zuerst sich selbst lieben muss. Dennoch behauptet dieser Hymnus an die Liebe, dass diese »*nicht ihren Vorteil*« bzw. „nicht das Ihre" sucht. Dieser Ausdruck wird auch in einem anderen Text verwendet: »*Jeder achte nicht auf das eigene Wohl, sondern auch auf das der anderen*« (*Phil* 2,4). Angesichts einer so klaren Aussage der Schrift muss man vermeiden, der Eigenliebe den Vorrang zu geben, als sei sie edler als die Selbsthingabe an die anderen. Ein gewisser Vorrang der Eigenliebe darf nur als eine psychologische Voraussetzung verstanden werden, insofern als jemand, der unfähig ist, sich selbst zu lieben, Schwierigkeiten hat, die anderen zu lieben: »*Wer sich selbst nichts gönnt, wem kann der Gutes tun? […] Keiner ist schlimmer daran als einer, der sich selbst nichts gönnt*« (*Sir* 14,5–6).

102 Doch Thomas von Aquin selbst hat erklärt, dass es *»mehr zur Liebe gehört, lieben zu wollen, als danach zu streben, geliebt zu werden«*,[113] und dass in der Tat *»die Mütter, welche diejenigen sind, die am meisten lieben, mehr danach trachten zu lieben, als danach, geliebt zu werden«.*[114] Darum kann die Liebe über die Gerechtigkeit hinausgehen und unentgeltlich überströmen, *»auch wo ihr nichts dafür erhoffen könnt«* (*Lk* 6,35), bis sie zur größten Liebe gelangt, das eigene Leben hinzugeben für die anderen (vgl. *Joh* 15,13). Ist diese freigebige Loslösung weiterhin möglich, die es erlaubt, gegenleistungsfrei zu geben und zu geben bis zum Ende? Sicher ist es möglich, denn es ist das, was das Evangelium verlangt: *»Umsonst habt ihr empfangen, umsonst sollt ihr geben.«* (*Mt* 10,8).

OHNE GEWALTTÄTIGE GESINNUNG

103 Wenn der erste Ausdruck des Hymnus uns zur Langmut einlud, die vermeidet, barsch auf die Schwächen oder Fehler der anderen zu reagieren, erscheint jetzt ein weiteres Wort – *paroxýnetai* –, das sich auf eine innere Reaktion der Empörung bezieht, die durch etwas Äußeres verursacht wurde. Es handelt sich um eine gewalttätige Gesinnung, um eine nicht offenkundige Verärgerung, die uns den anderen gegenüber in die Defensive versetzt, als seien sie lästige Feinde, die zu meiden sind. Diese innere Aggressivität zu nähren, ist zu nichts nütze. Sie macht uns nur krank und isoliert uns schließlich. Die Empörung ist gesund, wenn sie uns dazu führt, angesichts einer schweren Ungerechtigkeit zu reagieren, doch sie ist schädlich, wenn sie dazu neigt, all unsere Verhaltensweisen den anderen gegenüber zu prägen.

---

113 *Summa Theologiae* II-IIae, q. 27, art. 1, ad 2.

114 *Ebd.*, art. 1.

104 Das Evangelium lädt vielmehr dazu ein, auf den „Balken" im eigenen Auge zu schauen (vgl. *Mt 7,5*), und als Christen können wir nicht die ständige Aufforderung des Wortes Gottes ignorieren, den Zorn nicht zu nähren: »*Lass dich nicht vom Bösen besiegen!*« (*Röm* 12,21). »*Lasst uns nicht müde werden, das Gute zu tun!*« (*Gal* 6,9). Die aufbrodelnde Kraft der Aggressivität zu spüren, ist nicht dasselbe wie ihr nachzugeben und zuzulassen, dass sie sich in eine dauerhafte Haltung verwandelt: »*Lasst euch durch den Zorn nicht zur Sünde hinreißen! Die Sonne soll über eurem Zorn nicht untergehen*« (*Eph* 4,26). Darum darf niemals der Tag zu Ende gehen, ohne Frieden in der Familie zu schließen. »*„Und wie soll ich Frieden schließen? Soll ich niederknien?" – Nein! Nur eine kleine Geste, eine kleine Sache, und die Eintracht in der Familie kehrt zurück. Es genügt eine zärtliche Geste! Ohne Worte. Aber nie darf der Tag in der Familie enden, ohne Frieden zu schließen.*«[115] Die innere Reaktion auf einen Verdruss, den uns die anderen bereiten, müsste vor allem sein, im Herzen zu segnen, das Gute des anderen zu wünschen, Gott zu bitten, dass er ihn befreit und heilt: »*Segnet; denn ihr seid dazu berufen, Segen zu erlangen*« (1 *Petr* 3,9). Wenn wir ein Übel bekämpfen müssen, tun wir es, sagen wir aber immer „nein" zur innerlichen Gewalt!

VERGEBUNG

105 Wenn wir erlauben, dass eine böse Empfindung in unser Innerstes eindringt, geben wir jenem Groll Raum, und er nistet sich in unserem Herzen ein. Der Satz *„logízetai tò kakón"* bedeutet, das Böse in Rechnung zu stellen, es verbucht zu ha-

---

115   *Generalaudienz* (13. Mai 2015): *L'Osservatore Romano* (dt.) Jg. 45, Nr. 21 (22. Mai 2015), S. 2.

ben, das heißt, »*nachtragend*« zu sein. Das Gegenteil ist die Vergebung – eine Vergebung, die sich auf eine positive Haltung gründet, die versucht, die Schwäche des anderen zu verstehen, und danach trachtet, Entschuldigungen für den anderen Menschen zu suchen wie Jesus, der sagte: »*Vater, vergib ihnen, denn sie wissen nicht, was sie tun*« (*Lk* 23,34). Doch gewöhnlich neigt man dazu, immer mehr Schuld zu suchen, sich immer mehr Bosheit vorzustellen, jede Art böser Absichten zu vermuten, und so nimmt der Groll weiter zu und wurzelt sich ein. Auf diese Weise kann jeder Fehler oder jedes Fallen des Ehepartners das Liebesband und die Beständigkeit der Familie schädigen. Das Problem ist, dass man manchmal allem das gleiche Gewicht beimisst, mit der Gefahr, auf jeden Fehler des anderen bitter zu reagieren. Die gerechte Geltendmachung der eigenen Rechte verwandelt sich so in einen andauernden und ständigen Durst nach Revanche, statt in eine gesunde Verteidigung der eigenen Würde.

106 Wenn wir beleidigt oder enttäuscht wurden, ist die Vergebung möglich und wünschenswert, doch niemand behauptet, das sei leicht. Es ist wahr, »*die Familiengemeinschaft kann nur mit großem Opfergeist bewahrt und vervollkommnet werden. Sie verlangt in der Tat eine hochherzige Bereitschaft aller und jedes Einzelnen zum Verstehen, zur Toleranz, zum Verzeihen, zur Versöhnung. Jede Familie weiß, wie Ichsucht, Zwietracht, Spannungen und ·Konflikte ihre Gemeinschaft schwer verletzen und manchmal tödlich treffen: daher die vielfachen und mannigfaltigen Formen von Spaltung im Familienleben.*«[116]

---

116 JOHANNES PAUL II., Apostolisches Schreiben *Familiaris consortio* (22. November 1981), 21: *AAS* 74 (1982), S. 106.

107 Heute wissen wir, dass wir, um vergeben zu können, die befreiende Erfahrung gemacht haben müssen, uns selbst zu verstehen und zu vergeben. Oftmals haben unsere Fehler und der kritische Blick derer, die wir lieben, uns so weit gebracht, das Wohlwollen uns selbst gegenüber zu verlieren. Das bewirkt, dass wir uns schließlich vor den anderen hüten, die Zuneigung fliehen und in den zwischenmenschlichen Beziehungen Ängste in uns anhäufen. Die anderen beschuldigen zu können, wird dann eine trügerische Erleichterung. Es ist notwendig, mit der eigenen Geschichte ins Reine zu kommen, sich selbst anzunehmen, mit den eigenen Begrenzungen leben zu können und auch sich selbst zu vergeben, um diese selbe Haltung den anderen gegenüber haben zu können.

108 Das aber setzt die Erfahrung voraus, von Gott Vergebung empfangen zu haben, unentgeltlich – und nicht aufgrund unserer Verdienste – gerechtfertigt worden zu sein. Wir wurden von einer Liebe erreicht, die all unserem Tun vorausging und die immer eine neue Chance gibt, fördert und motiviert. Wenn wir bejahen, dass die Liebe Gottes bedingungslos ist, dass man die Freundlichkeit des Vaters weder kaufen, noch bezahlen muss, dann können wir über alles hinweg lieben und den anderen vergeben, auch wenn sie uns gegenüber ungerecht gewesen sind. Andernfalls wird unser Familienleben nicht mehr ein Ort des Verständnisses, der Begleitung und des Ansporns sein, sondern zu einem Raum andauernder Spannung oder gegenseitiger Bestrafung werden.

Sich mit den anderen freuen

109 Der Ausdruck *chaírei epì tê adikía* bezeichnet etwas Negatives, das im Verborgenen des menschlichen Herzens wohnt. Es ist die giftige Haltung dessen, der sich freut, wenn er sieht, dass jemandem Unrecht getan wird. Der Satz wird durch den folgenden ergänzt, der das auf positive Weise ausdrückt: *synchaírei tê alētheía* – sie freut sich an der Wahrheit. Das heißt, sie freut sich über das Gute des anderen, wenn seine Würde anerkannt wird, wenn seine Fähigkeiten und seine guten Werke zur Geltung kommen. Das ist dem unmöglich, der es nötig hat, sich immer zu vergleichen oder zu wetteifern, sogar mit dem eigenen Ehepartner, bis zu dem Punkt, sich heimlich über sein Scheitern zu freuen.

110 Wenn ein liebender Mensch einem anderen etwas Gutes tun kann oder wenn er sieht, dass es dem anderen gut geht im Leben, erlebt er das mit Freude, und auf diese Weise ehrt er Gott, denn »*Gott liebt einen fröhlichen Geber*« (2 *Kor* 9,7); unser Herr schätzt den besonders, der sich über das Glück des anderen freut. Wenn wir unsere Fähigkeit, uns über das Wohl des anderen zu freuen, nicht nähren und uns vor allem auf unsere eigenen Bedürfnisse konzentrieren, verurteilen wir uns dazu, mit wenig Freude zu leben, denn – wie Jesus gesagt hat – »*geben ist seliger als nehmen*« (*Apg* 20,35). Die Familie muss immer der Ort sein, von dem jemand, der etwas Gutes im Leben erreicht hat, weiß, dass man es dort mit ihm feiern wird.

SIE ERTRÄGT UND ENTSCHULDIGT ALLES

111 Die Aufzählung wird vollendet mit vier Worten, die von einer Gesamtheit sprechen: „alles". »*Sie erträgt alles, glaubt alles, hofft alles, hält allem stand*« (1 *Kor* 13,7). Auf diese Weise wird noch einmal mit Nachdruck die gegen die Kulturströmung laufende Dynamik der Liebe hervorgehoben, die fähig ist, allem die Stirn zu bieten, was sie bedrohen mag.

112 An erster Stelle heißt es, dass sie „alles erträgt und entschuldigt" (pánta stégei). Das unterscheidet sich von »*trägt das Böse nicht nach*«, denn dieser Ausdruck bezieht sich auch auf den Gebrauch der Sprache. Er kann bedeuten „Schweigen zu bewahren" über das Schlechte, das der andere Mensch an sich haben mag. Es schließt ein, das Urteilen einzuschränken, die Neigung zu zügeln, eine harte und schonungslose Verurteilung auszustoßen: »*Verurteilt nicht, dann werdet auch ihr nicht verurteilt werden*« (*Lk* 6,36b). Auch wenn es gegen unseren gewohnten Gebrauch der Zunge gehen sollte, verlangt das Wort Gottes von uns: »*Verleumdet einander nicht, Brüder!*« (*Jak* 4,11). Sich damit aufzuhalten, das Bild des anderen zu schädigen, ist eine Methode, das eigene aufzubessern und Groll und Neid abzureagieren, ohne sich um den Schaden zu kümmern, den man verursacht. Oftmals wird vergessen, dass die Diffamierung eine schwere Sünde sein kann, eine ernste Beleidigung Gottes, wenn sie den guten Ruf der anderen ernstlich verletzt und ihnen Schäden zufügt, die sehr schwer wiedergutzumachen sind. Darum ist das Wort Gottes so streng mit der Zunge und sagt, dass sie »*eine Welt voll Ungerechtigkeit*« ist, die »*den ganzen Menschen verdirbt*« (*Jak* 3,6), »*dieses ruhelose Übel, voll von tödlichem Gift*« (*Jak* 3,8). »*Mit ihr verfluchen wir die Menschen, die als Abbild Gottes erschaffen sind*« (*Jak* 3,9), die Liebe dagegen hütet das Bild der anderen mit einem Feinge-

fühl, das so weit geht, auch den guten Ruf der Feinde zu schützen. Bei der Verteidigung des göttlichen Gesetzes darf man
diese Forderung der Liebe niemals vergessen.

113 Die Ehegatten, die sich lieben und einander gehören,
sprechen gut voneinander, versuchen, die gute Seite des Ehepartners zu zeigen, jenseits seiner Schwächen und Fehler. In jedem Fall bewahren sie das Schweigen, um sein Bild nicht zu
schädigen. Das ist aber nicht nur ein äußeres Handeln, ohne
dass sie einer inneren Haltung entspringt. Ebenso wenig ist es
die Naivität dessen, der die Schwierigkeiten und Schwach-
punkte des anderen nicht sehen will, sondern es ist der Weitblick dessen, der diese Schwächen und Fehler in ihren Zusammenhang stellt. Er erinnert sich, dass diese Mängel nur ein Teil
und nicht das Ganze des Wesens des anderen sind. Ein unlieb-
samer Tatbestand in der Beziehung ist nicht die Gesamtheit
dieser Beziehung. Man kann also schlicht und einfach hinnehmen, dass wir alle eine vielschichtige Kombination aus Licht
und Schatten sind. Der andere ist nicht nur das, was mir lästig
ist. Er ist viel mehr als das. Aus demselben Grund verlange ich
nicht von ihm, dass seine Liebe vollkommen sein muss, damit
ich ihn wertschätze. Er liebt mich wie er ist und wie er kann,
mit seinen Grenzen, doch dass seine Liebe unvollkommen ist,
bedeutet nicht, dass sie geheuchelt oder nicht echt ist. Sie ist
echt, aber begrenzt und irdisch. Darum wird er, wenn ich allzu
viel von ihm verlange, mir das in irgendeiner Weise zu verstehen geben, da er nicht imstande sein noch akzeptieren wird,
die Rolle eines göttlichen Wesens zu spielen, noch allen meinen Bedürfnissen zu Dienste zu sein. Die Liebe lebt mit der
Unvollkommenheit, mit dem Entschuldigungsgrund zusammen und weiß angesichts der Grenzen der geliebten Person das
Schweigen zu wahren.

SIE GLAUBT ALLES

114 *Pánta pisteúei* – sie glaubt alles. Aufgrund seines Kontextes darf man dieses „Glauben" nicht im theologischen Sinn verstehen, sondern im gewöhnlichen Sinn von „vertrauen". Es geht nicht nur darum, nicht zu argwöhnen, dass der andere lügt oder täuscht. Dieses Grundvertrauen erkennt das Licht, das Gott entzündet hat und das hinter der Dunkelheit versteckt ist, oder die Glut, die immer noch unter der Asche glimmt.

115 Eben dieses Vertrauen macht eine Beziehung in Freiheit möglich. Es ist nicht nötig, den anderen zu kontrollieren, peinlich genau seine Schritte zu verfolgen, um zu vermeiden, dass er unseren Armen entgleitet. Die Liebe vertraut, lässt Freiheit, verzichtet darauf, alles zu kontrollieren, darauf, zu besitzen, zu beherrschen. Diese Freiheit, die Räume der Autonomie, eine Öffnung zur Welt und neue Erfahrungen ermöglicht, erlaubt, dass die Beziehung bereichert wird und sich nicht in eine „Endogamie" ohne Horizonte verwandelt. So können die Ehegatten, wenn sie sich wieder begegnen, die Freude erleben, das miteinander zu teilen, was sie außerhalb des Kreises der Familie empfangen und gelernt haben. Zugleich ermöglicht sie die Aufrichtigkeit und die Transparenz, denn wenn einer weiß, dass die anderen ihm vertrauen und die grundlegende Güte seines Wesens schätzen, dann zeigt er sich so wie er ist, ohne Verheimlichungen. Jemand, der weiß, dass man ihn immer verdächtigt, dass man ihn mitleidlos richtet, dass man ihn nicht bedingungslos liebt, wird vorziehen, seine Geheimnisse zu hüten, sein Fallen und seine Schwächen zu verbergen und das vorzutäuschen, was er nicht ist. Demgegenüber erlaubt eine Familie, in der ein herzliches Grundvertrauen herrscht und trotz allem immer wieder vertraut wird, dass die wahre

Identität ihrer Mitglieder hervorkommt, und bewirkt, dass Täuschung, Falschheit und Lüge spontan abgelehnt werden.

Sie hofft alles

116 *Pánta elpízei* – sie gibt die Hoffnung auf die Zukunft nicht auf. Verbunden mit dem vorhergehenden Wort bezeichnet es die Erwartung dessen, der weiß, dass der andere sich ändern kann. Stets hofft er, dass eine Reifung, ein überraschendes Aufbrechen der Schönheit möglich ist, dass eines Tages die am tiefsten verborgenen Potenzialitäten aufkeimen. Es bedeutet nicht, dass alles sich in diesem Leben ändern wird. Es schließt ein, hinzunehmen, dass einige Dinge nicht so laufen, wie man möchte, sondern dass Gott vielleicht auf den krummen Zeilen des anderen gerade schreibt und aus den Übeln, die er auf dieser Erde nicht zu überwinden vermag, irgendetwas Gutes hervorgehen lassen kann.

117 So zeigt sich die Hoffnung in ihrem Vollsinn, denn sie schließt die Gewissheit eines Lebens jenseits des Todes ein. Dieser Mensch mit all seinen Schwächen ist zur Fülle des Himmels berufen. Wenn er durch die Auferstehung Christi vollkommen verwandelt sein wird, werden dort seine Hinfälligkeiten, seine Dunkelheiten und auch seine Pathologien nicht mehr existieren. Dort wird das wahre Wesen dieses Menschen mit all seiner Fähigkeit zum Guten und zum Schönen aufleuchten. Das erlaubt uns auch, inmitten der Unannehmlichkeiten dieser Erde diesen Menschen mit einem übernatürlichen Blick zu betrachten, im Licht der Hoffnung, und diese Fülle zu erwarten, die er eines Tages im Himmelreich erhalten wird, auch wenn das jetzt nicht sichtbar ist.

SIE HÄLT ALLEM STAND

118 *Pánta hypoménei* bedeutet, dass die Liebe mit einer positiven Geisteshaltung alle Widerwärtigkeiten erträgt. Es bedeutet, mitten in einer feindlichen Umgebung standhaft zu bleiben. Es besteht nicht nur darin, einige ärgerliche Dinge hinzunehmen, sondern ist etwas viel Umfassenderes: eine dynamische und ständige Widerstandsfähigkeit, die imstande ist, jede Herausforderung zu meistern. Es ist Liebe trotz allem, auch wenn der gesamte Kontext zu etwas anderem einlädt. Es zeigt ein gewisses Maß an hartnäckigem Heldentum, an Kraft gegen jede negative Strömung, eine Entscheidung für das Gute, die durch nichts umgeworfen werden kann. Das erinnert mich an einige Worte von Martin Luther King, als er sich sogar unter den schlimmsten Verfolgungen und Demütigungen erneut für die Bruderliebe entschied: »*Der Mensch, der dich am meisten hasst, hat etwas Gutes an sich; sogar die Nation, die dich am meisten hasst, hat etwas Gutes an sich; sogar die Rasse, die dich am meisten hasst, hat etwas Gutes an sich. Und wenn es dir gelingt, das Gesicht eines jeden Menschen zu betrachten und tief in seinem Innern das zu sehen, was die Religion das „Abbild Gottes" nennt, dann beginnst du, ihn trotzdem zu lieben. Es kommt nicht darauf an, was er tut, du siehst da das Abbild Gottes. Es gibt ein Element der Güte, das er niemals über Bord werfen kann […] Eine andere Weise, in der du deinen Feind liebst, ist diese: Wenn sich die Gelegenheit bietet, deinen Feind zu besiegen, ist genau dies der Moment, in dem du das nicht tun darfst […] Wenn du dich auf die Ebene der Liebe, ihrer großen Schönheit und Macht, erhebst, trachtest du nur danach, bösartige Systeme zu besiegen. Die Menschen, die in diesem System gefangen sind, die liebst du, versuchst aber, das System zu besiegen […] Hass gegen Hass steigert nur die Existenz des Hasses und des Bösen im Universum. Wenn ich dich schlage und du mich schlägst und ich dir den Schlag*

zurückgebe und du mir den Schlag zurückgibst und so weiter, dann ist klar, das geht ewig so weiter. Es endet einfach niemals. Irgendwo muss irgendjemand ein bisschen Verstand haben, und das ist der starke Mensch. Der starke Mensch ist derjenige, welcher die Kette des Hasses, die Kette des Bösen durchschneiden kann [...] Irgendjemand muss genügend Religion und genügend Moral haben, um sie durchzuschneiden und in das besondere Gefüge des Universums dieses starke und machtvolle Element der Liebe injizieren.«[117]

119 Im Familienleben muss man diese Kraft der Liebe kultivieren, die es ermöglicht, das Böse zu bekämpfen, das sie bedroht. Die Liebe lässt sich nicht beherrschen vom Groll, von der Geringschätzung gegenüber den Menschen, vom Wunsch, zu beleidigen oder sich zu rächen. Das christliche Ideal – und besonders in der Familie – ist Liebe trotz allem. Manchmal bewundere ich zum Beispiel die Haltung von Personen, die sich von ihrem Ehepartner trennen mussten, um sich vor physischer Gewalt zu schützen, und die dank der ehelichen Liebe, die über die Gefühle hinauszugehen vermag, trotzdem fähig waren – wenn auch über Dritte –, in Momenten von Krankheit, Leiden oder Schwierigkeit für dessen Wohl zu sorgen. Auch das ist Liebe trotz allem.

---

117 *Sermon delivered at Dexter Avenue Baptist Church*, Montgomery, Alabama (17. November 1957).

WACHSEN IN DER VOLLKOMMENEN EHELICHEN LIEBE (CARITAS)

120 Der Hymnus des heiligen Paulus, den wir durchgegangen sind, gibt uns die Möglichkeit, uns nun der vollkommenen Liebe (caritas) in der Ehe zu widmen. Es ist die Liebe, welche – geheiligt, bereichert und erleuchtet durch die Gnade des Ehesakramentes – die Eheleute vereint.[118]

Es ist eine »*affektive*«[119], geistige und oblative, „schenkende" Vereinigung, die aber auch die Zärtlichkeit der Freundschaft und die erotische Leidenschaft umfasst, obschon sie fähig ist weiterzubestehen, auch wenn die Gefühle und die Leidenschaft schwächer werden. Papst Pius XI. lehrte, dass diese Liebe alle Pflichten des Ehelebens durchdringt und »*sozusagen eine besondere Würde und Vorrangstellung einnimmt*«.[120] Denn diese starke, durch den Heiligen Geist ausgegossene Liebe ist ein Abglanz des unerschütterlichen Bundes zwischen Christus und der Menschheit, der in der Hingabe bis zum Ende am Kreuz gipfelte: »*Der Geist, den der Herr ausgießt, macht das Herz neu und befähigt Mann und Frau, einander zu lieben, wie Christus uns geliebt hat. Die eheliche Liebe erreicht dadurch jene Fülle, auf die sie von innen her ausgerichtet ist, die übernatürliche Gattenliebe.*«[121]

---

118 THOMAS VON AQUIN versteht diese Liebe als »vis unitiva« (*Summa Theologiae* I, q. 20, art. 1, ad 3) und greift dabei auf eine Formulierung des Pseudo-Dionysios Areopagita zurück (vgl. *De divinis nominibus*, IV, 12: PG 3, Sp. 709).

119 THOMAS VON AQUIN, *Summa Theologiae* II-IIae, q. 27, art. 2.

120 PIUS XI., Enzyklika *Casti connubii* (31. Dezember 1930): AAS 22 (1930), S. 547–548.

121 JOHANNES PAUL II., Apostolisches Schreiben *Familiaris consortio* (22. November 1981), 13: AAS 74 (1982), S. 94.

121 Die Ehe ist ein kostbares Zeichen, denn »*wenn ein Mann und eine Frau das Sakrament der Ehe feiern, dann spiegelt Gott sich sozusagen in ihnen wider, prägt in sie die eigenen Züge und den unauslöschlichen Charakter seiner Liebe ein. Die Ehe ist das Bild der Liebe Gottes zu uns. Denn auch Gott ist Gemeinschaft: Die drei Personen des Vaters, des Sohnes und des Heiligen Geistes leben seit jeher und für immer in vollkommener Einheit. Und eben das ist das Geheimnis der Ehe: Gott macht aus den beiden Eheleuten eine einzige Existenz.*«[122] Das hat sehr konkrete und tägliche Konsequenzen, denn »*kraft des Sakraments wird den Gatten eine wahre und eigene Sendung übertragen, damit sie, ausgehend von den einfachen Dingen des Alltags, die Liebe sichtbar machen können, mit der Christus seine Kirche liebt, der damit fortfährt, das Leben für sie hinzugeben*«.[123]

122 Dennoch ist es nicht angebracht, unterschiedliche Ebenen miteinander zu vermischen: Man sollte nicht zwei begrenzten Menschen die gewaltige Last aufladen, in vollkommener Weise die Vereinigung nachzubilden, die zwischen Christus und seiner Kirche besteht, denn die Ehe als Zeichen beinhaltet einen »*dynamischen Prozess von Stufe zu Stufe entsprechend der fortschreitenden Hereinnahme der Gaben Gottes*«.[124]

---

122 *Generalaudienz* (2. April 2014): *L'Osservatore Romano* (dt.) Jg. 44, Nr. 15 (11. April 2014), S. 2.

123 *Ebd.*

124 JOHANNES PAUL II., Apostolisches Schreiben *Familiaris consortio* (22. November 1981), 9: *AAS* 74 (1982), S. 90.

DAS GANZE LEBEN LANG ALLES GEMEINSAM

123 Nach der Liebe, die uns mit Gott vereint, ist die eheliche Liebe die »*größte Freundschaft*«.[125] Es ist eine Vereinigung, die alle Merkmale einer guten Freundschaft hat: Streben nach dem Wohl des anderen, Gegenseitigkeit, Vertrautheit, Zärtlichkeit, Festigkeit und eine Ähnlichkeit zwischen den Freunden, die sich im Laufe des miteinander geteilten Lebens aufbaut. Doch die Ehe fügt alldem eine unauflösliche Ausschließlichkeit hinzu, die sich in der festen Absicht ausdrückt, das gesamte Leben miteinander zu teilen und aufzubauen. Seien wir ehrlich und erkennen wir die Zeichen der Wirklichkeit: Wer verliebt ist, fasst nicht ins Auge, dass diese Beziehung nur für eine bestimmte Zeit bestehen könnte; wer die Freude, zu heiraten, intensiv erlebt, denkt nicht an etwas Vorübergehendes; diejenigen, die der feierlichen Besiegelung einer von Liebe erfüllten Vereinigung beiwohnen, hoffen – auch wenn diese Liebe zerbrechlich ist –, dass sie die Zeit überdauern möge; die Kinder möchten nicht nur, dass ihre Eltern einander lieben, sondern auch, dass sie treu sind und immer zusammenbleiben. Diese und andere Zeichen zeigen, dass im Wesen der ehelichen Liebe selbst die Öffnung auf die Endgültigkeit hin vorhanden ist. Die Vereinigung, die in dem Eheversprechen „für immer" Gestalt annimmt, ist mehr als eine gesellschaftliche Formalität oder eine Tradition, denn sie wurzelt in den spontanen Neigungen des Menschen. Und für die Gläubigen ist sie ein Bund vor Gott, der Treue verlangt: »*Der Herr [ist] Zeuge [...] zwischen dir und der Frau deiner Jugend, an der du treulos handelst, obwohl sie deine Gefährtin ist, die Frau, mit der du einen Bund*

---

125 THOMAS VON AQUIN, *Summa contra Gentiles*, III, 123; vgl. ARISTOTELES, *Nikomachische Ethik*, 8, 12 (ed. Bywater, Oxford 1984, S. 174).

*geschlossen hast [...] Handle nicht treulos an der Frau deiner
Jugend, [denn ich hasse das Verstoßen]«* (*Mal* 2,14.15–16).

124 Eine schwache oder kranke Liebe, die unfähig ist, die
Ehe als eine Herausforderung anzunehmen, die bis zum Tod
immer wieder errungen, neu geboren, neu erfunden und ständig neu begonnen werden muss, kann kein hohes Niveau der
Verbindlichkeit aufrecht erhalten. Sie gibt der Kultur des Provisorischen nach, die einen unablässigen Wachstumsprozess
verhindert. Doch »*eine Liebe zu versprechen, die für immer gilt,
ist möglich, wenn man einen Plan entdeckt, der größer ist als die
eigenen Pläne, der uns trägt und uns erlaubt, der geliebten Person
die ganze Zukunft zu schenken*«.[126] Damit diese Liebe alle Prüfungen durchstehen und trotz allem treu bleiben kann, setzt sie
das Geschenk der Gnade voraus, die sie stärkt und erhebt. So
sagte der heilige Robert Bellarmin: »*Das Faktum, dass ein Ein-
ziger sich mit einer Einzigen in einem unauflöslichen Bund vereint, so dass sie sich nicht mehr trennen können, was immer für
Schwierigkeiten auch bestehen mögen, und sogar, wenn die Hoffnung auf Nachkommenschaft verloren ist – das kann es nicht geben ohne ein großes Mysterium.*«[127]

125 Die Ehe ist auch eine Freundschaft, welche die der
Leidenschaft eigenen Merkmale einschließt, jedoch stets auf
eine immer festere und intensivere Vereinigung hin ausgerichtet ist. Denn sie ist »*nicht nur zur Zeugung von Kindern eingesetzt*«, sondern damit die gegenseitige Liebe »*ihren gebührenden*

---

126   FRANZISKUS, Enzyklika *Lumen fidei* (29. Juni 2013), 52: Freiburg 2013,
S. 93.

127   ROBERT BELLARMIN, *De sacramento matrimonii* I, 2, in: DERS., *Disputatio-
nes*, III, 5, 3 (ed. Giuliano, Neapel 1858, S. 778).

Platz behalte, wachse und reife«.[128] Diese besondere Freundschaft zwischen einem Mann und einer Frau nimmt einen allumfassenden Charakter an, der nur in der ehelichen Einheit gegeben ist. Und gerade weil sie allumfassend ist, ist diese Einheit auch ausschließlich, treu und offen für die Zeugung. Alles wird geteilt, auch die Sexualität, immer in der gegenseitigen Achtung. Das Zweite Vatikanische Konzil hat das so ausgedrückt: »*Eine solche Liebe, die Menschliches und Göttliches in sich eint, führt die Gatten zur freien gegenseitigen Übereignung ihrer selbst, die sich in zarter Zuneigung und in der Tat bewährt, und durchdringt ihr ganzes Leben.*«[129]

FREUDE UND SCHÖNHEIT

126 In der Ehe sollte man die Freude der Liebe bewahren. Wenn das Streben nach Genuss zwanghaft ist, schließt es uns in eine Einseitigkeit ein und macht uns unfähig, andere Arten der Erfüllung zu entdecken. Die Freude weitet dagegen die Fähigkeit zu genießen aus und erlaubt uns, Geschmack an mannigfaltigen Dingen zu finden, auch in den Lebensphasen, in denen der Genuss verblasst. Darum sagte der heilige Thomas, dass das Wort „Freude" gebraucht wird, um von der Ausweitung des Herzens zu sprechen.[130] Die eheliche Freude, die sogar mitten im Schmerz erlebt werden kann, schließt ein zu akzeptieren, dass die Ehe notwendig ein Miteinander von Wonnen und Mühen, von Spannungen und Erholung, von Leiden und Befreiung, von Befriedigung und Streben, von

---

128 ZWEITES VATIKANISCHES KONZIL, Past. Konst. *Gaudium et spes über die Kirche in der Welt von heute*, 50.

129 *Ebd.*, 49.

130 SUMMA THEOLOGIAE I-IIae, q. 31, art. 3, ad 3.

Missbehagen und Vergnügen ist, immer auf dem Weg der Freundschaft, die die Eheleute dazu bewegt, füreinander zu sorgen: Sie *»gewähren sich [...] gegenseitige Hilfe und gegenseitigen Dienst«*.[131]

127 Die Liebe der Freundschaft wird „caritas" genannt, wenn sie den *»hohen Wert«* des anderen erfasst und wertschätzt.[132] Die Schönheit – der „hohe Wert" des anderen, der sich nicht mit seiner physischen oder psychologischen Anziehungskraft deckt – erlaubt uns, den unantastbaren Kern seiner Person zu erleben, ohne die zwingende Notwendigkeit, ihn zu besitzen. In der Konsumgesellschaft verarmt das ästhetische Empfinden, und so erlischt die Freude. Alles ist da, um gekauft, besessen und konsumiert zu werden – auch die Menschen. Die Zärtlichkeit, hingegen, ist eine Äußerung jener Liebe, die sich von dem Wunsch des egoistischen Besitzens befreit. Sie bringt uns dazu, vor einem Menschen gleichsam zu erzittern, mit unermesslicher Achtung und einer gewissen Furcht, ihm Schaden zuzufügen oder ihm seine Freiheit zu nehmen. Die Liebe zum anderen schließt dieses Gefallen daran ein, das Schöne und Unantastbare seines persönlichen Wesens zu betrachten, das jenseits meiner Bedürfnisse existiert. Das ermöglicht mir, sein Wohl zu suchen, auch wenn ich weiß, dass er mir nicht gehören kann, oder wenn er physisch unangenehm, aggressiv oder lästig geworden ist. Darum gilt: »*Von der Liebe hängt es ab, ob jemand, dem ein anderer Mensch angenehm ist, diesem unentgeltlich etwas gibt.*«[133]

---

131 ZWEITES VATIKANISCHES KONZIL, Past. Konst. *Gaudium et spes über die Kirche in der Welt von heute*, 48.

132 THOMAS VON AQUIN, *Summa Theologiae* I-IIae, q. 26, art. 3.

133 *Ebd.*, q. 110, art. 1.

128 Die ästhetische Erfahrung der Liebe drückt sich in diesem Blick aus, der den anderen als Ziel in sich selbst betrachtet, auch wenn er krank, alt oder seiner äußerlich wahrnehmbaren Anziehungskräfte beraubt ist. Der würdigende Blick besitzt eine enorme Bedeutung, und mit ihm zu geizen, pflegt Schaden anzurichten. Was tun nicht alles Eheleute und Kinder manchmal, um angesehen und berücksichtigt zu werden! Viele Verwundungen und Krisen entstehen, wenn wir aufhören, uns anzuschauen. Das ist es, was manche Beschwerden und Klagen ausdrücken, die man in den Familien hört: „Mein Mann sieht mich nicht an, für ihn scheine ich unsichtbar zu sein." – „Sieh mich bitte an, wenn ich mit dir spreche!" – „Meine Frau schaut mich nicht mehr an, sie hat jetzt nur noch Augen für ihre Kinder." – „Zu Hause schert sich niemand um mich, und sie sehen mich nicht einmal, als ob ich nicht existieren würde." Die Liebe öffnet die Augen und ermöglicht, jenseits von allem zu sehen, wie viel ein Mensch wert ist.

129 Die Freude dieser beschaulichen Liebe muss gepflegt werden. Da wir erschaffen sind, um zu lieben, wissen wir, dass es keine größere Freude gibt als die über ein geteiltes Gut: *»Versag dir nicht das Glück des Tages […] Beschenk den Bruder und gönne auch dir etwas«* (Sir 14,14a.16a). Die intensivsten Freuden des Lebens kommen auf, wenn man die anderen beglücken kann, in einer Vorausnahme des Himmels. Man erinnere sich an die geglückte Szene in dem Film „Babettes Fest", wo die großherzige Köchin eine dankerfüllte Umarmung und ein Lob empfängt: „Wie wirst du die Engel ergötzen!" Süß und belebend ist die Freude, anderen Vergnügen zu bereiten und zu sehen, wie sie genießen. Diese Wonne, eine Wirkung der Nächstenliebe, ist nicht die der Selbstzufriedenheit dessen, der nur auf sich selber schaut, sondern die des Liebenden, der sich

über das Wohl der geliebten Person freut – eine Wonne, die sich in den anderen Menschen ergießt und in ihm fruchtbar wird.

130 Andererseits erneuert sich die Freude im Schmerz. So sagte Augustinus: »*Je größer die Gefahr im Kampf war, desto intensiver ist die Freude über den Sieg.*«[134] Nachdem sie gelitten und vereint gekämpft haben, können die Ehegatten erfahren, dass es der Mühe wert war, weil sie etwas Gutes erreicht, gemeinsam etwas gelernt haben oder weil sie das, was sie haben, besser zu schätzen wissen. Wenige menschliche Freuden sind so tief und festlich wie wenn zwei Menschen, die einander lieben, gemeinsam etwas errungen haben, das sie eine große, miteinander geteilte Anstrengung gekostet hat.

AUS LIEBE HEIRATEN

131 Ich möchte den jungen Menschen sagen, dass nichts von alldem beeinträchtigt wird, wenn die Liebe den Weg der Institution der Ehe einschlägt. Die Vereinigung findet in dieser Institution die Form, um die Weichen für ihre Beständigkeit und ihr reales und konkretes Wachstum zu stellen. Es stimmt, dass die Liebe viel mehr ist als ein äußeres Einverständnis oder eine Art Ehevertrag. Doch es ist auch wahr, dass die Entscheidung, ihr eine in der Gesellschaft sichtbare Gestalt samt bestimmter Verpflichtungen zu geben, ihre Bedeutsamkeit deutlich macht: Sie zeigt die Ernsthaftigkeit der Identifikation mit dem anderen, weist auf eine Überwindung des jugendlichen Individualismus hin und bringt die feste Entscheidung zum Ausdruck, einander anzugehören. Heiraten ist eine Weise aus-

---

134 *Confessiones*, VIII, 3, 7: PL 32, Sp. 752.

zudrücken, dass man wirklich das mütterliche Nest verlassen hat, um andere starke Bindungen zu knüpfen und eine neue Verantwortung gegenüber einem anderen Menschen zu übernehmen. Das ist viel wertvoller als eine bloße spontane Partnerschaft zum wechselseitigen Nutzen, was eine Privatisierung der Ehe wäre. Die Ehe als gesellschaftliche Institution ist Schutz und Bahn für die gegenseitige Verpflichtung und für die Reifung der Liebe, damit die Entscheidung für den anderen an Festigkeit, Konkretheit und Tiefe zunimmt und damit sie zugleich ihre Aufgabe in der Gesellschaft erfüllen kann. Darum geht die Ehe über jede flüchtige Mode hinaus und dauert fort. Ihr Wesen ist in der Natur des Menschen selbst und in seinem sozialen Charakter verwurzelt. Sie schließt eine Reihe von Verbindlichkeiten ein, die jedoch aus der Liebe selbst hervorgehen, aus einer so entschlossenen und großherzigen Liebe, dass sie fähig ist, die Zukunft zu wagen.

132 Sich in dieser Weise für die Ehe zu entscheiden, bringt den wirklichen und effektiven Entschluss zum Ausdruck, zwei Wege zu einem einzigen zu machen – komme, was wolle, und gegen jegliche Herausforderung. Wegen der Ernsthaftigkeit, die diese öffentliche Verpflichtung der Liebe besitzt, darf es keine übereilte Entscheidung sein, doch aus demselben Grund darf man sie ebenso wenig auf unbestimmte Zeit verschieben. Sich gegenüber einem anderen Menschen ausschließlich und endgültig zu verpflichten, birgt immer ein gewisses Maß an Risiko und Wagnis. Die Weigerung, diese Verpflichtung zu übernehmen, ist egoistisch, opportunistisch und kleinlich; sie bringt es nicht fertig, die Rechte des anderen anzuerkennen und kommt nicht so weit, ihn der Gesellschaft vorzustellen als einen Menschen, der würdig ist, bedingungslos geliebt zu werden. Demgegenüber neigen diejenigen, die wirklich verliebt sind, dazu, ihre Liebe vor den anderen zu zeigen. Die Liebe, die

in einer offen vor den anderen geschlossenen Ehe konkret wird, mit allen Verpflichtungen, die aus dieser Institutionalisierung hervorgehen, ist Manifestation und Beleg für ein „Ja", das man ohne Vorbehalte und ohne Einschränkungen gibt. Das bedeutet tatsächlich, dem anderen zu sagen, dass er immer darauf vertrauen kann, dass er nicht verlassen wird, wenn er seine Attraktivität verliert, wenn er Schwierigkeiten hat oder wenn sich neue Alternativen für Vergnügung oder egoistische Interessen bieten.

Liebe, die sich kundtut und wächst

133 Die freundschaftliche Liebe vereint alle Aspekte des Ehelebens und hilft den Familienmitgliedern, in allen Phasen des Lebens voranzugehen. Darum müssen die Gesten, die diese Liebe ausdrücken, ständig gepflegt werden, ohne Engherzigkeit, voller großherziger Worte. In der Familie ist es *»nötig [...], drei Worte zu gebrauchen. Ich will es wiederholen. Drei Worte: „darf ich?", „danke" und „entschuldige". Drei Schlüsselworte!«*[135] *»Wenn man in einer Familie nicht aufdringlich ist und „darf ich?" fragt, wenn man in einer Familie nicht egoistisch ist und lernt, „danke!" zu sagen, und wenn in einer Familie einer merkt, dass er etwas Hässliches getan hat, und es versteht, „entschuldige!" zu sagen, dann herrschen in jener Familie Frieden und Freude.«*[136] Seien wir nicht kleinlich mit dem Gebrauch dieser Worte, seien wir großzügig, sie Tag für Tag zu wiederholen, denn

---

135 *Ansprache an die Familien aus aller Welt anlässlich ihrer Pilgerreise nach Rom im „Jahr des Glaubens"* (26. Oktober 2013): *L'Osservatore Romano* (dt.) Jg. 43, Nr. 44 (1. November 2013), S. 7.

136 *Angelus* (29. Dezember 2013): *L'Osservatore Romano* (dt.) Jg. 44, Nr. 1 (3. Januar 2014), S. 1.

»schwer lastet so manches Schweigen, manchmal auch in der Familie, zwischen Eheleuten, zwischen Eltern und Kindern, unter Geschwistern«.[137] Demgegenüber schützen und nähren die passenden Worte, im richtigen Moment gesagt, die Liebe Tag für Tag.

134 All das verwirklicht sich in einem andauernden Weg des Wachstums. Diese so besondere Form der Liebe, welche die Ehe darstellt, ist zu einer ständigen Reifung berufen, denn man muss auf sie immer das beziehen, was der heilige Thomas von Aquin über die Liebe in Form der „caritas" sagte: *»Die Liebe [caritas] hat aufgrund ihrer Eigenart keine Wachstumsgrenze, denn sie ist eine gewisse Teilnahme an der unendlichen Liebe, die der Heilige Geist selbst ist [...] Auch vonseiten des Trägers kann diesem Wachstum keine Grenze gesetzt werden, denn immer, wenn die Liebe wächst, wächst darüber hinaus auch die Fähigkeit zu weiterem Wachstum.«*[138] Der heilige Paulus forderte mit Nachdruck: *»Euch aber lasse der Herr wachsen und reich werden in der Liebe zueinander und zu allen«* (1 *Thess* 3,12), und er fügt hinzu: *»Wir ermuntern euch aber, Brüder, darin noch vollkommener zu werden.«* (vgl. 1 *Thess* 4,10). Noch vollkommener. Die eheliche Liebe pflegt man nicht vor allem dadurch, dass man von der Unauflöslichkeit als einer Pflicht spricht oder die Doktrin wiederholt, sondern indem man sie durch ein ständiges Wachstum unter dem Antrieb der Gnade festigt. Die Liebe, die nicht wächst, beginnt, in Gefahr zu geraten, und wir können nur wachsen, wenn wir auf die göttliche Gnade mit mehr Taten der Liebe, mit häufigeren, eindringli-

---

137 *Ansprache an die Familien aus aller Welt anlässlich ihrer Pilgerreise nach Rom im „Jahr des Glaubens"* (26. Oktober 2013): *L'Osservatore Romano* (dt.) Jg. 43, Nr. 44 (1. November 2013), S. 7.

138 *Summa Theologiae* II-IIae, q. 24, art. 7.

cheren, großherzigeren, zärtlicheren und fröhlicheren Gesten der Zuneigung antworten. Der Ehemann und seine Frau »*erfahren und vollziehen [...] immer mehr und voller das eigentliche Wesen ihrer Einheit*«.[139]

Die Gabe der göttlichen Liebe, die sich in die Eheleute ergießt, ist zugleich ein Aufruf zu einer beständigen Entfaltung dieses Geschenkes der Gnade.

135 Wenig hilfreich sind manche Fantasien von einer idyllischen und vollkommenen Liebe, der so jeder Ansporn zum Wachsen genommen ist. Eine himmlische Vorstellung von der irdischen Liebe vergisst, dass das Beste das ist, was noch nicht erreicht wurde, der mit der Zeit gereifte Wein. So bekräftigten die Bischöfe von Chile: »*Die vollkommenen Familien, die uns die trügerische und konsumorientierte Propaganda vor Augen führt, gibt es nicht. In ihnen verstreichen die Jahre nicht, gibt es weder Krankheit und Schmerz, noch den Tod [...] Die Konsum-Propaganda zeigt ein Traumbild, das nichts mit der Wirklichkeit zu tun hat, mit der sich die Familienoberhäupter Tag für Tag auseinandersetzen müssen.*«[140] Viel heilsamer ist es, mit Realismus die Grenzen, die Herausforderungen oder die Unvollkommenheit zu akzeptieren und auf den Ruf zu hören, gemeinsam zu wachsen, die Liebe reifen zu lassen und für die Festigkeit der Vereinigung zu sorgen, was auch immer kommen mag.

---

139 ZWEITES VATIKANISCHES KONZIL, Past. Konst. *Gaudium et spes über die Kirche in der Welt von heute*, 48.

140 BISCHOFSKONFERENZ VON CHILE, *La vida y la familia: regalos de Dios para cada uno de nosostros* (21. Oktober 2014).

DER DIALOG

136 Der Dialog ist eine bevorzugte und unerlässliche Form, die Liebe im Ehe- und Familienleben zu leben, auszudrücken und reifen zu lassen. Doch er setzt einen langen und mühevollen Lernprozess voraus. Männer und Frauen, Heranwachsende und Jugendliche haben unterschiedliche Arten, sich mitzuteilen, einen abweichenden Sprachgebrauch und jeweils andere Verhaltensmuster. Die Art, zu fragen, die Form, zu antworten, der verwendete Ton, der Moment und viele andere Faktoren können die Kommunikation bestimmen. Außerdem ist es immer nötig, einige Haltungen zu entwickeln, welche die Liebe zum Ausdruck bringen und den echten Dialog ermöglichen:

137 Sich Zeit lassen, wertvolle Zeit, die darin besteht, geduldig und aufmerksam zuzuhören, bis der andere alles gesagt hat, was er nötig hatte. Das erfordert die Askese, nicht mit dem Reden zu beginnen, bevor der passende Moment gekommen ist. Anstatt anzufangen, Meinungen zu äußern und Ratschläge zu erteilen, muss man sich vergewissern, ob man alles gehört hat, was der andere zu sagen hat. Das schließt ein, ein inneres Schweigen einzunehmen, um ohne „Störsignale" im Herzen oder im Geist zuzuhören: alle Eile abzustreifen, die eigenen Bedürfnisse und Dringlichkeiten beiseite zu lassen und Raum zu geben. Oftmals braucht einer der Ehegatten nicht eine Lösung seiner Probleme, sondern nur, angehört zu werden. Er muss spüren, dass man sein Leid, seine Enttäuschung, seine Angst, seinen Zorn, seine Hoffnung, seinen Traum erfasst hat. Doch Klagen wie diese sind häufig: „Er hört mir nicht zu. Wenn es scheint, als tue er es, denkt er in Wirklichkeit an etwas anderes." – „Ich spreche zu ihm und spüre, dass er hofft, dass ich endlich aufhöre." – „Wenn ich mit ihr spreche, versucht sie,

das Thema zu wechseln, oder sie gibt mir kurze Antworten, um das Gespräch abzuwürgen."

138 Die Gewohnheit entwickeln, dem anderen wirkliche Bedeutung beizumessen. Es geht darum, seine Person zu würdigen und anzuerkennen, dass er ein Recht hat, zu existieren, selbständig zu denken und glücklich zu sein. Niemals darf man die Bedeutung dessen, was er sagt oder worüber er sich beschwert, schmälern, auch wenn es nötig ist, den eigenen Gesichtspunkt zum Ausdruck zu bringen. Es liegt hier die Überzeugung zugrunde, dass alle etwas beizutragen haben, weil sie über eine andere Lebenserfahrung verfügen, weil sie etwas aus einer anderen Perspektive betrachten, weil sie andere Sorgen entwickelt haben und weil sie andere Talente und Intuitionen haben. Es ist möglich, die Wahrheit des anderen zu erkennen, den Wert seiner tiefsten Besorgnisse und den Hintergrund dessen, was er sagt, sogar hinter aggressiven Worten. Darum muss man danach trachten, sich in ihn hineinzuversetzen und zu versuchen, den Grund seines Herzens zu verstehen, herauszufinden, was ihn begeistert, und diese Leidenschaft zum Ausgangspunkt für eine Vertiefung des Dialogs machen.

139 Geistige Weite, um sich nicht versessen hinter einigen wenigen Ideen zu verschanzen, und Flexibilität, um die eigenen Meinungen ändern oder ergänzen zu können. Es ist möglich, dass sich aus meinen Gedanken und denen des anderen eine neue Synthese ergeben könnte, die uns beide bereichert. Die anzustrebende Einheit ist nicht Einheitlichkeit, sondern eine „Einheit in der Vielfalt" oder eine „versöhnte Verschiedenheit". In diesem Stil bereichernder geschwisterlicher Gemeinschaft begegnen sich die Unterschiede, sie respektieren und würdigen sich gegenseitig, behalten aber verschiedene Nuancen und Akzentuierungen bei, die dem gemeinsamen Wohl zugutekommen. Man muss sich befreien von der Verpflichtung, gleich zu sein. Es braucht auch eine gewisse Schlauheit, um beizeiten die „Interferenzen" zu bemerken, die auftauchen können, damit sie einen Prozess des Dialogs nicht stören. Zum Beispiel muss man aufkommende ungute Gefühle erkennen und einordnen, damit sie die Kommunikation nicht beeinträchtigen. Wichtig ist die Fähigkeit, die eigenen Empfindungen auszudrücken, ohne zu beleidigen; eine Sprache zu gebrauchen und eine Art zu sprechen, die vom anderen leichter akzeptiert oder toleriert werden kann, auch wenn der Inhalt anspruchsvoll ist; die eigene Kritik vorzubringen, ohne jedoch den Zorn abzureagieren als eine Form der Rache, und eine moralisierende Sprache zu vermeiden, die nur anzugreifen, zu ironisieren, zu beschuldigen und zu verletzen sucht. Viele Diskussionen unter den Ehepartnern drehen sich nicht um sehr schwerwiegende Fragen. Manchmal handelt es sich um kleine Dinge von geringer Bedeutung. Was aber die Gemüter erhitzt ist die Art, wie sie zur Sprache gebracht werden, oder die Haltung, die im Dialog eingenommen wird.

140 Gesten der Sorge um den anderen und Beweise der Zuneigung zeigen können. Die Liebe überwindet die schlimmsten Barrieren. Wenn man jemanden lieben kann oder wenn wir uns von ihm geliebt fühlen, gelingt es uns, besser zu verstehen, was der andere ausdrücken und uns zu verstehen geben möchte. Die Schwäche überwinden, die uns dazu führt, Angst vor dem anderen zu haben, als sei er ein „Konkurrent". Es ist sehr wichtig, die eigene Sicherheit auf tiefe Entscheidungen, Überzeugungen oder Werte zu gründen und nicht darauf, eine Diskussion zu gewinnen oder darauf, dass man uns Recht gibt.

141 Zum Schluss wollen wir eines eingestehen: Damit der Dialog der Mühe wert ist, muss man etwas zu sagen haben, und das erfordert einen inneren Reichtum, der seine Nahrung bezieht aus der Lektüre, der persönlichen Reflexion, dem Gebet und der Offenheit gegenüber der Gesellschaft. Andernfalls werden die Gespräche langweilig und substanzlos. Wenn keiner der Ehegatten sich bildet und keine Vielfalt der Beziehungen zu anderen Personen besteht, wird das Familienleben „endogam", und der Dialog verarmt.

DIE LEIDENSCHAFTLICHE LIEBE

142 Das Zweite Vatikanische Konzil lehrte: Diese eheliche Liebe »*umgreift das Wohl der ganzen Person, vermag so den leibseelischen Ausdrucksmöglichkeiten eine eigene Würde zu verleihen und sie als Elemente und besondere Zeichen der ehelichen Freundschaft zu adeln*«.[141]

Aus gutem Grund reicht eine Liebe ohne Lust und Leidenschaft nicht aus, um die Vereinigung des menschlichen Herzens mit Gott zu symbolisieren: »*Alle Mystiker haben bestätigt, dass die übernatürliche Liebe und die himmlische Liebe die Symbole, die sie suchen, mehr in der ehelichen Liebe finden als in der Freundschaft, im Gefühl des Kindes oder in der Hingabe an eine Sache. Und der Grund liegt eben gerade in ihrer Totalität.*«[142] Warum sollten wir also nicht innehalten, um von den Gefühlen und der Sexualität in der Ehe zu sprechen?

---

141 Past. Konst. *Gaudium et spes über die Kirche in der Welt von heute*, 49.

142 ANTONIN-GILBERT DALMACE SERTILLANGES O.P., *L'amour chrétien*, Paris 1919, S. 174.

DIE WELT DER EMOTIONEN

143 Begierden, Gefühle, Emotionen – das, was die Klassiker „Leidenschaften" nannten – nehmen einen wichtigen Platz in der Ehe ein. Sie kommen auf, wenn der oder die „andere" im eigenen Leben auftaucht und sich zeigt. Jedem Lebewesen ist es eigen, dem anderen zuzustreben, und diese Neigung hat immer affektive Grundmerkmale: Genuss oder Schmerz, Freude oder Leid, Zärtlichkeit oder Furcht. Sie sind die Voraussetzung für die elementarste psychologische Aktivität. Der Mensch ist ein Lebewesen dieser Erde, und alles, was er tut und sucht, ist mit Leidenschaften befrachtet.

144 Jesus erlebte als wahrer Mensch die Dinge mit einem reichen Gefühlsleben. Deshalb schmerzte ihn die Ablehnung durch Jerusalem (vgl. *Mt* 23,37), und diese Situation nötigte ihm Tränen ab (vgl. *Lk* 19,41). Er empfand auch Mitleid angesichts des Leidens der Menschen (vgl. *Mk* 6,34). Wenn er andere weinen sah, war er innerlich erschüttert und bestürzt (vgl. *Joh* 11,33), und er selbst beweinte den Tod eines Freundes (vgl. *Joh* 11,35). Diese Manifestationen seiner Sensibilität zeigen, bis zu welchem Punkt sein menschliches Herz für die anderen offen war.

145 Eine Gefühlsregung zu erfahren ist als solches moralisch weder gut noch schlecht.[143] Wenn man beginnt, Begehren oder Abneigung zu empfinden, ist das weder sündhaft, noch tadelnswert. Gut oder schlecht ist die Handlung, die jemand durch eine Leidenschaft motiviert oder von ihr begleitet vollzieht. Wenn aber die Gefühle gefördert und gesucht werden und wir aufgrund ihrer schlechte Handlungen begehen, dann

---

143   Vgl. THOMAS VON AQUIN, *Summa Theologiae* I-IIae, q. 24,

liegt das Schlechte in der Entscheidung, sie zu nähren, und in schlechten Handlungen, denen man nachgeht. Auf der gleichen Linie liegt, dass die Tatsache, an jemandem Gefallen zu finden, nicht von sich aus etwas Gutes ist. Wenn ich mit diesem Gefallen danach strebe, dass diese Person zu meiner Sklavin wird, steht mein Gefühl im Dienst meines Egoismus. Zu glauben, dass wir gut sind, nur weil wir „Gefühle haben", ist eine gewaltige Täuschung. Es gibt Menschen, die sich zu großer Liebe fähig fühlen, nur weil sie ein starkes Bedürfnis nach Zuneigung haben, aber sie verstehen nicht, für das Glück der anderen zu kämpfen, sondern leben in ihre eigenen Wünsche eingeschlossen. In diesem Fall lenken die Gefühle von den großen Werten ab und verdecken einen Egozentrismus, der es nicht möglich macht, ein heiles und glückliches Leben in der Familie zu entwickeln.

146 Wenn andererseits eine Leidenschaft eine freie Handlung begleitet, kann sie die Tiefe dieser Entscheidung zum Ausdruck bringen. Die eheliche Liebe führt dazu, sich darum zu bemühen, dass das gesamte Gefühlsleben sich in etwas Gutes für die Familie verwandelt und im Dienst des Gemeinschaftslebens steht. Eine Familie gelangt zur Reife, wenn das Gefühlsleben ihrer Mitglieder sich in eine Sensibilität verwandelt, welche die großen Grundentscheidungen und Werte weder beherrscht, noch verdunkelt, sondern zum Wohl aller der Freiheit der Einzelnen folgt,[144] aus ihr entspringt, sie bereichert und sie schöner und harmonischer werden lässt.

---

144   Vgl. *ebd.*, q. 59, art. 5.

GOTT LIEBT DAS FROHE GENIESSEN SEINER KINDER

147 Das verlangt einen erzieherischen Weg, einen Prozess, der Verzicht einschließt. Das ist eine Überzeugung der Kirche, die oft abgelehnt worden ist, als sei sie dem menschlichen Glück Feind. Benedikt XVI. hat diese Diskussion mit großer Klarheit aufgegriffen: »*Vergällt uns die Kirche mit ihren Geboten und Verboten nicht das Schönste im Leben? Stellt sie nicht gerade da Verbotstafeln auf, wo uns die vom Schöpfer zugedachte Freude ein Glück anbietet, das uns etwas vom Geschmack des Göttlichen spüren lässt?*«[145] Doch er antwortete, dass es zwar im Christentum auch Übertreibungen und fehlgeleitete Askese gegeben hat, die offizielle Lehre der Kirche aber, treu zur Schrift, »*nicht dem Eros als solchem eine Absage erteilt, sondern seiner zerstörerischen Entstellung den Kampf angesagt [hat]. Denn die falsche Vergöttlichung des Eros [...] beraubt ihn seiner Würde, entmenschlicht ihn.*«[146]

148 Die Erziehung des Gefühlslebens und der Triebe ist notwendig, und dafür ist es manchmal unerlässlich, sich einige Grenzen zu setzen. Die Übertreibung, der Mangel an Kontrolle und die Versessenheit auf eine einzige Art von Genuss schwächen schließlich den Genuss selbst, machen ihn krank[147] und schädigen das Leben der Familie. In Wirklichkeit kann man einen schönen Weg mit den Leidenschaften gehen, das heißt sie immer mehr auf Selbsthingabe und eine vollkommene Selbstverwirklichung hin ausrichten, welche die zwischenmenschlichen Beziehungen im Schoß der Familie bereichert.

---

145 Benedikt XVI, Enzyklika *Deus caritas est* (25. Dezember 2005), 3: Freiburg 2006, S. 15.

146 Ebd., 4: *AAS* 98 (2006), S. 16f.

147 Vgl. Thomas von Aquin, *Summa Theologiae* I-IIae, q. 32,

Das bedeutet nicht, auf Augenblicke intensiven Genusses zu verzichten,[148] sondern sie anzunehmen, gleichsam eingeflochten in andere Momente großherziger Hingabe, geduldigen Erwartens, unvermeidlicher Ermüdung und des Mühens um ein Ideal. Das Leben in der Familie beinhaltet all das und verdient, ganz gelebt zu werden.

149 Einige geistliche Strömungen bestehen darauf, das Begehren zu besiegen, um sich vom Schmerz zu befreien. Doch wir glauben, dass Gott das frohe Genießen des Menschen liebt, dass er alles erschuf, »*damit wir es genießen*« (vgl. 1 *Tim* 6,17). Lassen wir die Freude ausbrechen angesichts seiner Zärtlichkeit, wenn er uns vorschlägt: »*Mein Sohn [...] lass es dir gut gehen [...] Versag dir nicht das Glück des heutigen Tages*« (*Sir* 14,11.14). Auch ein Ehepaar entspricht dem Willen Gottes, wenn es diese biblische Einladung befolgt: »*Am Glückstag erfreue dich deines Glücks*« (*Koh* 7,14). Es geht nur darum, die Freiheit zu besitzen, um zu akzeptieren, dass das Vergnügen noch andere Ausdrucksformen findet in den verschiedenen Momenten des Lebens, entsprechend den Bedürfnissen der wechselseitigen Liebe. In diesem Sinn kann man den Vorschlag einiger östlicher Meister annehmen, die darauf bestehen, das Bewusstsein zu erweitern, um nicht in einer sehr begrenzten Erfahrung gefangen zu bleiben, die uns den Blick verstellt. Diese Bewusstseinserweiterung ist keine Verneinung oder Zerstörung des Begehrens, sondern seine Ausweitung und seine Vervollkommnung.

---

148   Vgl. *ebd.*, II-IIae, q. 153, art. 2, ad 2: »*Abundantia delectationis quae est in actu venereo secundum rationem ordinato, non contrariatur medio virtutis.*«

DIE EROTISCHE DIMENSION DER LIEBE

150 All das führt uns dazu, vom Geschlechtsleben der Ehe zu sprechen. Gott selbst hat die Geschlechtlichkeit erschaffen, die ein wunderbares Geschenk für seine Geschöpfe ist. Wenn man sie kultiviert und ihre Zügellosigkeit vermeidet, dann um zu vermeiden, dass es zu einer »*Verarmung eines echten Wertes*«[149] kommt. Der heilige Johannes Paul II. wies zurück, dass die Lehre der Kirche »*zu einer Leugnung des Wertes der menschlichen Geschlechtlichkeit*« führe oder sie bloß dulde wegen der »*Notwendigkeit der Fortpflanzung*«.[150] Das sexuelle Bedürfnis der Eheleute ist nicht Gegenstand einer Geringschätzung, und es geht »*keineswegs darum, diesen Trieb in Frage zu stellen*«.[151]

151 Denjenigen, die befürchten, dass durch die Erziehung der Leidenschaften und der Sexualität die Spontaneität der geschlechtlichen Liebe beeinträchtigt werde, antwortete der heilige Johannes Paul II., dass der Mensch »*zur vollen Reife der Spontaneität der Beziehungen berufen ist*«, und diese Spontaneität ist die »*stufenweise erreichte Frucht der klugen Unterscheidung der Antriebe des eigenen Herzens*«.[152] Es ist etwas, das man zu erringen hat, denn jeder Mensch muss »*beharrlich und konsequent lernen, was die eigentliche Bedeutung des Körpers ist*«.[153] Die Sexualität ist nicht ein Mittel zur Befriedigung oder Ver-

---

149   JOHANNES PAUL II., Generalaudienz (22. Oktober 1980), 5: *L'Osservatore Romano* (dt.) Jg. 10, Nr. 44 (31. Oktober 1980), S. 2.

150   *Ebd.*, 3.

151   DERS., *Generalaudienz* (24. September 1980), 4: *L'Osservatore Romano* (dt.) Jg. 10, Nr. 40 (3. Oktober 1980), S. 2.

152   *Generalaudienz* (12. November 1980), 2: *L'Osservatore Romano* (dt.) Jg. 10, Nr. 47 (21. November 1980), S. 2.

153   *Ebd.*, 4.

gnügung, denn es ist eine zwischenmenschliche Sprache, bei der der andere ernst genommen wird in seinem heiligen und unantastbaren Wert. Auf diese Weise »*wird das menschliche Herz sozusagen zum Teilhaber einer anderen Spontaneität*«.[154] In diesem Zusammenhang erscheint die Erotik als spezifisch menschliche Äußerung der Geschlechtlichkeit. In ihr kann man »*die bräutliche Bedeutung des Leibes und die wahre Würde des Sich-Schenkens*«[155] finden. In seinen Katechesen über die Theologie des menschlichen Körpers lehrte Johannes Paul II., dass die geschlechtliche Körperlichkeit »*nicht nur Quelle der Fruchtbarkeit und Fortpflanzung*« ist, sondern sie besitzt »*die Fähigkeit, der Liebe Ausdruck zu geben: jener Liebe, in welcher der Mensch als Person Geschenk wird*«.[156] Die gesündeste Erotik ist zwar verbunden mit dem Streben nach Vergnügen, setzt aber die Ehrfurcht voraus, und kann deshalb die Triebe vermenschlichen.

152 Wir dürfen also die erotische Dimension der Liebe keineswegs als ein geduldetes Übel oder als eine Last verstehen, die zum Wohl der Familie toleriert werden muss, sondern müssen sie als Geschenk Gottes betrachten, das die Begegnung der Eheleute verschönert. Da sie eine Leidenschaft ist, die durch die Liebe, welche die Würde des anderen verehrt, überhöht ist, gelangt sie dahin, eine »*lautere schiere Bejahung*« zu sein, die uns das Wunderbare zeigt, zu dem das menschliche Herz fähig ist, und »*für einen Augenblick ist [...] das Dasein wohlgeraten*«.[157]

---

154   *Ebd.,* 5.

155   *Ebd.,* 1.

156   *Generalaudienz* (16. Januar 1980), 1: *L'Osservatore Romano* (dt.) Jg. 10, Nr. 4 (25. Januar 1980), S. 1.

157   Josef Pieper, *Über die Liebe,* München 2014, S. 174–175.

GEWALT UND MANIPULATION

153 Im Kontext dieser positiven Sicht der Geschlechtlichkeit ist es angebracht, das Thema in seiner Vollständigkeit und mit einem gesunden Realismus aufzurollen. Denn wir können nicht darüber hinwegsehen, dass die Sexualität oft entpersönlicht und durch Pathologien belastet wird, so dass sie »*immer mehr zu einer Gelegenheit und einem Werkzeug der Bestätigung des eigenen Ich und der egoistischen Befriedigung der eigenen Begierden und Instinkte*«[158] wird. In dieser Zeit wird es sehr gefährlich, dass die Sexualität auch von der giftigen Mentalität des „Gebrauchens und Wegwerfens" beherrscht wird. Häufig wird der Körper des anderen gehandhabt wie ein Gegenstand, den man behält, solange er Befriedigung bietet, und verschmäht, wenn er seine Attraktivität verliert. Kann man etwa die ständigen Formen von Herrschaft, Arroganz, Missbrauch, Perversion und sexueller Gewalt ignorieren oder vertuschen, die von einer Abirrung der Bedeutung der Geschlechtlichkeit verursacht werden und die die Würde der anderen und die Berufung zur Liebe unter einer schmutzigen Eigensucht begraben?

154 Es ist nicht überflüssig daran zu erinnern, dass die Sexualität sich auch innerhalb der Ehe in eine Quelle des Leidens und der Manipulation verwandeln kann. Deshalb müssen wir in aller Klarheit sagen, dass »*ein dem Partner aufgenötigter Verkehr, der weder auf sein Befinden noch auf seine berechtigten Wünsche Rücksicht nimmt, kein wahrer Akt der Liebe ist, dass solche Handlungsweise vielmehr dem widerspricht, was mit Recht*

---

158   JOHANNES PAUL II., Enzyklika *Evangelium vitae* (25. März 1995), 23: *AAS* 87 (1995), S. 427.

die sittliche Ordnung für das Verhältnis der beiden Gatten zu-
einander verlangt«.[159]

Die besonderen Akte der geschlechtlichen Vereinigung
der Ehegatten entsprechen dem gottgewollten Wesen der Sexualität, wenn sie *»auf wirklich humane Weise«*[160] vollzogen
werden. Darum mahnte der heilige Paulus: *»dass keiner sich ge-*
gen seinen Bruder in der betreffenden Sache Übergriffe erlaubt«
(vgl. 1 *Thess* 4,6). Obwohl er in einer Zeit schrieb, in der eine
patriarchale Kultur herrschte, wo die Frau als ein dem Mann
völlig untergeordnetes Wesen betrachtet wurde, lehrte er dennoch, dass die Sexualität eine Angelegenheit des Gesprächs
zwischen den Ehegatten sein muss: Er sprach von der Möglichkeit, den Geschlechtsverkehr eine Zeit lang zurückzustellen, jedoch *»im gegenseitigen Einverständnis«* (1 *Kor* 7,5).

155 Der heilige Johannes Paul II. drückte eine sehr subtile Warnung aus, als er sagte, dass der Mann und die Frau *»von*
einer Unersättlichkeit […] bedroht«[161] sind. Das heißt, sie sind
zu einer immer intensiveren Vereinigung berufen, die Gefahr
besteht jedoch darin, die Unterschiede und jenen unvermeidlichen Abstand, der zwischen den beiden besteht, auslöschen zu
wollen. Denn jeder besitzt eine eigene und unveräußerliche
Würde. Wenn die kostbare wechselseitige Zugehörigkeit sich in
eine Herrschaft verwandelt, *»verändert [sich] wesenhaft die Ge-*
meinschaftsstruktur in der zwischenmenschlichen Beziehung«.[162]

---

159 PAUL VI., Enzyklika *Humanae vitae* (25. Juli 1968), 13: *AAS* 60 (1968),
S. 489.

160 Zweites Vatikanisches Konzil, Past. Konst. *Gaudium et spes über die Kirche*
in der Welt von heute, 49.

161 *Generalaudienz* (18. Juni 1980), 5: *L'Osservatore Romano* (dt.) Jg. 10, Nr.
26 (27. Juni 1980), S. 2.

162 *Ebd.,* 6.

In der Herrschaftsmentalität verneint schließlich auch der Herrschende die eigene Würde[163] und hört letztlich auf, »*sich subjektiv mit seinem Leib zu identifizieren*«,[164] da er ihm jede Bedeutung nimmt. Er lebt den Sex als Ausbruch aus sich selbst und als Verzicht auf die Schönheit der Vereinigung.

156 Es ist wichtig, in der Zurückweisung jeglicher Form von sexueller Unterwerfung eindeutig zu sein. Daher ist jede unsachgemäße Interpretation des Textes aus dem Epheserbrief zu vermeiden, wo verlangt wird: »*Ihr Frauen, ordnet euch euren Männern unter*« (5,22). Der heilige Paulus drückt sich hier in für seine Zeit typischen kulturellen Kategorien aus, wir aber müssen nicht dieses kulturelle Gewand übernehmen, sondern die offenbarte Botschaft, die dem Ganzen dieses Abschnitts zugrunde liegt. Greifen wir die weise Erklärung des heiligen Johannes Paul II. wieder auf: »*Die Liebe schließt jede Art von Unterwerfung aus, bei der die Frau Dienerin oder Sklavin des Mannes [...] werden könnte [...] Die Gemeinschaft oder Einheit, die sie aufgrund ihrer Ehe bilden, verwirklicht sich durch gegenseitiges Schenken, das zugleich gegenseitige Unterordnung ist.*«[165] Und so heißt es auch: »*Darum sind die Männer verpflichtet, ihre Frauen so zu lieben wie ihren eigenen Leib*« (*Eph* 5,28). Im Grunde lädt der biblische Text ein, den bequemen Individualismus zu überwinden, um auf die anderen bezogen zu leben: »*Einer ordne sich dem andern unter*« (*Eph* 5,21). In der Ehe nimmt diese wechselseitige „Unterordnung" eine besondere

---

163 Vgl. *Generalaudienz* (30. Juli 1980), 1: *L'Osservatore Romano* (dt.) Jg. 10, Nr. 32/33 (16. August 1980), S. 2.

164 *Generalaudienz* (8. April 1981), 3: *L'Osservatore Romano* (dt.) Jg. 11, Nr. 16/17 (17. April 1981), S. 2.

165 *Generalaudienz* (11. August 1982), 4: *L'Osservatore Romano* (dt.) Jg. 12, Nr. 35 (27. August 1982), S. 9.

Bedeutung an und wird als eine gegenseitige, frei gewählte Zugehörigkeit verstanden, mit einer Gesamtheit von Eigenschaften wie Treue, Achtung und Fürsorge. Die Geschlechtlichkeit steht untrennbar im Dienst dieser ehelichen Freundschaft, denn sie ist darauf ausgerichtet, dafür zu sorgen, dass der andere ein erfülltes Leben lebt.

157 Trotzdem darf uns die Zurückweisung der Verirrungen von Sexualität und Erotik niemals dazu führen, diese zu verachten oder zu vernachlässigen. Das Ideal der Ehe kann nicht nur wie ein großherziges und aufopferungsvolles Sich-Schenken gestaltet werden, wo jeder auf alle persönlichen Bedürfnisse verzichtet und sich nur darum kümmert, dem anderen Gutes zu tun, ohne jede Befriedigung. Erinnern wir uns daran, dass eine wahre Liebe auch vom anderen zu empfangen weiß, dass sie fähig ist, sich als verletzlich und bedürftig zu akzeptieren, und nicht ausschlägt, mit aufrichtiger und glücklicher Dankbarkeit die körperlichen Ausdrucksformen der Liebe in einer Liebkosung, einer Umarmung, einem Kuss und der geschlechtlichen Vereinigung anzunehmen. Benedikt XVI. war diesbezüglich ganz eindeutig: »*Wenn der Mensch nur Geist sein will und den Leib sozusagen als bloß animalisches Erbe abtun möchte, verlieren Geist und Leib ihre Würde.*«[166] Aus diesem Grund »*ist es aber auch dem Menschen unmöglich, einzig in der schenkenden, absteigenden Liebe zu leben. Er kann nicht immer nur geben, er muss auch empfangen. Wer Liebe schenken will, muss selbst mit ihr beschenkt werden.*«[167] Das bedeutet jedenfalls, dass man sich daran erinnern muss, dass das menschliche Gleichgewicht anfällig ist, dass immer etwas bleibt, das sich da-

---

166 BENEDIKT XVI, Enzyklika *Deus caritas est* (25. Dezember 2005), 5: Freiburg 2006, S. 18.
167 *Ebd.*, S. 24.

gegen wehrt, vermenschlicht zu werden, und das in jedem Moment wieder „ausbrechen" und seine primitiveren und egoistischeren Tendenzen wiedererlangen kann.

EHE UND JUNGFRÄULICHKEIT

158 »*Viele Menschen, die ehelos leben, widmen sich nicht nur ihrer Ursprungsfamilie, sondern leisten in ihrem Freundeskreis, in der kirchlichen Gemeinschaft und im Berufsleben große Dienste […] Viele stellen ihre Begabungen auch durch den Einsatz in der Caritas und durch ehrenamtliche Tätigkeit in den Dienst der christlichen Gemeinschaft. Dann gibt es diejenigen, die nicht heiraten, weil sie ihr Leben aus Liebe zu Christus und zum Nächsten Gott weihen. Durch ihre Hingabe wird die Familie in Kirche und Gesellschaft wesentlich bereichert.*«[168]

159 Die Jungfräulichkeit ist eine Form des Liebens. Als Zeichen erinnert sie uns an die vorrangige Bedeutsamkeit des Gottesreiches, an die Dringlichkeit, sich vorbehaltlos dem Dienst der Verkündigung zu widmen (vgl. 1 *Kor* 7,32). Zugleich ist sie ein Abglanz der Fülle des Himmels, wo »*die Menschen nicht mehr heiraten [werden]*« (*Mt* 22,30). Der heilige Paulus empfahl sie, weil er die baldige Wiederkunft Jesu Christi erwartete und wollte, dass alle sich nur auf die Verkündigung des Evangeliums konzentrierten: »*Die Zeit ist kurz*« (1 *Kor* 7,29). Trotzdem stellte er klar, dass es eine persönliche Wahl oder sein eigener Wunsch war (vgl. 1 *Kor* 7,6–8) und nicht ein Gebot Christi: »*Was die Frage der Ehelosigkeit angeht, so habe ich kein Gebot vom Herrn*« (1 *Kor* 7,25). Zugleich erkannte er den Wert der verschiedenen Berufungen an: »*Jeder hat seine Gnadengabe von Gott, der eine so,*

---

168   *Relatio finalis* 2015, 22, in: Schönborn, S. 136f.

der andere so« (1 *Kor* 7,7). In diesem Sinn sagte der heilige Johannes Paul II. in Bezug auf die sexuelle Enthaltsamkeit, dass die biblischen Texte »*weder einen Grund dafür [liefern], die „Minderwertigkeit" der Ehe zu behaupten, noch dafür, die „Überlegenheit" der Jungfräulichkeit bzw. des Zölibats zu vertreten*«[169]. Anstatt von der Überlegenheit der Jungfräulichkeit in jeder Hinsicht zu sprechen, scheint es vielmehr angebracht, zu zeigen, dass die verschiedenen Lebensstände sich ergänzen, so dass einer in einer Hinsicht und ein anderer unter einem anderen Gesichtspunkt vollkommener sein kann. Alexander von Hales sagte zum Beispiel, dass in einer Hinsicht die Ehe als den anderen Sakramenten überlegen angesehen werden kann, weil sie etwas so Großes symbolisiert wie »*die Vereinigung Christi mit der Kirche oder die Vereinigung der göttlichen mit der menschlichen Natur*«.[170]

160 Es geht also »*nicht darum, den Wert der Ehe zugunsten der Ehelosigkeit herabzusetzen*«,[171] und es gibt »*keinerlei Grundlage für einen möglichen Gegensatz [...] Wenn man, entsprechend einer gewissen theologischen Tradition, vom Stand der Vollkommenheit (status perfectionis) spricht, dann tut man das nicht wegen der Enthaltsamkeit an sich, sondern im Hinblick auf die Gesamtheit eines Lebens nach den evangelischen Räten.*«[172] Doch ein Verheirateter kann die Nächstenliebe in einem sehr hohen Grade leben. Er gelangt also »*durch die Treue zum Geist dieser Räte zu jener Vollkommenheit, die der Liebe entspringt. Diese*

---

169 *Generalaudienz* (14. April 1982), 1: *L'Osservatore Romano* (dt.) Jg. 12, Nr. 17 (23. April 1982), S. 2.

170 *Glossa in quatuor libros sententiarum Petri Lombardi,* IV, XXVI, 2 (Quaracchi 1957, S. 446).

171 JOHANNES PAUL II., *Generalaudienz* (7. April 1982), 2: *L'Osservatore Romano* (dt.) Jg. 12, Nr. 17 (23. April 1982), S. 11.

172 DERS., *Generalaudienz* (14. April 1982), 3: *L'Osservatore Romano* (dt.) Jg. 12, Nr. 17 (23. April 1982), S. 2.

Vollkommenheit ist für jeden Menschen [...] möglich und erreichbar.«[173]

161 Die Jungfräulichkeit hat den symbolischen Wert einer Liebe, die es nicht nötig hat, den anderen zu besitzen, und spiegelt so die Freiheit des Himmelreiches wider. Sie ist eine Einladung an die Eheleute, ihre eheliche Liebe im Hinblick auf die endgültige Liebe zu Christus zu leben, als einen gemeinsamen Weg zur Fülle des Gottesreiches. Die Liebe der Ehegatten hat ihrerseits andere symbolische Werte: Auf der einen Seite ist sie ein besonderer Abglanz der Dreifaltigkeit. Denn die Dreifaltigkeit ist eine vollkommene Einheit, in der jedoch auch die Unterscheidung existiert. Außerdem ist die Familie ein christologisches Zeichen, weil sie die Nähe Gottes offenbart, der das Leben des Menschen teilt, indem er sich in der Menschwerdung, im Kreuz und in der Auferstehung mit ihm vereint: Jeder Ehepartner wird »*ein Fleisch*« mit dem anderen und gibt sich selbst hin, um bis zum Ende alles mit ihm zu teilen. Während die Jungfräulichkeit ein „eschatologisches" Zeichen des auferstandenen Christus ist, ist die Ehe ein „historisches" Zeichen für uns, die wir auf der Erde unterwegs sind, ein Zeichen des irdischen Christus, der sich darauf einließ, sich mit uns zu vereinen, und sich hingab bis zum Vergießen seines Blutes. Die Jungfräulichkeit und die Ehe sind verschiedene Formen, zu lieben, und müssen es sein, denn »*der Mensch kann nicht ohne Liebe leben. Er bleibt für sich selbst ein unbegreifliches Wesen; sein Leben ist ohne Sinn, wenn ihm nicht die Liebe geoffenbart wird*«.[174]

---

173 *Ebd.*

174 DERS., *Enzyklika Redemptor hominis* (4. März 1979), 10, dt. DH 4640.

162 Der Zölibat läuft Gefahr, eine bequeme Einsamkeit zu sein, welche die Freiheit gewährt, sich selbstbestimmt zu bewegen, Orte, Aufgaben und Entscheidungen zu ändern, über das eigene Geld zu verfügen, je nach der Attraktion des Momentes Kontakte mit verschiedenen Menschen zu pflegen. Hier glänzt das Zeugnis der Verheirateten. Wer zur Jungfräulichkeit berufen ist, kann in manchen Ehen ein deutliches Zeichen der großherzigen und unerschütterlichen Treue Gottes zu seinem Bund finden, das sein Herz zu einer konkreteren und hingebungsvolleren Verfügbarkeit anspornt. Denn es gibt Verheiratete, die ihre Treue bewahren, wenn der Partner oder die Partnerin physisch unangenehm geworden ist oder die eigenen Bedürfnisse nicht befriedigt, und das, obwohl viele Angebote zur Untreue einladen oder dazu, den bzw. die andere zu verlassen. Eine Frau kann ihren kranken Ehegatten pflegen und dort, unter dem Kreuz, erneut das Jawort ihrer Liebe bis zum Tod sprechen. In dieser Liebe erstrahlt in beeindruckender Weise die Würde des liebenden Menschen – Würde als Abglanz der schenkenden Liebe (caritas) –, denn dieser Liebe geht es mehr darum zu lieben, als selbst geliebt zu werden.[175] In vielen Familien können wir auch eine Fähigkeit zu hingebungsvollem und zärtlichem Dienst gegenüber schwierigen und sogar undankbaren Kindern bemerken. Das macht diese Eltern zu einem Zeichen der freien und selbstlosen Liebe Jesu. All das wird zu einer Einladung an die zölibatär lebenden Personen, ihre Hingabe an das Reich Gottes mit mehr Großherzigkeit und größerer Verfügbarkeit zu leben. Heute hat die Säkularisierung den Wert einer Vereinigung für das ganze Leben verschwimmen lassen und den Sinn für den Reichtum der ehelichen Hingabe geschwächt. Darum

---

175 Vgl. Thomas von Aquin, *Summa Theologiae* II-IIae, q. 27, art. 1.

»*empfiehlt es sich, die positiven Aspekte der ehelichen Liebe zu vertiefen*«.[176]

DIE VERWANDLUNG DER LIEBE

163 Die Verlängerung des Lebens lässt ein Phänomen entstehen, das in vergangenen Zeiten eher ungewöhnlich war: Die vertraute Beziehung und die gegenseitige Zugehörigkeit müssen über vier, fünf oder sechs Jahrzehnte hin bewahrt werden, und das wird zu einer Notwendigkeit, einander immer wieder neu zu erwählen. Vielleicht ist der Ehemann nicht mehr so leidenschaftlich aufgrund eines intensiven sexuellen Verlangens, das ihn zur anderen Person hinzieht, aber er genießt es, dass er ihr und sie ihm gehört, und freut sich zu wissen, dass er nicht allein ist, dass er eine „Komplizin" hat, die alles aus seinem Leben und seiner Geschichte kennt und an allem Anteil nimmt. Sie ist seine Gefährtin auf dem Lebensweg, mit der er sich den Schwierigkeiten stellen und die schönen Dinge genießen kann. Auch das erzeugt eine Befriedigung, die mit der besonderen Zuneigung der ehelichen Liebe einhergeht. Wir können einander nicht versprechen, das ganze Leben hindurch die gleichen Gefühle zu haben. Stattdessen können wir aber sehr wohl ein festes gemeinsames Vorhaben teilen, uns verpflichten, einander zu lieben und vereint zu leben, bis der Tod uns scheidet, und immer in reicher Vertrautheit leben. Die Liebe, die wir versprechen, geht über alle Emotionen, Gefühle oder Gemütsverfassungen hinaus, auch wenn sie diese einschließen kann. Sie ist ein tieferes Wollen, mit einer Entscheidung des Herzens, die das ganze Leben einbezieht. So hält man inmitten eines ungelösten Kon-

---

176 PÄPSTLICHER RAT FÜR DIE FAMILIE, *Ehe, Familie und faktische Lebensgemeinschaften* (26. Juli 2000), 40.

fliktes, auch wenn viele verworrene Gefühle im Herzen kreisen, jeden Tag die Entscheidung lebendig, zu lieben, einander zu gehören, das ganze Leben miteinander zu teilen und beharrlich weiter zu lieben und zu verzeihen. Jeder der beiden geht einen Weg des Wachstums und der persönlichen Veränderung. Auf diesem Weg feiert die Liebe jeden Schritt und jede neue Etappe.

164 In der Geschichte einer Ehe ändert sich die physische Erscheinung, doch das ist kein Grund, dass die Anziehungskraft der Liebe schwächer wird. Man verliebt sich in den ganzen Menschen mit seiner besonderen Identität, nicht nur in den Körper, auch wenn dieser Körper – unabhängig vom Verschleiß der Zeit – niemals aufhört, in gewisser Weise diese Persönlichkeit auszudrücken, die das Herz einmal gefesselt hat. Wenn die anderen die Schönheit dieser Persönlichkeit nicht mehr erkennen können, ist der liebende Ehepartner weiter fähig, sie mit dem Instinkt der Liebe wahrzunehmen, und die Zuneigung schwindet nicht. Er bekräftigt seine Entscheidung, ihr zu gehören, erwählt sie von neuem und drückt diese Wahl durch eine treue Nähe voller Zärtlichkeit aus. Der Adel seiner Entscheidung für sie erweckt aufgrund der Intensität und Tiefe dieser Wahl eine neue Form der Ergriffenheit in der Erfüllung dieser ehelichen Aufgabe. Denn *»die von einem anderen menschlichen Wesen als Person hervorgerufene Emotion strebt [...] nicht an sich den ehelichen Akt an«.*[177] Sie nimmt andere wahrnehmbare Ausdrucksformen an, denn die Liebe ist *»eine einzige Wirklichkeit, aber sie hat verschiedene Dimensionen – es kann jeweils die eine oder andere Seite stärker hervortreten«.*[178]

---

177 JOHANNES PAUL II., *Generalaudienz* (31. Oktober 1984), 6: *L'Osservatore Romano* (dt.) Jg. 14, Nr. 45 (9. November 1984), S. 2.

178 BENEDIKT XVI., Enzyklika *Deus caritas est* (25. Dezember 2005), 8: Freiburg 2006, S. 25.

Das Eheband findet neue Modalitäten und erfordert die Entscheidung, es immer wieder neu zu knüpfen. Aber nicht nur, um es zu bewahren, sondern um es weiterzuentwickeln. Es ist der Weg, sich Tag für Tag aufzubauen. Doch nichts davon ist möglich, wenn man nicht den Heiligen Geist anruft, wenn man nicht jeden Tag seine Gnade erfleht, wenn man nicht nach seiner übernatürlichen Kraft sucht, wenn man nicht nach ihr verlangt mit dem Wunsch, dass er sein Feuer auf unsere Liebe herabwirft, um sie zu stärken, zu orientieren und in jeder neuen Situation zu verwandeln.

FÜNFTES KAPITEL
DIE LIEBE, DIE FRUCHTBAR WIRD

165 Die Liebe schenkt immer Leben. Darum *»erschöpft [...] sich [die eheliche Liebe] nicht in der Gemeinschaft der beiden [...] Während sich die Eheleute einander schenken, schenken sie über sich selbst hinaus die Wirklichkeit des Kindes: lebender Widerschein ihrer Liebe, bleibendes Zeichen ihrer ehelichen Gemeinschaft, lebendige und unauflösliche Einheit ihres Vater- und Mutterseins«.*[179]

Ein neues Leben annehmen

166 Die Familie ist nicht nur der Bereich der Zeugung, sondern auch der Annahme des Lebens, das ihr als Geschenk Gottes begegnet. Jedes neue Leben gestattet uns, *»die unentgeltliche Dimension der Liebe zu entdecken, die nie aufhört, uns in Staunen zu versetzen. Es ist die Schönheit, zuerst geliebt zu sein: Die Kinder werden schon geliebt, bevor sie ankommen.«*[180] Das ist für uns der Abglanz der Liebe Gottes, der immer die Initiative ergreift, denn die Kinder *»werden geliebt, bevor sie irgendetwas getan haben, um es zu verdienen«.*[181] Dennoch werden *»viele Kinder [...] von Anfang an abgelehnt, verlassen, ihrer Kindheit und ihrer Zukunft beraubt. Einige Menschen wagen sogar – gleichsam um sich zu rechtfertigen – zu sagen, dass es ein*

---

179   Johannes Paul ii., Apostolisches Schreiben *Familiaris consortio* (22. November 1981), 14: *AAS* 74 (1982), S. 96.

180   *Generalaudienz* (11. Februar 2015): *L'Osservatore Romano* (dt.) Jg. 45, Nr. 8 (20. Februar 2015), S. 2.

181   *Ebd.*

*Fehler war, sie zur Welt kommen zu lassen. Das ist eine Schande!
[…] Was nützen uns feierliche Erklärungen der Menschenrechte
und der Kinderrechte, wenn wir dann die Kinder für die Fehler
der Erwachsenen bestrafen?*«[182] Wenn ein Kind unter nicht be-
absichtigten Umständen zur Welt kommt, müssen die Eltern
oder andere Familienmitglieder alles ihnen Mögliche tun, um
es als Geschenk Gottes zu bejahen und um die Verantwortung
zu übernehmen, es mit Offenheit und Wohlwollen anzunehmen. Denn »*wenn es um die Kinder geht, die zur Welt kommen,
dann darf kein Opfer der Erwachsenen als zu kostspielig oder zu
groß betrachtet werden, wenn dadurch vermieden wird, dass ein
Kind meint, es selbst sei ein Fehler, es sei nichts wert und es sei den
Wunden des Lebens und der Überheblichkeit der Menschen ausgeliefert*«.[183] Das Geschenk eines neuen Kindes, das der Herr dem
Vater und der Mutter anvertraut, beginnt mit der Annahme,
setzt sich fort mit der Fürsorge während des Erdenlebens und
hat als letzte Bestimmung die Freude des ewigen Lebens. Ein
ungetrübter Blick auf die letzte Vollendung des Menschen wird
den Eltern noch stärker bewusst machen, welch kostbares Geschenk ihnen anvertraut ist: Ihnen gewährt Gott, den Namen
zu wählen, mit dem er jedes seiner Kinder auf ewig benennen
wird.[184]

---

182 *Generalaudienz* (8. April 2015): *L'Osservatore Romano* (dt.) Jg. 45, Nr. 16
(17. April 2015), S. 2.

183 *Ebd.*

184 Vgl. Zweites Vatikanisches Konzil, Past. Konst. *Gaudium et spes*, 51:
»*Mögen alle daran denken: Das menschliche Leben und die Aufgabe, es weiterzuver-
mitteln, haben nicht nur eine Bedeutung für diese Zeit und können deshalb auch
nicht von daher allein bemessen und verstanden werden, sondern haben immer eine
Beziehung zu der ewigen Bestimmung des Menschen.*«

167 Die kinderreichen Familien sind eine Freude für die Kirche. In ihnen drückt die Liebe ihre großzügige Fruchtbarkeit aus. Das bedeutet nicht, eine heilsame Warnung des heiligen Johannes Paul II. zu vergessen, als er erklärte, dass die verantwortliche Elternschaft »*nicht eine Frage von unbegrenzter Zeugung [ist] oder von Unkenntnis dessen, was Kindererziehung bedeutet, sondern vielmehr die Ermächtigung der Ehegatten, unter Berücksichtigung gesellschaftlicher und demographischer Gegebenheiten wie auch ihrer eigenen Situation und rechtmäßigen Wünsche [...] von ihrer unveräußerlichen Freiheit weise und verantwortungsbewusst Gebrauch zu machen*«.[185]

DIE LIEBE IN DER BESONDEREN ERWARTUNG DER SCHWANGERSCHAFT

168 Die Schwangerschaft ist eine schwierige Periode, aber es ist auch eine wunderbare Zeit. Die Mutter begleitet Gott, damit sich das Wunder eines neuen Lebens ereignet. Die Mutterschaft ergibt sich aus einer »*besondere[n] Fähigkeit des weiblichen Organismus, der mit seiner schöpferischen Eigenart [...] der Empfängnis und Geburt des Menschenwesens dient*«.[186] Jede Frau ist beteiligt am »*Schöpfungsgeheimnis [...] das sich in der menschlichen Fortpflanzung erneuert*«.[187] Es ist so, wie der Psalm sagt: »*Du hast [...] mich gewoben im Schoß meiner Mutter*« (139,13). Jedes Kind, das sich im Innern seiner Mutter bildet,

---

185 *Brief an die Generalsekretärin der internationalen Konferenz der UNO für Bevölkerungs- und Entwicklungsfragen* (18. März 1994), 5: *L'Osservatore Romano* (dt.) Jg. 24, Nr. 18 (6. Mai 1994), S. 4.

186 JOHANNES PAUL II., *Generalaudienz* (12. März 1980), 3: *L'Osservatore Romano* (dt.) Jg. 10, Nr. 12 (21. März 1980), S. 2.

187 *Ebd.*, 6.

ist ein ewiger Plan Gottes des Vaters und seiner ewigen Liebe: »*Noch ehe ich dich im Mutterleib formte, habe ich dich ausersehen, noch ehe du aus dem Mutterschoß hervorkamst, habe ich dich geheiligt*« (*Jer* 1,5). Jedes Kind liegt Gott von jeher am Herzen, und in dem Moment, in dem es empfangen wird, erfüllt sich der ewige Traum des Schöpfers. Bedenken wir, wie viel dieser Embryo vom ersten Augenblick seiner Empfängnis an wert ist! Man muss ihn mit jenen liebevollen Augen des himmlischen Vaters anschauen, der sieht, was jenseits allen äußeren Anscheins liegt.

169 Die schwangere Frau kann sich an diesem Plan Gottes beteiligen und von ihrem Kind träumen: »*Alle Mütter und alle Väter haben neun Monate lang von ihrem Kind geträumt [...] Eine Familie ohne Traum ist gar nicht möglich. Wenn in einer Familie die Fähigkeit zu träumen verloren geht, wachsen die Kinder nicht und wächst die Liebe nicht, wird das Leben schwächer und erlischt.*«[188] In diesem Traum erscheint, wenn es eine christliche Ehe ist, zwangsläufig auch die Taufe. Die Eltern bereiten sie mit ihrem Gebet vor und übergeben Jesus das Kind, noch bevor es geboren ist.

170 Dank der wissenschaftlichen Fortschritte kann man heute im Voraus wissen, welche Haarfarbe das Kind haben wird und unter welchen Krankheiten es in der Zukunft leiden wird, denn alle somatischen Merkmale dieses Menschen sind seit seinem embryonalen Stadium in seinen genetischen Code eingeschrieben. Doch nur der himmlische Vater, der ihn erschuf, kennt ihn vollkommen. Allein er kennt das Wertvollste, das

---

188 *Ansprache bei der Begegnung mit den Familien in Manila* (16. Januar 2015): *L'Osservatore Romano* (dt.) Jg. 45, Nr. 4, (23. Januar 2015), S. 7; *AAS* 107 (2015), S. 176.

Wichtigste, denn er weiß, wer dieses Kind ist, welches seine eigentlichste Identität ist. Die Mutter, die es in ihrem Schoß trägt, muss Licht von Gott erbitten, um ihr Kind zutiefst erkennen zu können und es als das zu erwarten, was es ist. Manche Eltern haben das Gefühl, dass ihr Kind nicht gerade im besten Moment kommt. Sie müssen den Herrn bitten, dass er sie heile und sie stärke, um dieses Kind völlig zu akzeptieren, damit sie es von Herzen erwarten können. Es ist wichtig, dass dieses Kind spürt, dass es erwartet wird. Es ist kein Accessoire oder eine Lösung für eine persönliche Ruhelosigkeit. Es ist ein Menschenwesen mit einem unermesslichen Wert und darf nicht für den eigenen Vorteil gebraucht werden. Es ist also nicht wichtig, ob dieses neue Leben dir nützlich ist oder nicht, ob es Eigenschaften hat, die dir gefallen oder nicht, ob es deinen Plänen und Träumen entspricht oder nicht. Denn »*Kinder sind ein Geschenk. Jedes ist einzigartig und unwiederholbar [...] Ein Kind liebt man, weil es das eigene Kind ist: nicht weil es schön ist oder weil es so und so ist. Nein, weil es das Kind ist! Nicht weil es so denkt wie ich oder meine Wünsche verkörpert. Ein Kind ist ein Kind.*«[189] Die Liebe der Eltern ist ein Werkzeug der Liebe Gottes des Vaters, der die Geburt eines jeden Kindes mit Zärtlichkeit erwartet, es bedingungslos akzeptiert und es großherzig aufnimmt.

171 Jede schwangere Frau möchte ich herzlich bitten: Bewahre deine Freude, nichts soll dir die innere Wonne der Mutterschaft nehmen. Dieses Kind verdient deine Freude. Lass nicht zu, dass die Ängste, die Sorgen, die Kommentare der anderen oder die Probleme dieses Glück ersticken, Werkzeug Gottes zu sein, um ein neues Leben zur Welt zu bringen. Beschäftige dich mit dem, was du tun oder bereiten musst, aber

---

189 *Generalaudienz* (11. Februar 2015): *L'Osservatore Romano* (dt.) Jg. 45, Nr. 8 (20. Februar 2015), S. 2.

ohne dich hineinzusteigern, und lobsinge wie Maria: »*Meine Seele preist die Größe des Herrn, und mein Geist jubelt über Gott, meinen Retter. Denn auf die Niedrigkeit seiner Magd hat er geschaut*« (*Lk* 1,46–48). Lebe diese heitere Begeisterung inmitten deiner Unannehmlichkeiten und bitte den Herrn, dass er deine Freude hüte, damit du sie auf dein Kind übertragen kannst.

MUTTER- UND VATERLIEBE

172 »*Sobald die Kinder geboren sind, beginnen sie zusammen mit Nahrung und Fürsorge auch die Bestätigung der geistigen Qualitäten der Liebe als Geschenk zu empfangen. Die Gesten der Liebe geschehen durch das Geschenk des persönlichen Namens, die Mitteilung der Sprache, das Verstehen mit Blicken, das Strahlen durch das Lächeln. So lernen sie, dass die Schönheit des Bandes zwischen den Menschen auf unsere Seele abzielt, unsere Freiheit sucht, das Anderssein des anderen annimmt, ihn als Gesprächspartner anerkennt und achtet [...] Und das ist Liebe, die einen Funken der Liebe Gottes bringt!*«[190] Jedes Kind hat das Recht, die Liebe einer Mutter und eines Vaters zu empfangen; beide sind nötig für eine ganzheitliche und harmonische Reifung. Wie die Bischöfe von Australien sagten, »*tragen Mutter und Vater – jeder auf verschiedene Weise – zur Reifung eines Kindes bei. Die Würde eines Kindes zu achten, bedeutet, sein Bedürfnis und natürliches Recht auf eine Mutter und einen Vater zu bekräftigen.*«[191]

Es geht nicht um die voneinander getrennte Vater- und Mutterliebe, sondern auch um die Liebe zwischen ihnen, die

---

190 *Generalaudienz* (14. Oktober 2015): *L'Osservatore Romano* (dt.) Jg. 45, Nr. 43 (23. Oktober 2015), S. 2.

191 KONFERENZ DER KATHOLISCHEN BISCHÖFE AUSTRALIENS, Hirtenbrief *Don't Mess with Marriage*, (24. November 2015), S. 11.

wahrgenommen wird als Quelle der eigenen Existenz, als bergendes Nest und als Fundament der Familie. Andernfalls scheint es, als werde das Kind zu einem willkürlichen Besitz herabgewürdigt. Beide, Mann und Frau, Vater und Mutter sind »*mitwirkend mit der Liebe Gottes des Schöpfers und gleichsam [...] Interpreten dieser Liebe*«.[192] Sie zeigen ihren Kindern das mütterliche und das väterliche Gesicht des Herrn. Außerdem leben sie gemeinsam den Wert der Gegenseitigkeit und der Begegnung zwischen unterschiedlichen Menschen vor, wo jeder seine eigene Identität einbringt und auch vom anderen etwas zu empfangen weiß. Wenn aus irgendeinem unvermeidlichen Grund einer der beiden fehlt, ist es wichtig, nach einer Art zu suchen, ihn bzw. sie zu ersetzen, um die angemessene Reifung des Kindes zu begünstigen.

173 Das Gefühl, ein Waise zu sein, das heute viele Kinder und Jugendliche haben, ist viel tiefgreifender, als wir denken. Wir erkennen es heute als sehr rechtmäßig und sogar wünschenswert an, dass die Frauen studieren, arbeiten, ihre Fähigkeiten entfalten und persönliche Ziele haben möchten. Zugleich aber dürfen wir nicht das Bedürfnis der Kinder verkennen, die die Gegenwart der Mutter brauchen, besonders in den ersten Lebensmonaten. Die Realität ist, dass »*die Frau [...] als Mutter vor dem Mann [steht], als Trägerin des neuen Menschenlebens, das in ihr empfangen wird und sich entwickelt und von ihr zur Welt gebracht wird*«.[193] Die Schwächung der mütterlichen Gegenwart mit ihren weiblichen Eigenschaften ist eine ernste Gefahr für unsere Erde. Ich würdige den Femi-

---

192 Zweites Vatikanisches Konzil, Past. Konst. *Gaudium et spes über die Kirche in der Welt von heute,* 50.

193 Johannes Paul ii., *Generalaudienz* (12. März 1980), 2: *L'Osservatore Romano* (dt.) Jg. 10, Nr. 12 (21. März 1980), S. 1.

nismus, sofern er weder die Uniformität anstrebt noch die Mutterschaft verneint. Denn die Größe der Frau schließt alle Rechte ein, die aus ihrer unveräußerlichen Menschenwürde, aber auch aus ihrem weiblichen Genius hervorgehen, der für die Gesellschaft unverzichtbar ist. Ihre speziell fraulichen Fähigkeiten – im Besonderen die Mutterschaft – erteilen ihr zugleich Pflichten, weil ihr Frausein auch eine besondere Aufgabe auf dieser Erde einschließt, die die Gesellschaft zum Wohl aller schützen und bewahren muss.[194]

174 Tatsächlich sind »*die Mütter [...] das stärkste Gegenmittel gegen die Verbreitung des egoistischen Individualismus [...] Sie sind es, die die Schönheit des Lebens bezeugen.*«[195] Zweifellos wäre »*eine Gesellschaft ohne Mütter [...] eine unmenschliche Gesellschaft, denn die Mütter wissen stets, auch in den schlimmsten Augenblicken, Zärtlichkeit, Hingabe, moralische Kraft zu bezeugen. Die Mütter geben oft auch den tiefsten Sinn der Glaubenspraxis weiter: In den ersten Gebeten, in den ersten Gesten der Frömmigkeit, die ein Kind erlernt [...] Ohne die Mütter gäbe es nicht nur keine neuen Gläubigen, sondern der Glaube würde einen Großteil seiner einfachen und tiefen Wärme verlieren [...] Liebe Mütter, danke, danke für das, was ihr in der Familie seid, und für das, was ihr der Kirche und der Welt schenkt.*«[196]

175 Die Mutter, die das Kind mit ihrer Zärtlichkeit und ihrem Mitgefühl umfängt, hilft ihm, Vertrauen zu fassen und zu erfahren, dass die Welt ein guter Ort ist, der es will-

---

194 Vgl. DERS., Apostolisches Schreiben *Mulieris dignitatem* (15. August 1988), 30–31: *AAS* 80 (1988), S. 1726–1729.

195 *Generalaudienz* (7. Januar 2015): *L'Osservatore Romano* (dt.) Jg. 45, Nr. 3 (16. Januar 2015), S. 2.

196 *Ebd.*

kommen heißt, und das gestattet die Entwicklung eines Selbst-
wertgefühls, das die Fähigkeit zu Vertrautheit und Einfüh-
lungsvermögen fördert. Die Figur des Vaters hilft andererseits,
die Grenzen der Wirklichkeit wahrzunehmen, und ist stärker
gekennzeichnet durch die Orientierung, durch den Aufbruch
in eine weitere und herausfordernde Welt, durch die Aufforderung zu Anstrengung und Einsatz. Ein Vater mit einer deut-
lichen und gelungenen männlichen Identität, der zugleich im
Umgang mit seiner Frau Zuneigung und Unterstützung miteinander verbindet, ist ebenso notwendig wie die Fürsorglich-
keit der Mutter. Es gibt flexible Rollen und Aufgaben, die sich
den konkreten Umständen jeder Familie anpassen, doch die
klare und genau definierte Gegenwart der beiden Figuren – der
weiblichen und der männlichen – schafft den Bereich, der für
die Reifung des Kindes am besten geeignet ist.

176 Es heißt, unsere Gesellschaft sei eine „vaterlose Gesellschaft". In der westlichen Kultur sei die Figur des Vaters sym-
bolisch abwesend, fehlgeleitet, verblasst. Auch die Männlichkeit scheine in Frage gestellt. Es ist zu einer verständlichen
Verwirrung gekommen, denn »*im ersten Augenblick wurde dies
als Befreiung empfunden: die Befreiung vom Vater als dem Herrn
und Gebieter, vom Vater als dem Vertreter des Gesetzes, das von
außen auferlegt wird, vom Vater als dem strengen Wächter über
das Glück seiner Kinder und als Hindernis für die Emanzipation
und Unabhängigkeit der jungen Menschen. In der Vergangenheit
herrschte in einigen Häusern manchmal Autoritarismus, in gewissen Fällen sogar Unterdrückung.*«[197] Doch »*wie so oft gerät man
von einem Extrem ins andere. Das Problem unserer Tage scheint
nicht mehr so sehr die bevormundende Gegenwart der Väter zu*

197   *Generalaudienz* (28. Januar 2015): *L'Osservatore Romano* (dt.) Jg. 45, Nr. 6
(6. Februar 2015), S. 2

sein, sondern vielmehr ihre Abwesenheit, ihr Verschwinden. Die Väter sind manchmal so sehr auf sich selbst und auf ihre Arbeit fixiert, manchmal auch auf ihre eigene Selbstverwirklichung, dass sie sogar die Familie vergessen. Und sie lassen die Kinder und Jugendlichen allein.«[198] Die Gegenwart des Vaters und somit seine Autorität ist auch geschmälert durch die stets zunehmende Zeit, die den Kommunikationsmitteln und der Unterhaltungstechnologie gewidmet wird. Außerdem steht die Autorität heute unter Verdacht und die Erwachsenen werden hart in Frage gestellt. Sie selbst lösen sich von dem, was ihnen Gewissheit vermittelte, und geben daher ihren Kindern keine sicheren und gut fundierten Orientierungen. Es ist nicht gesund, dass die Rollen zwischen Eltern und Kindern vertauscht werden. Das schädigt den angemessenen Reifungsprozess, den die Kinder durchmachen müssen, und versagt ihnen eine richtungweisende Liebe, die ihnen hilft zu reifen.[199]

177 Gott stellt den Vater in die Familie, damit er mit den wertvollen Merkmalen seiner Männlichkeit »*der Ehefrau nahe ist, um alles zu teilen: Freude und Schmerzen, Mühe und Hoffnungen. Und dass er den Kindern in ihrem Heranwachsen nahe ist: wenn sie spielen und wenn sie sich anstrengen, wenn sie unbeschwert sind und wenn sie besorgt sind, wenn sie sich ausdrücken und wenn sie schweigsam sind, wenn sie mutig sind und wenn sie Angst haben, wenn sie einen falschen Schritt machen und wenn sie den Weg wiederfinden – ein Vater, der immer präsent ist. Wenn ich „präsent“ sage, dann heißt das nicht „kontrollieren“! Denn Väter, die die Kinder zu stark überwachen, unterdrücken sie.*«[200] Manche

---

198   *Ebd.*

199   Vgl. *Relatio finalis* 2015, 28, in: Schönborn, S. 143f.

200   *Generalaudienz* (4. Februar 2015): *L'Osservatore Romano* (dt.) Jg. 45, Nr. 7 (13. Februar 2015), S. 2.

Väter fühlen sich nutzlos, unnötig, doch die Wahrheit ist, dass *»die Kinder [...] einen Vater brauchen, der auf sie wartet, wenn sie nach ihren Fehlern und Misserfolgen zurückkehren. Sie werden alles tun, um es nicht zuzugeben, um es sich nicht anmerken zu lassen, aber sie brauchen ihn.«*[201] Es ist nicht gut, dass die Kinder vaterlos aufwachsen und so vor der Zeit aufhören, Kinder zu sein.

ERWEITERTE FRUCHTBARKEIT

178 Viele Ehepaare können keine eigenen Kinder bekommen. Wir wissen, wie viel Leid das mit sich bringt. Andererseits wissen wir auch, dass *»die Ehe [...] nicht nur zur Zeugung von Kindern eingesetzt [ist]. Wenn deshalb das – oft so erwünschte – Kind fehlt, bleibt die Ehe dennoch als volle Lebensgemeinschaft bestehen und behält ihren Wert sowie ihre Unauflöslichkeit.«*[202] Außerdem ist *»die Mutterschaft keine ausschließlich biologische Wirklichkeit, sondern drückt sich auf unterschiedliche Weise aus«.*[203]

179 Die Adoption ist ein Weg, die Mutterschaft und die Vaterschaft in einer sehr großzügigen Weise zu verwirklichen, und ich möchte diejenigen, die keine Kinder bekommen können, ermutigen, weitherzig zu sein und ihre eheliche Liebe zu öffnen, um die zu empfangen, die kein geeignetes familiäres Umfeld haben. Sie werden nie bereuen, großherzig gewesen zu sein. Die Adoption ist die Tat der Liebe, jemandem eine Familie zu schenken, der keine hat. Es ist wichtig, darauf zu beste-

---

201 *Ebd.*

202 Zweites Vatikanisches Konzil, Past. Konst. *Gaudium et spes über die Kirche in der Welt von heute,* 50.

203 v. Generalversammlung des Episkopats von Lateinamerika und der Karibik, *Dokument von Aparecida* (29. Juni 2007), 457.

hen, dass die Gesetzgebung die Formalien für die Adoption erleichtert, vor allem in den Fällen unerwünschter Kinder, um
der Abtreibung oder der Aussetzung zuvorzukommen. Diejenigen, welche die Herausforderung annehmen, einen Menschen bedingungslos und unentgeltlich zu adoptieren und aufzunehmen, werden zu Mittlern dieser Liebe Gottes, der sagt:
»*Selbst wenn eine leibliche Mutter ihr Kind vergessen würde: Ich
vergesse dich nicht*« (vgl. *Jes* 49,15).

180 »*Die Entscheidung zur Adoption oder Pflegschaft bringt
eine besondere Fruchtbarkeit der ehelichen Erfahrung zum Ausdruck, über die Fälle hinaus, in denen sie auf schmerzhafte Weise
von Unfruchtbarkeit gekennzeichnet ist […] Angesichts jener Situationen, in denen ein Kind als Recht auf Selbsterfüllung um jeden Preis beansprucht wird, lassen die recht verstandene Adoption
und Pflegschaft einen wichtigen Aspekt der Elternschaft und des
Kindseins deutlich werden, insofern sie dabei helfen, anzuerkennen, dass die Kinder, seien sie ehelich, adoptiert oder in Pflegschaft, etwas von der eigenen Person Verschiedenes sind und dass
sie angenommen und geliebt werden sollen, dass man sich um sie
kümmern muss und sie nicht einfach in die Welt setzt. Das vorrangige Interesse des Kindes muss den Entscheidungen um Adoption und Pflegschaft immer innewohnen.*«[204] Andererseits muss
»*der Kinderhandel zwischen Ländern und Kontinenten […]
durch gesetzgeberische Maßnahmen und staatliche Kontrollen
verhindert werden.*«[205]

181 Es ist auch gut, daran zu erinnern, dass Fortpflanzung
oder Adoption nicht die einzigen Wege sind, die Fruchtbarkeit
der Liebe zu leben. Auch die kinderreiche Familie ist berufen,

---

204 *Relatio finalis* 2915, 65, in: Schönborn, S. 183f.
205 *Ebd.*, in: Schönborn, S. 183.

in der Gesellschaft, in der sie lebt, ihre Spuren zu hinterlassen, um andere Formen der Fruchtbarkeit zu entwickeln, welche die Liebe, von der sie selbst getragen wird, gleichsam ausdehnen. Die christlichen Familien sollten nicht vergessen, dass *»der Glaube [...] uns nicht von der Welt [entfernt], sondern er zieht uns tiefer in sie hinein [...] Jeder von uns hat nämlich eine spezielle Rolle bei der Vorbereitung der Ankunft von Gottes Reich in unserer Welt.«*[206] Die Familie darf sich selbst nicht als ein wohlumzäuntes Gehege verstehen, das berufen ist, sich vor der Gesellschaft zu schützen. Sie verharrt nicht in Wartestellung, sondern verlässt in solidarischer Suche das eigene Nest. So wird sie zu einem Bindeglied, das den Einzelnen in die Gesellschaft einfügt, und zu einem Verbindungspunkt, in dem Öffentliches und Privates eins werden. Die Eheleute müssen ein klares und überzeugtes Bewusstsein ihrer sozialen Pflichten erlangen. Wenn das geschieht, nimmt die Zuneigung, die sie vereint, nicht ab, sondern sie wird mit einem neuen Licht erfüllt, wie die folgenden Zeilen zum Ausdruck bringen: *»Deine Hände sind meine Liebkosung, meine Harmonie, mein Einklang Tag für Tag; ich liebe dich, denn deine Hände arbeiten für die Gerechtigkeit. Wenn ich dich liebe, so ist es, weil du meine Liebe, mein Mitstreiter, mein Alles bist, und auf dem Weg Seite an Seite sind wir viel mehr als zwei.«*[207]

182 Keine Familie kann fruchtbar sein, wenn sie sich für allzu verschieden oder „abgehoben" hält. Um diese Gefahr zu vermeiden, sollten wir uns daran erinnern, dass die Familie

---

206 *Ansprache bei der Begegnung mit den Familien in Manila* (16. Januar 2015): *L'Osservatore Romano* (dt.) Jg. 45, Nr. 4 (23. Januar 2015), S. 7; *AAS* 107 (2015), S. 176.

207 MARIO BENEDETTI, *Te quiero*, in: *Poemas de otros*, Buenos Aires 1993, S. 316.

Jesu, erfüllt von Gnade und Weisheit, nicht als eine „seltsame", wundersame, dem Volk entrückte Familie angesehen wurde. Eben darum fiel es den Leuten schwer, die Weisheit Jesu anzuerkennen, und sie sagten: »*Woher hat er das alles? [...] Ist das nicht der Zimmermann, der Sohn der Maria?*« (*Mk* 6,2–3) »*Ist das nicht der Sohn des Zimmermanns?*« (*Mt* 13,55). Das bestätigt, dass es eine einfache Familie war, allen nahe und ganz normal in das Volk eingegliedert. Ebenso wuchs auch Jesus nicht in einer in sich abgeschlossenen Beziehung mit Maria und Josef auf, die ihn völlig in Anspruch genommen hätte, sondern er bewegte sich gern im weiteren Familienkreis, wo es Verwandte und Freunde gab. Das erklärt, warum seine Eltern, als sie von Jerusalem zurückkehrten, erlaubten, dass der zwölfjährige Knabe einen ganzen Tag lang in der Karawane untertauchte, die Erzählungen anhörte und die Sorgen aller teilte: »*Sie meinten, er sei irgendwo in der Pilgergruppe, und reisten eine Tagesstrecke weit*« (*Lk* 2,44). Dennoch geschieht es manchmal, dass christliche Familien wegen ihres Sprachgebrauchs, wegen der Art, sich auszudrücken, wegen ihres Stils im Umgang mit anderen, wegen der ständigen Wiederholung von zwei oder drei Themen als fremd, von der Gesellschaft getrennt angesehen werden und sogar die eigenen Verwandten sich von ihnen verachtet oder verurteilt fühlen.

183 Eine Ehe, welche die Kraft der Liebe erfährt, weiß, dass diese Liebe berufen ist, die Wunden der Verlassenen zu heilen, die Kultur der Begegnung einzuführen und für die Gerechtigkeit zu kämpfen. Gott hat der Familie das Projekt anvertraut, die Welt „heimisch" zu machen[208], damit es allen gelingt, jeden Menschen als Bruder bzw. Schwester wahrzu-

---

208   Vgl. *Generalaudienz* (16. September 2015): *L'Osservatore Romano* (dt.) Jg. 45, Nr. 39 (25. September 2015), S. 2.

nehmen: »*Ein aufmerksamer Blick auf das tägliche Leben der Männer und Frauen von heute zeigt unmittelbar den Bedarf an einem kräftigen Schuss Familiengeist, der überall besteht [...] Die Organisation des gemeinsamen Lebens gerät nicht nur immer mehr in die Fänge einer Bürokratie, der die grundlegenden menschlichen Bindungen völlig fremd sind, sondern der gesellschaftliche und politische Umgang zeigt oft sogar Zeichen des Verfalls.*«[209] Dagegen geben die offenen und solidarischen Familien den Armen Raum und sind fähig, mit denen eine Freundschaft zu knüpfen, denen es schlechter geht als ihnen. Wenn ihnen das Evangelium wirklich wichtig ist, können sie nicht vergessen, was Jesus sagt: »*Was ihr für einen meiner geringsten Brüder getan habt, das habt ihr mir getan*« (*Mt* 25,40). Sie leben letztlich das, was im folgenden Text mit so beredten Worten von uns verlangt wird: »*Wenn du mittags oder abends ein Essen gibst, so lade nicht deine Freunde oder deine Brüder, deine Verwandten oder reiche Nachbarn ein; sonst laden auch sie dich ein, und damit ist dir wieder alles vergolten. Nein, wenn du ein Essen gibst, dann lade Arme, Krüppel, Lahme und Blinde ein. Du wirst selig sein*« (*Lk* 14,12–14). Du wirst selig sein! Hier liegt das Geheimnis einer glücklichen Familie.

184 Mit dem Zeugnis des eigenen Lebens und auch mit Worten sprechen die Familien zu den anderen von Jesus, sie vermitteln den Glauben, wecken die Sehnsucht nach Gott und zeigen die Schönheit des Evangeliums und der Weise zu leben, die er uns anbietet. So übermalen die christlichen Ehen das Grau des öffentlichen Raumes, indem sie es mit der Farbe der Geschwisterlichkeit, des gesellschaftlichen Feingefühls, des Schutzes der Schwachen, des leuchtenden Glaubens und der

---

209 *Generalaudienz* (7. Oktober 2015): *L'Osservatore Romano* (dt.) Jg. 45, Nr. 42 (16. Oktober 2015), S. 2.

aktiven Hoffnung füllen. Ihre Fruchtbarkeit erweitert sich und kommt in tausend Arten zum Ausdruck, Gottes Liebe in der Gesellschaft gegenwärtig werden zu lassen.

Den Leib erkennen

185 In diesem Zusammenhang ist es angebracht, einen biblischen Text sehr ernst zu nehmen, der gewöhnlich losgelöst von seinem Kontext oder sehr allgemein ausgelegt wird. Auf diese Weise kann man seinen unmittelbarsten und direkten Sinn übersehen, der eine betont soziale Note hat. Es handelt sich um 1 *Korinther* 11,17–34, wo der heilige Paulus eine beschämende Situation in der Gemeinde zur Sprache bringt. Dort neigten einige wohlhabende Personen dazu, die Armen zu diskriminieren, und das geschah sogar bei der *Agape*, welche mit der Eucharistiefeier einherging. Während die Reichen ihre Speisen genossen, schauten die Armen zu und litten Hunger: »*Dann hungert der eine, während der andere schon betrunken ist. Könnt ihr denn nicht zu Hause essen und trinken? Oder verachtet ihr die Kirche Gottes? Wollt ihr jene demütigen, die nichts haben?*« (V. 21–22).

186 Die Eucharistie verlangt die Eingliederung in einen einzigen kirchlichen Leib. Wer sich dem Leib und dem Blut Christi nähert, kann nicht zugleich diesen selben Leib beleidigen, indem er unter seinen Gliedern empörende Trennungen und Diskriminierungen vollzieht. Es geht tatsächlich darum, den Leib des Herrn zu „unterscheiden", ihn glaubend und liebend sowohl in den sakramentalen Zeichen als auch in der Gemeinde zu erkennen; andernfalls zieht man sich das Gericht zu, indem man isst und trinkt (vgl. V. 29). Dieser biblische Text ist eine ernste Warnung für die Familien, die sich in die ei-

gene Bequemlichkeit zurückziehen und sich abschotten, ganz besonders aber für die Familien, die angesichts des Leidens der armen und am meisten bedürftigen Familien gleichgültig bleiben. So wird die Eucharistiefeier für jeden zu einem ständigen Aufruf, »*sich selbst [zu] prüfen*« (V. 28) im Hinblick darauf, die Wände der eigenen Familie durchlässig werden zu lassen für eine größere Gemeinschaft mit den Ausgeschlossenen der Gesellschaft und dann wirklich das Sakrament der eucharistischen Liebe zu empfangen, das uns zu einem Leib macht. Man darf nicht vergessen, dass »*die „Mystik" des Sakraments [...] sozialen Charakter [hat]*«.[210] Wenn diejenigen, die zur Kommunion gehen, sich dagegen sträuben, sich zu einem Einsatz für die Armen und Leidenden anregen zu lassen, oder verschiedene Formen der Trennung, der Verachtung und der Ungerechtigkeit gutheißen, werden sie die Eucharistie unwürdig empfangen. Die Familien, hingegen, die sich in der angemessenen Haltung von der Eucharistie nähren, stärken ihren Wunsch nach Geschwisterlichkeit, ihr soziales Empfinden und ihren Einsatz für die Notleidenden.

DAS LEBEN IN DER GROSSEN FAMILIE

187 Die kleine Kernfamilie sollte sich nicht gegen die erweiterte Familie abschotten, zu der die Eltern, Onkel und Tanten, Cousins und Cousinen und sogar die Nachbarn gehören. In dieser großen Familie kann jemand Hilfe benötigen oder zumindest Gesellschaft und Gesten der Zuneigung brauchen oder schweres Leid tragen, das des Trostes bedarf.[211] Der heu-

---

210 BENEDIKT XVI., Enzyklika *Deus caritas est* (25. Dezember 2005), 14: Freiburg 2006, S. 35.

211 Vgl. *Relatio finalis* 2015, 11, in: Schönborn, S. 127.

tige Individualismus führt manchmal dazu, sich in ein kleines Nest der Sicherheit zurückzuziehen und die anderen als eine lästige Gefahr zu empfinden. Diese Isolierung bietet jedoch nicht mehr Frieden und Glück, sondern verschließt das Herz der Familie und nimmt ihr die Weite des Lebens.

SÖHNE UND TÖCHTER SEIN

188 An erster Stelle sprechen wir von den eigenen Eltern. Jesus erinnerte die Pharisäer daran, dass die Vernachlässigung der Eltern gegen das Gesetz Gottes verstößt (vgl. *Mk* 7,8–13). Niemandem tut es gut, wenn er das Bewusstsein des eigenen Kindseins verliert. In jedem Menschen – »*auch wenn jemand erwachsen oder alt wird, auch wenn er zum Elternteil wird, wenn er einen verantwortungsvollen Posten bekleidet – bleibt unter all dem stets die Identität als Sohn oder Tochter erhalten. Wir alle sind Söhne und Töchter. Und das bringt uns immer zu der Tatsache zurück, dass wir uns das Leben nicht selbst geschenkt, sondern es empfangen haben. Das große Geschenk des Lebens ist die erste Gabe, die wir empfangen haben.*«[212]

189 Darum verlangt »*das vierte Gebot [...] von den Kindern [...] den Vater und die Mutter zu ehren (vgl. Ex 20,12). Dieses Gebot kommt sofort nach denen, die Gott selbst betreffen. Denn es enthält etwas Heiliges, etwas Göttliches, etwas, das an der Wurzel jeder anderen Form der Achtung zwischen den Menschen liegt. Und in der biblischen Formulierung des vierten Gebotes wird hinzugefügt: „damit du lange lebst in dem Land, das der Herr, dein Gott, dir gibt". Die liebevolle Verbindung zwischen den Genera-*

---

212   *Generalaudienz* (18. März 2015): *L'Osservatore Romano* (dt.) Jg. 45, Nr. 14 (3. April 2015), S. 9.

tionen garantiert die Zukunft, und sie garantiert eine wirklich menschliche Geschichte. Eine Gesellschaft von Kindern, die ihre Eltern nicht ehren, ist eine Gesellschaft ohne Ehre [...] Eine solche Gesellschaft ist dazu verurteilt, sich mit gefühllosen und habgierigen jungen Menschen zu füllen.«[213]

190 Doch die Medaille hat noch eine andere Seite: »*Darum verlässt der Mann Vater und Mutter*« (*Gen* 2,24), sagt das Wort Gottes. Das wird manchmal nicht befolgt, und es kommt schließlich nie zur Ehe, weil dieser Verzicht und diese Hingabe nicht vollzogen wurden. Die Eltern dürfen weder sich selbst überlassen noch vernachlässigt werden, doch um sich in der Ehe zu vereinigen, muss man sich von ihnen trennen, so dass die neue Familie das Zuhause, der Schutz, der gemeinsame Raum und das Lebensprojekt wird und es möglich ist, wirklich »*ein Fleisch*« (ebd.) zu werden. In manchen Ehen kommt es vor, dass dem Ehepartner vieles verheimlicht wird, was man dagegen mit den eigenen Eltern bespricht, bis zu dem Punkt, dass die Meinungen der Eltern wichtiger werden als die Gefühle und Meinungen des Partners. Es ist nicht leicht, diese Situation lange Zeit aufrecht zu erhalten, und sie sollte nur vorübergehend sein, während man die Bedingungen schafft, um in der Vertrautheit und im Miteinander zu wachsen. Die Ehe ist eine Herausforderung, eine neue Form des Sohn- bzw. Tochterseins zu finden.

---

213 *Generalaudienz* (11. Februar 2015): *L'Osservatore Romano* (dt.) Jg. 45, Nr. 8 (20. Februar 2015), S. 2.

DIE ALTEN MENSCHEN

191 *» Verwirf mich nicht, wenn ich alt bin, verlass mich nicht, wenn meine Kräfte schwinden«* (*Ps* 71,9). Das ist der Ruf des alten Menschen, der fürchtet, vergessen und verschmäht zu werden. Ebenso wie Gott uns auffordert, seine Werkzeuge zu sein, um auf das Flehen der Armen zu hören, erwartet er auch, dass wir auf den Schrei der Alten hören.[214] Das ruft die Familien und die Gemeinschaften auf den Plan, denn *»die Kirche kann und will sich nicht einer Mentalität der Unduldsamkeit anpassen, und schon gar nicht der Gleichgültigkeit und der Verachtung gegenüber dem Alter. Wir müssen das kollektive Bewusstsein der Dankbarkeit, der Anerkennung, der Annahme neu erwecken, damit der alte Mensch sich als lebendiger Teil seiner Gemeinschaft fühlt. Die alten Menschen sind Männer und Frauen, Väter und Mütter, die vor uns auf unserem Weg, in unserem Haus waren, in unserem täglichen Kampf um ein Leben in Würde.«*[215] *»Wie sehr möchte ich [darum] eine Kirche, die die Wegwerfkultur herausfordert mit der überreichen Freude einer neuen Umarmung zwischen jungen und alten Menschen!«*[216]

192 Der heilige Johannes Paul II. forderte uns auf, dem Ort des alten Menschen in der Familie Aufmerksamkeit zu schenken, denn es gibt Kulturen, die *»infolge einer ungeordneten industriellen und städtebaulichen Entwicklung die alten Menschen in unannehmbarer Weise an den Rand gedrückt ha-*

---

214   Vgl. *Relatio finalis* 2015, 17–18, in: Schönborn, S. 132f.

215   *Generalaudienz* (4. März 2015): *L'Osservatore Romano* (dt.) Jg. 45, Nr. 11 (13. März 2015), S. 2.

216   *Generalaudienz* (11. März 2015): *L'Osservatore Romano* (dt.) Jg. 45, Nr. 12/13 (20. März 2015), S. 2.

ben«[217] und dies immer noch tun. Die alten Menschen helfen, »*die Kontinuität der Generationen*« wahrzunehmen, mit dem »*Charisma, als Brücke zu dienen*«.[218] Oft sind es die Großeltern, welche die Weitergabe der großen Werte an die Enkel sicherstellen, und »*viele Menschen können feststellen, dass sie ihre Einführung in das christliche Leben besonders den Großeltern verdanken*«.[219] Ihre Worte, ihre Zärtlichkeit oder schon allein ihre Gegenwart helfen den Kindern zu erkennen, dass die Geschichte nicht mit ihnen beginnt, dass sie Erben eines langen Weges sind und dass es nötig ist, den Hintergrund zu respektieren, der vor uns war. Wer die Verbindungen mit der Geschichte zerreißt, wird Schwierigkeiten haben, beständige Beziehungen zu knüpfen und anzuerkennen, dass er nicht Herr der Wirklichkeit ist. Daher ist »*die Fürsorge für die alten Menschen [...] das Unterscheidungsmerkmal einer Zivilisation. Gibt es in einer Zivilisation Fürsorge für den alten Menschen? Gibt es einen Platz für den alten Menschen? Diese Zivilisation wird vorangehen, wenn sie die Klugheit, die Weisheit der alten Menschen zu achten versteht.*«[220]

193 Das Fehlen eines historischen Gedächtnisses ist ein schwerer Mangel unserer Gesellschaft. Es ist die unreife Mentalität des „das war einmal". Die Ereignisse der Vergangenheit zu kennen und fähig zu sein, ihnen gegenüber eine Stellung zu beziehen, ist die einzige Möglichkeit, eine sinnvolle Zukunft

---

217 Apostolisches Schreiben *Familiaris consortio* (22. November 1981), 27: *AAS* 74 (1982), S. 113.

218 JOHANNES PAUL II., *Ansprache an die Teilnehmer des „Internationalen Forums über das Dritte Lebensalter"* (5. September 1980), 5: *Insegnamenti* III, 2 (1980), S. 539.

219 *Relatio finalis* 2015, 18, in: Schönborn, S. 133.

220 *Generalaudienz* (4. März 2015): *L'Osservatore Romano* (dt.) Jg. 45, Nr. 11 (13. März 2015), S. 2.

aufzubauen. Ohne Gedächtnis kann man nicht erziehen: »*Erinnert euch an die früheren Tage*« (*Hebr* 10,32). Die Erzählungen der alten Menschen tun den Kindern und den Jugendlichen sehr gut, weil sie sie mit der lebendigen Geschichte der Familie wie auch des Wohnviertels und des Landes verbinden. Eine Familie, die ihre Großeltern – die doch ihr lebendiges Gedächtnis sind – nicht achtet und betreut, ist eine zerbröckelte Familie; indes ist eine Familie, die sich erinnert, eine Familie mit Zukunft. Daher gilt: »*Eine Zivilisation, in der es keinen Platz für die alten Menschen gibt, oder wo sie ausgesondert werden, weil sie Probleme verursachen – diese Gesellschaft trägt den Virus des Todes in sich*«[221], weil sie »*sich von den eigenen Wurzeln losreißt*«.[222] Das Phänomen der heutigen Verwaisung im Sinn einer Diskontinuität, einer Entwurzelung und eines Zusammenbruchs der Gewissheiten, die dem Leben Gestalt verleihen, fordert uns heraus, unsere Familien zu einem Ort zu machen, wo die Kinder sich im Boden einer kollektiven Geschichte verwurzeln können.

GESCHWISTER SEIN

194 Die Beziehung unter den Geschwistern vertieft sich im Laufe der Zeit, und »*die in der Familie zwischen den Kindern entstehenden Bande der Brüderlichkeit sind, wenn dies in einer Atmosphäre der Erziehung zur Offenheit gegenüber den anderen geschieht, die große Schule der Freiheit und des Friedens. In der Familie, unter Geschwistern lernt man das menschliche Zusammenleben [...] Vielleicht sind wir uns dessen nicht immer be-*

---

221   *Ebd.*

222   *Ansprache bei der Begegnung mit den alten Menschen* (28. September 2014): *L'Osservatore Romano* (dt.) Jg. 44, Nr. 40 (3. Oktober 2014), S. 3.

*wusst, aber gerade die Familie bringt die Brüderlichkeit in die
Welt hinein! Angefangen bei dieser ersten Erfahrung der Brüderlichkeit, genährt von der Zuneigung und der Erziehung in der
Familie, strahlt der Stil der Brüderlichkeit als Verheißung auf die
ganze Gesellschaft [...] aus.«*[223]

195 Unter Geschwistern aufzuwachsen bietet die schöne
Erfahrung, füreinander zu sorgen, zu helfen und Hilfe zu empfangen. Darum erstrahl »*die Brüderlichkeit in der Familie [...]
in besonderem Glanz, wenn wir die Sorge, die Geduld, die Liebe
sehen, mit denen das Brüderlein oder das Schwesterlein umgeben
wird, das am schwächsten, krank oder behindert ist.*«[224] Man
muss zugeben: »*Einen Bruder, eine Schwester zu haben, die dich
lieben, ist eine starke, unbezahlbare, unersetzliche Erfahrung*«[225],
doch die Kinder müssen mit Geduld dazu erzogen werden,
einander wie Geschwister zu behandeln. Dieser manchmal
mühsame Lernprozess ist eine wahre Schule für soziales Verhalten. In einigen Ländern herrscht eine starke Tendenz, nur ein
einziges Kind zu haben, womit die Erfahrung der Geschwister-
Beziehung seltener wird. In den Fällen, in denen man nicht
mehr als ein Kind haben konnte, wird man Wege finden müssen, damit das Kind nicht alleine oder isoliert aufwächst.

---

223   *Generalaudienz* (18. Februar 2015): *L'Osservatore Romano* (dt.) Jg. 45, Nr.
9 (27. Februar 2015), S. 2.

224   *Ebd.*

225   *Ebd.*

EIN WEITES HERZ

196 Neben dem kleinen Kreis, den die Eheleute und ihre Kinder bilden, gibt es die erweiterte Familie, die nicht außer Acht gelassen werden darf. Denn »*die Liebe zwischen Mann und Frau in der Ehe und, in abgeleiteter und erweiterter Form, die Liebe zwischen den Mitgliedern der gleichen Familie – zwischen Eltern und Kindern, Brüdern und Schwestern, Verwandten und Hausgenossen – ist von einer inneren und bleibenden Dynamik beseelt und getragen, die die Familie zu einer immer tieferen und intensiveren Einheit führt, der Grundlage und Seele der Ehe- und Familien-Gemeinschaft*«.[226] Dort fügen sich auch die Freunde und die befreundeten Familien und sogar die Gemeinschaften von Familien ein, die sich in ihren Schwierigkeiten, ihren sozialen Pflichten und ihrem Glauben gegenseitig unterstützen.

197 Diese große Familie müsste mit viel Liebe junge ledige Mütter und elternlose Kinder in sich bergen wie auch alleinstehende Mütter, welche die Erziehung ihrer Kinder bewältigen müssen; Menschen mit Behinderungen, die viel Zuneigung und Nähe brauchen; Jugendliche, die gegen eine Sucht kämpfen; unverheiratete, getrennt lebende und verwitwete Personen, die unter Einsamkeit leiden; alte und kranke Menschen, die nicht die Unterstützung ihrer Kinder bekommen. Und in den Schoß dieser Familie gehören »*sogar die, deren Lebensführung katastrophal ist*«.[227]

---

226 JOHANNES PAUL II., Apostolisches Schreiben *Familiaris consortio* (22. November 1981), 18: *AAS* 74 (1982), S. 101.

227 *Generalaudienz* (7. Oktober 2015): *L'Osservatore Romano* (dt.) Jg. 45, Nr. 42 (16. Oktober 2015), S. 2.

Sie kann auch hilfreich sein, um die Hinfälligkeiten der
Eltern auszugleichen oder um beizeiten mögliche Situationen
zu entdecken und anzuzeigen, in denen Kinder unter Gewalt
oder sogar Missbrauch leiden, und diesen Kindern eine gesunde Liebe und einen familiären Schutz geben, wenn die Eltern ihn nicht sicherstellen können.

198 Und schließlich darf man nicht vergessen, dass zu dieser großen Familie auch der Schwiegervater, die Schwiegermutter und alle Verwandten des Ehepartners gehören. Ein besonderes Feingefühl der Liebe besteht darin zu vermeiden, sie
als Nebenbuhler, als gefährliche Wesen, als Eindringlinge anzusehen. Die eheliche Verbindung verlangt, ihre Traditionen
und Bräuche zu respektieren, sich um ein Verständnis ihrer
Sprache zu bemühen, sich der Kritik zu enthalten, für sie zu
sorgen und sie irgendwie ins eigene Herz aufzunehmen, auch
wenn die rechtmäßige Unabhängigkeit und die Vertrautheit
des Paares gewahrt werden müssen. Diese Haltungen sind auch
eine ausgezeichnete Art, die Großzügigkeit der liebevollen
Hingabe an den eigenen Ehepartner bzw. die Ehepartnerin
zum Ausdruck zu bringen.

SECHSTES KAPITEL

EINIGE PASTORALE PERSPEKTIVEN

199 Die Debatten des synodalen Weges haben uns dazu geführt, die Notwendigkeit der Entwicklung neuer pastoraler Methoden ins Auge zu fassen; ich werde versuchen, diese jetzt allgemein zu umreißen. Es wird dann Aufgabe der verschiedenen Gemeinschaften sein, stärker praxisorientierte und wirkungsvolle Vorschläge zu erarbeiten, die sowohl die Lehre der Kirche als auch die Bedürfnisse und Herausforderungen vor Ort berücksichtigen. Ohne den Anspruch zu erheben, hier eine Familienpastoral vorzulegen, möchte ich nur dabei verweilen, einige der großen pastoralen Herausforderungen aufzugreifen.

HEUTE DAS EVANGELIUM DER FAMILIE VERKÜNDEN

200 Die Synodenväter haben nachdrücklich betont, dass die christlichen Familien durch die Gnade des Ehesakraments die hauptsächlichen Subjekte der Familienpastoral sind, vor allem, indem sie *»das freudige Zeugnis der Eheleute und der Familien, der Hauskirchen«*[228] geben. Deshalb hoben sie hervor: *»Es geht darum, erfahrbar zu machen, dass das Evangelium der Familie Freude ist, die „das Herz und das gesamte Leben erfüllt", weil wir in Christus „von der Sünde, von der Traurigkeit, von der inneren Leere und von der Vereinsamung" befreit sind (Evangelii gaudium, 1). Im Lichte des Gleichnisses vom Sämann (vgl. Mt 13,3–9) ist es unsere Aufgabe, an der Aussaat mitzuarbeiten. Alles andere ist das Werk Gottes. Man darf auch nicht vergessen, dass*

---

228 *Relatio Synodi* 2014, 30.

die Kirche, die über die Familie predigt, Zeichen des Widerspruchs ist«,[229] doch die Eheleute sind dankbar, wenn die Hirten sie motivieren zu einem mutigen Einsatz durch eine starke, tragfähige, dauerhafte Liebe, die imstande ist, allem, was sich ihnen in den Weg stellt, die Stirn zu bieten. Die Kirche möchte mit demütigem Verstehen auf die Familien zugehen, und es ist ihr Wunsch, *»jede einzelne und alle Familien zu begleiten, damit sie den besten Weg entdecken, um die Schwierigkeiten zu überwinden, denen sie begegnen«.*[230] Es genügt nicht, eine allgemeine Sorge um die Familie in die großen Pastoralpläne aufzunehmen. Damit die Familien immer stärker aktive Subjekte der Familienpastoral sein können, bedarf es *»eines evangelisierenden und katechetischen Bemühens, das auf das Innere der Familie gerichtet ist«*[231] und ihnen in diesem Sinn Orientierung bietet.

201 *»Deshalb ist von der ganzen Kirche eine missionarische Umkehr gefordert: Man darf nicht bei einer rein theoretischen, von den wirklichen Problemen der Menschen losgelösten Verkündigung stehen bleiben.«*[232] Die Familienpastoral *»muss erfahrbar machen, dass das Evangelium der Familie die Antwort auf die tiefsten Erwartungen des Menschen darstellt: auf seine Würde und auf die vollkommene Verwirklichung in der Gegenseitigkeit, in der Gemeinschaft und in der Fruchtbarkeit. Es geht nicht allein darum, Normen vorzulegen, sondern Werte anzubieten und damit auf eine Sehnsucht nach Werten zu antworten, die heute selbst in den säkularisiertesten Ländern festzustellen ist.«*[233] Ebenso *»wurde die Notwendigkeit einer Evangelisierung unterstrichen,*

---

229 *Ebd.* 31.
230 *Relatio finalis* 2015, 56, in: Schönborn, S. 172.
231 *Ebd.*, 89, in: Schönborn, S. 201f.
232 *Relatio Synodi* 2014, 32.
233 *Ebd.* 33.

die offen die kulturellen, sozialen, politischen und wirtschaftlichen Konditionierungen, wie den übermäßigen Einfluss der Logik des Marktes, anprangert, welche ein authentisches Familienleben verhindern und Diskriminierungen, Armut, Ausgrenzung und Gewalt hervorrufen. Deshalb muss ein Dialog und eine Zusammenarbeit mit den gesellschaftlichen Strukturen entwickelt werden, und es gilt, jene Laien zu ermutigen und zu unterstützen, die sich als Christen im kulturellen und gesellschaftspolitischen Bereich engagieren.« [234]

202 *»Den wichtigsten Beitrag zur Familienpastoral leistet die Pfarrgemeinde, eine Familie von Familien, in der die Beiträge der kleinen Gemeinschaften, Bewegungen und kirchlichen Vereinigungen harmonisch aufeinander abgestimmt werden.«*[235] Gemeinsam mit einer spezifisch auf die Familien ausgerichteten Pastoral zeigt sich uns die Notwendigkeit *»eine[r] angemessenere[n] Ausbildung von Priestern, Diakonen, Ordensleuten, Katecheten und anderen Mitarbeitern in der Seelsorge«.*[236] In den Antworten auf die in alle Welt verschickten Befragungen wurde betont, dass es den geweihten Amtsträgern gewöhnlich an einer geeigneten Ausbildung fehlt, um mit den vielschichtigen aktuellen Problemen der Familien umzugehen. In diesem Sinn kann auch die Erfahrung der langen östlichen Tradition der verheirateten Priester nützlich sein.

203 Die Seminaristen sollten Zugang haben zu einer umfassenderen interdisziplinären Schulung über Verlobungszeit und Ehe, und das nicht nur in Bezug auf die Doktrin. Außerdem ermöglicht ihnen die Ausbildung nicht immer die Ent-

---

234   *Ebd.* 38.

235   *Relatio finalis* 2015, 77, in: Schönborn, S. 192.

236   *Ebd.* 61, in: Schönborn, S. 178

faltung ihrer persönlichen psychoaffektiven Welt. Auf einigen lastet die Erfahrung der eigenen verwundeten Familie mit dem Fehlen der Eltern und mit emotionaler Unbeständigkeit. Es muss während der Ausbildung eine Reifung gewährleistet sein, damit die zukünftigen Priester das psychische Gleichgewicht besitzen, das ihre Aufgabe erfordert. Die familiären Bindungen sind grundlegend, um das gesunde Selbstwertgefühl der Seminaristen zu stärken. Darum ist es wichtig, dass die Familien den gesamten Weg des Seminars und des Priestertums begleiten, weil sie helfen, ihn auf lebensnahe Weise zu stärken. In diesem Sinn ist die Kombination zwischen einer gewissen Zeit im Seminar und einer anderen in Pfarrgemeinden heilsam: Das ermöglicht, mehr in Kontakt mit der konkreten Wirklichkeit der Familien zu kommen. Denn im Laufe seines pastoralen Lebens begegnet der Priester ja vor allem Familien. *»Die Anwesenheit von Laien und Familien und vor allem von Frauen in der Priesterausbildung fördert die Wertschätzung der Vielfalt und der Komplementarität der verschiedenen Berufungen in der Kirche.«*[237]

204 Die Antworten auf die Befragungen haben auch mit Nachdruck die Notwendigkeit zum Ausdruck gebracht, mit Hilfe von Psychopädagogen, Familienärzten, Ärzten für Allgemeinmedizin, Sozialarbeitern, Kinder-, Jugend- und Familienanwälten Laienmitarbeiter für die Familienpastoral auszubilden und dabei offen zu sein für Beiträge aus Psychologie, Soziologie, Sexualforschung und auch Counseling. Die Fachleute, besonders diejenigen, die Erfahrungen auf dem Gebiet der Begleitung haben, helfen dabei, die pastoralen Vorschläge in den realen Situationen und den konkreten Sorgen der Familien in die Praxis umzusetzen. *»Ausbildungsprogramme und -kurse, die spezi-*

---

237 *Ebd.*

fisch für die Mitarbeiter der Seelsorge bestimmt sind, können sie befähigen, den Weg der Ehevorbereitung in die weitere Dynamik des kirchlichen Lebens einzuordnen.«[238] Eine gute pastorale Fortbildung ist wichtig, »*auch im Hinblick auf besondere Notsituationen, die sich aus Fällen von häuslicher Gewalt und sexuellem Missbrauch ergeben*«.[239] All das schmälert keineswegs den grundlegenden Wert der geistlichen Begleitung, der unschätzbaren spirituellen Ressourcen der Kirche und der sakramentalen Versöhnung, sondern ergänzt sie.

AUF DEM WEG DER EHEVORBEREITUNG ZUM EHEVERSPRECHEN FÜHREN

205 Die Synodenväter haben auf verschiedene Weise darauf hingewiesen, dass wir den jungen Menschen helfen müssen, den Wert und den Reichtum der Ehe zu entdecken.[240] Sie müssen die Attraktivität einer vollständigen Bindung begreifen können, welche die soziale Dimension des Lebens erhöht und vervollkommnet, der Geschlechtlichkeit ihren erhabensten Sinn verleiht und zugleich das Wohl der Kinder fördert und ihnen den besten Kontext für ihre Reifung und Erziehung bietet.

206 »*Die komplexe gesellschaftliche Wirklichkeit und die Herausforderungen, mit denen sich die Familien heute auseinandersetzen müssen, erfordern einen größeren Einsatz der ganzen christlichen Gemeinde im Hinblick auf die Vorbereitung der Brautleute auf die Ehe. Dazu ist es notwendig, an die Bedeutung der Tugenden zu erinnern. Unter ihnen erweist sich die Keusch-*

---

238   *Ebd.*
239   *Ebd.*, in: Schönborn, S. 179.
240   Vgl. *Relatio Synodi* 2014, 26.

heit als wertvolle Voraussetzung für ein echtes Wachstum der zwischenmenschlichen Liebe. Bezüglich dieses Erfordernisses betonen die Synodenväter übereinstimmend, dass es notwendig ist, die ganze Gemeinde stärker einzubeziehen und das Zeugnis der Familien selbst zu begünstigen. Ferner sollte die Ehevorbereitung im Weg der christlichen Initiation verankert werden, indem die Verbindung zwischen Ehe und Taufe und den anderen Sakramenten betont wird. Zugleich wurde die Notwendigkeit besonderer Kurse zur unmittelbaren Vorbereitung der Eheschließung betont, die eine wirkliche Erfahrung der Teilnahme am kirchlichen Leben sind und die unterschiedlichen Aspekte des Familienlebens vertiefen.«[241]

207 Ich bitte die christlichen Gemeinden zu erkennen, dass es ihnen selbst gut tut, den Weg der Liebe der Verlobten zu begleiten. Die Bischöfe Italiens haben das gut erklärt: Diejenigen, die heiraten, sind für die christliche Gemeinde »*eine kostbare Ressource. Wenn sie sich nämlich ernsthaft bemühen, in der Liebe und in der gegenseitigen Hingabe zu wachsen, können sie dazu beitragen, das Gefüge des gesamten kirchlichen Leibes zu erneuern: Die besondere Form der Freundschaft, die sie leben, kann ansteckend werden und die christliche Gemeinde, zu der sie gehören, in der Freundschaft und in der Brüderlichkeit wachsen lassen.*«[242] Es gibt verschiedene legitime Weisen, die unmittelbare Vorbereitung auf die Ehe zu gestalten, und jede Ortskirche soll unterscheiden, was für sie das Beste ist. Dabei soll sie für eine angemessene Fortbildung sorgen, die zugleich die jungen Menschen nicht vom Sakrament fernhält. Weder geht

---

241 *Ebd.*, 39.

242 ITALIENISCHE BISCHOFSKONFERENZ. BISCHÖFLICHE KOMMISSION FÜR FAMILIE UND LEBEN, *Orientamenti pastorali sulla preparazione al matrimonio e alla famiglia* (22. Oktober 2012), 1.

es darum, ihnen den gesamten Katechismus beizubringen, noch darum, sie mit allzu vielen Themen zu übersättigen. Denn auch hier gilt: »*Nicht das viele Wissen sättigt und befriedigt die Seele, sondern das innerliche Verspüren und Schmecken der Dinge*«.[243] Die Qualität zieht mehr an als die Quantität, und – zusammen mit einer erneuerten Verkündigung des Kerygmas – muss man jenen Inhalten den Vorrang geben, die in anziehender und herzlicher Form vermittelt ihnen helfen, sich »*mit Großmut und Freigebigkeit*«[244] zu einem Weg für das ganze Leben zu verpflichten. Es handelt sich um eine Art „Initiation" in das Ehesakrament, die ihnen die notwendigen Elemente vermittelt, um es mit der besten inneren Bereitschaft empfangen zu können und das Familienleben mit einer gewissen Standfestigkeit zu beginnen.

208 Darüber hinaus müssen Formen gefunden werden, durch missionarisch aktive Familien, durch die Familien der Verlobten selbst und durch verschiedene pastorale Hilfsmittel eine schon sehr früh ansetzende Vorbereitung anzubieten, welche die Liebe der beiden reifen lässt. Dazu bedarf es einer Begleitung, die ihnen nahe ist und Zeugnis gibt. Sehr hilfreich sind gewöhnlich die Gruppen für Verlobte und zusätzliche Gesprächsangebote über eine Vielfalt von Themen, welche die jungen Leute wirklich interessieren. Dennoch sind einige persönlich gestaltete Momente unerlässlich, denn das Hauptziel ist, jedem Einzelnen zu helfen, diese konkrete Person, mit der er das ganze Leben teilen will, lieben zu lernen. Jemanden lieben zu lernen ist nicht etwas, das man improvisiert, noch kann es das Ziel eines kurzen Kurses vor der Feier der Trauung sein.

---

243 IGNATIUS VON LOYOLA, *Ejercicios Espirituales*, anotación 2 (dt. Ausg.: *Geistliche Übungen*, Anmerkung 2, Würzburg 3. Auflage 2015).

244 *Ebd.*, Anmerkung 5.

In Wirklichkeit bereitet sich jeder Mensch von seiner Geburt an auf die Ehe vor. Alles, was seine Familie ihm vermittelte, müsste ihm erlauben, aus der eigenen Geschichte zu lernen, und ihn zu einer vollständigen und endgültigen Verbindlichkeit befähigen. Wahrscheinlich kommen diejenigen besser vorbereitet zur Trauung, die von ihren eigenen Eltern gelernt haben, was eine christliche Ehe ist, wo beide einander bedingungslos erwählt haben und diese Entscheidung immer wieder erneuern. In diesem Sinn sind alle pastoralen Unternehmungen, die den Eheleuten helfen wollen, in der Liebe zu wachsen und das Evangelium in der Familie zu leben, eine unschätzbare Hilfe, damit ihre Kinder sich auf deren zukünftiges Eheleben vorbereiten. Ebenso wenig darf man die wertvollen Mittel der Volkspastoral vergessen. Um ein einfaches Beispiel zu bringen, erinnere ich an den Valentinstag, der in manchen Ländern von der Wirtschaft besser genutzt wird als von der Kreativität der Seelsorger.

209 Wenn es der Pfarrgemeinde gelingt, die bereits Verlobten eine gute Zeit vorher zu begleiten, dann muss diese Vorbereitung auch die Möglichkeit schaffen, Unverträglichkeiten oder Risiken zu erkennen. Auf diese Weise kann man zu der Erkenntnis kommen, dass es nicht sinnvoll ist, sich auf diese Verbindung festzulegen, um sich nicht einem absehbaren Scheitern auszusetzen, das sehr schmerzliche Folgen haben wird. Das Problem ist, dass die Anfangsbegeisterung dazu führt, dass man versucht, vieles zu verbergen oder zu relativieren; man vermeidet Unstimmigkeiten, und so schiebt man die Schwierigkeiten nur vor sich her. Die Verlobten müssten Anregung und Hilfe erfahren, damit sie darüber sprechen können, was jeder von einer eventuellen Ehe erwartet, was er unter Liebe und Verpflichtung versteht, was er sich vom anderen wünscht, welche Art von gemeinsamem Leben man planen möchte. Diese Gespräche können die Augen dafür öffnen, dass es in Wirklichkeit wenige Berührungspunkte gibt und dass die bloße gegenseitige Attraktion keine ausreichende Grundlage für eine Verbindung ist. Nichts ist flüchtiger, unsicherer und unberechenbarer als das Begehren, und niemals darf man zu der Entscheidung einer Eheschließung ermutigen, wenn nicht andere Motivationen ergründet worden sind, die dieser Bindung wirkliche Chancen zur Beständigkeit verleihen.

210 Wenn man die Schwachstellen des anderen deutlich erkennt, muss man auf jeden Fall realistisch auf die Möglichkeit vertrauen können, dem Besten in seiner Person zur Entfaltung zu verhelfen, um dem Gewicht seiner Schwachheiten entgegenzuwirken, mit der festen Absicht, ihn als Menschen zu fördern. Das bedeutet, mit starkem Willen die Möglichkeit zu bejahen, manchem Verzicht, schwierigen Momenten und Konfliktsituationen zu begegnen und sich fest entschlossen darauf vorzubereiten. Man muss imstande sein, die Anzeichen der Gefahr, welche die Beziehung in sich bergen kann, zu entdecken, um vor der Heirat Hilfsmittel zu finden, die erlauben, ihr erfolgreich zu begegnen. Leider gelangen viele zur Hochzeit, ohne sich zu kennen. Sie haben nur gemeinsam Zeit verbracht, haben gemeinsame Erfahrungen gemacht, haben sich aber nicht der Herausforderung gestellt, sich selbst zu offenbaren und zu lernen, wer der andere wirklich ist.

211 Sowohl die unmittelbare Vorbereitung als auch die Begleitung über längere Zeit müssen sicherstellen, dass die Verlobten die Heirat nicht als das Ende eines Weges ansehen, sondern die Ehe als eine Berufung annehmen, die sie vorwärts treibt, mit dem festen und realistischen Entschluss, alle Prüfungen und schwierigen Momente gemeinsam zu durchleben. Die Seelsorge in der Vorbereitung auf die Ehe und die Ehepastoral müssen vor allem eine Seelsorge der Bindung sein, wo Elemente vermittelt werden, die helfen, sowohl die Liebe reifen zu lassen als auch die schweren Zeiten zu überstehen. Diese Elemente sind nicht einzig und allein doktrinelle Überzeugungen, sie dürfen nicht einmal auf die wertvollen spirituellen Ressourcen beschränkt werden, welche die Kirche immer darbietet, sondern müssen auch praktische Wege, gut „inkarnierte" Ratschläge, aus der Erfahrung erwachsene Vorgehensweisen und psychologische Orientierungen sein. All das bildet eine Pädagogik der Liebe, welche die heutige Sensibilität junger Menschen nicht unbeachtet lassen darf, um sie innerlich bereit zu machen. Zugleich muss es in der Vorbereitung der Verlobten möglich sein, sie auf Orte und Personen, Beratungsstellen oder bereite Familien hinzuweisen, an die sie sich wenden können, um Hilfe zu suchen, wenn Schwierigkeiten aufkommen sollten. Doch niemals darf man vergessen, ihnen die sakramentale Versöhnung nahezulegen, die ermöglicht, durch die barmherzige Vergebung Gottes und seine heilende Kraft die Sünden und Fehler des vergangenen Lebens und der Beziehung selbst abzulegen.

Die Vorbereitung der Feier

212 Die nähere Vorbereitung auf die Trauung konzentriert sich gewöhnlich auf die Einladungen, die Kleidung, das Fest und die unzähligen Einzelheiten, die sowohl die Finanzen als auch die Energien und die Freude aufzehren. Die Brautleute gelangen erschöpft und abgespannt zur Hochzeit, anstatt ihre besten Kräfte dafür zu verwenden, sich als Paar auf den großen Schritt vorzubereiten, den sie gemeinsam tun werden. Diese Mentalität spiegelt sich auch in manchen faktischen Lebensgemeinschaften wider, die niemals zur Eheschließung gelangen,

weil sie an zu kostspielige Festlichkeiten denken, anstatt der gegenseitigen Liebe und deren Formalisierung vor den anderen den Vorrang zu geben. Liebe Verlobte, habt den Mut, anders zu sein, lasst euch nicht von der Gesellschaft des Konsums und des Scheins verschlingen. Das, worauf es ankommt, ist die Liebe, die euch eint und die durch die Gnade gestärkt und geheiligt wird. Ihr seid fähig, euch für ein schlichtes, einfaches Fest zu entscheiden, um die Liebe über alles zu setzen. Die in der Pastoral Tätigen und die ganze Gemeinde können dazu beitragen, dass diese Priorität nicht eine Ausnahme bleibt, sondern zur Normalität wird.

213 In der direkten Vorbereitung ist es wichtig, den Verlobten die nötige Einsicht zu vermitteln, damit sie die liturgische Feier ganz tief erleben, und ihnen zu helfen, den Sinn jeder Geste zu begreifen und innerlich nachzuvollziehen. Erinnern wir uns: Wenn es sich um zwei Getaufte handelt, können ein so bedeutendes Versprechen wie jenes, das der Ehekonsens ausdrückt, und die Vereinigung der beiden Körper, welche die Ehe vollzieht, nur als Zeichen der Liebe des Sohnes Gottes gedeutet werden, der Mensch geworden ist und sich in einem Bund der Liebe mit seiner Kirche vereint hat. Bei den Getauften verwandeln sich die Worte und die Gesten in ein beredtes Sprechen des Glaubens. Der Körper mit den Bedeutungen, die Gott bei der Schöpfung in ihn hineingelegt hat, wird *»zur Sprache der Verwalter des Sakraments, die wissen, dass im ehelichen Bündnis jenes Geheimnis Ausdruck findet«.*[245]

214 Manchmal begreifen die Brautleute nicht das theologische und spirituelle Gewicht des Konsenses, der ein Licht auf die

---

245 Johannes Paul ii., *Generalaudienz* (27. Juni 1984), 4: *L'Osservatore Romano* (dt.) Jg. 14, Nr. 27 (6. Juli 1984), S. 2.

Bedeutung aller späteren Gesten wirft. Es muss betont werden, dass diese Worte nicht auf die Gegenwart beschränkt werden können; sie beinhalten eine Totalität, welche die Zukunft einschließt, „bis der Tod sie scheidet". Der Sinn des Konsenses zeigt: »*Freiheit und Treue stehen nicht im Gegensatz zueinander, sondern unterstützen sich vielmehr gegenseitig, sowohl in den zwischenmenschlichen als auch in den gesellschaftlichen Beziehungen. Denken wir an die Schäden, die in der Kultur der globalen Kommunikation durch die Inflation unerfüllter Versprechen verursacht werden [...] Die Ehre des gegebenen Wortes, die Treue zum Versprechen kann man weder kaufen noch verkaufen. Sie können nicht mit Gewalt erzwungen, aber auch nicht ohne Opfer gehütet werden.*«[246]

215 Die Bischöfe von Kenia warnten: »*Übermäßig konzentriert auf den Hochzeitstag, vergessen die zukünftigen Eheleute, dass sie sich auf eine Verbindlichkeit vorbereiten, die ein Leben lang dauert.*«[247] Man muss ihnen bewusst machen, dass das Sakrament nicht nur ein Moment ist, der nachher zu einem Teil der Vergangenheit und der Erinnerungen wird, denn es übt ständig seinen Einfluss auf das gesamte eheliche Leben aus.[248] Die auf die Fortpflanzung bezogene Bedeutung der Geschlechtlichkeit, die Körpersprache und die lebendigen Gesten der Liebe in der Geschichte einer Ehe verwandeln sich in eine »*ununterbrochene Weiterführung der liturgischen Sprache*«, und so »*wird das eheliche Leben in gewissem Sinn Liturgie*«.[249]

---

246 *Generalaudienz* (21. Oktober 2015): *L'Osservatore Romano* (dt.) Jg. 45, Nr. 44 (30. Oktober 2015), S. 2.

247 Bischofskonferenz von Kenia, *Botschaft zur Fastenzeit* (18. Februar 2015).

248 Vgl. Pius xi., Enzyklika *Casti connubii* (31. Dezember 1930): *AAS* 22 (1930), S. 583.

249 Johannes Paul ii., *Generalaudienz* (4. Juli 1984), 3. 6: *L'Osservatore Romano* (dt.) Jg. 14, Nr. 28 (13. Juli 1984), S. 2.

216 Man kann auch über die biblischen Lesungen meditieren und zu einem tieferen Verständnis des Ringtausches oder anderer Zeichen kommen, die einen Teil des Ritus bilden. Doch es wäre nicht gut, wenn man zur Trauung käme, ohne gemeinsam gebetet zu haben, einer für den anderen. Dabei sollten die Brautleute Gottes Hilfe erbitten, um treu und großherzig zu sein, und ihn gemeinsam fragen, was er von ihnen erwartet; sie können auch ihre Liebe vor einem Marienbild weihen. Diejenigen, die sie in der Vorbereitung auf die Ehe begleiten, müssten sie so orientieren, dass sie diese Momente des Gebetes, die ihnen sehr gut tun können, zu leben verstehen. »Die Eheliturgie ist ein einzigartiges Ereignis, das im familiären und gesellschaftlichen Rahmen eines Festes gefeiert wird. Das erste Wunder Jesu erfolgte beim Hochzeitsmahl zu Kana: Der gute Wein des vom Herrn gewirkten Wunders, der das Entstehen einer neuen Familie verschönert, ist der neue Wein des Bundes Christi mit den Männern und Frauen aller Zeiten [...] Häufig hat der Zelebrant die Gelegenheit, sich an eine Versammlung zu richten, die aus Menschen besteht, die wenig am kirchlichen Leben teilnehmen oder anderen christlichen Bekenntnissen oder religiösen Gemeinschaften angehören. Es handelt sich um eine kostbare Gelegenheit zur Verkündigung des Evangeliums Christi.«[250]

DIE BEGLEITUNG IN DEN ERSTEN JAHREN DES EHELEBENS

217 Wir müssen es als einen großen Wert anerkennen, dass die Ehe als eine Frage der Liebe verstanden wird, dass nur diejenigen heiraten können, die einander frei wählen und sich lieben. Wenn jedoch die Liebe zu einer bloßen gegenseitigen An-

---

250 *Relatio finalis* 2015, 59, in: Schönborn, S. 176.

ziehung oder zu einer undefinierbaren Zuneigung wird, führt das dazu, dass die Ehepartner unter einer außerordentlichen Zerbrechlichkeit leiden, wenn die Zuneigung in Krise gerät oder wenn die physische Attraktivität nachlässt. Da es häufig diese Unklarheiten gibt, erweist sich eine Begleitung in den ersten Ehejahren als unerlässlich, um die bewusste und freie Entscheidung, einander zu gehören und zu lieben bis zum Ende, zu beleben und zu vertiefen. Oft reicht die Verlobungszeit nicht aus, wird die Entscheidung, zu heiraten, aus verschiedenen Gründen übereilt getroffen, und zu allem Übel hat sich die Reifung der jungen Menschen verzögert. Daher müssen die Neuvermählten diesen Prozess vervollständigen, den sie während der Verlobungszeit hätten verwirklichen sollen.

218 Andererseits möchte ich betonen, dass die Ehepastoral vor der Herausforderung steht, zu der Einsicht zu verhelfen, dass die Ehe nicht als ein Fertigprodukt verstanden werden darf. Die Vereinigung ist real, unwiderruflich und durch das Ehesakrament bestätigt und geheiligt worden. Doch indem sie sich zusammenschließen, werden die Eheleute zu Protagonisten, die ihre Geschichte selbst in der Hand haben, und zu Schöpfern eines Projektes, das sie gemeinsam voranbringen müssen. Der Blick richtet sich auf die Zukunft, die Tag für Tag mit der Gnade Gottes aufgebaut werden muss, und eben darum verlangt man vom Ehepartner nicht, dass er bzw. sie vollkommen ist. Man muss die Illusionen beiseitelassen und den anderen Menschen so annehmen wie er ist: unvollendet, berufen zu wachsen, in der Entwicklung. Wenn der Blick auf den Ehepartner ständig kritisch ist, zeigt dies, dass man auch die Ehe nicht als ein mit Geduld, Verständnis, Toleranz und Großherzigkeit gemeinsam zu gestaltendes Vorhaben angenommen hat. Das führt dazu, dass die Liebe allmählich ersetzt wird durch einen inquisitorischen und unerbittlichen Blick,

durch die Kontrolle der Verdienste und Rechte eines jeden, durch Beanstandungen, Konkurrenz und Selbstverteidigung. So werden die Ehepartner unfähig, sich umeinander zu kümmern, um gemeinsam zu reifen und in der Einigkeit zu wachsen. Den Neuvermählten ist dies von Anfang an in realistischer Klarheit zu zeigen, damit sie sich bewusst werden, dass sie „gerade erst beginnen". Das „Ja", das sie einander gegeben haben, ist der Anfang eines Weges mit einem Ziel, das fähig ist, das, was die Umstände mit sich bringen, wie auch die Hindernisse, die sich in den Weg stellen, zu überwinden. Der empfangene Segen ist eine Gnade und ein Antrieb für diesen immer offenen Weg. Er pflegt ihre Bereitschaft zu fördern, miteinander zu sprechen, um ihre konkreten Pläne in ihren Zielen, ihren Mitteln und ihren Einzelheiten auszuarbeiten.

219 Ich erinnere mich an ein Sprichwort, das besagte, dass stehendes Wasser verdirbt und zu faulen beginnt. Das ist es, was passiert, wenn dieses Leben der Liebe in den ersten Ehejahren stagniert, wenn es aufhört, in Bewegung zu bleiben, wenn es diese Ruhelosigkeit verliert, die es vorantreibt. Der Tanz in dieser jungen Liebe, Schritt für Schritt voran, der Tanz auf die Hoffnung zu, die Augen voller Staunen – er darf nicht zum Stillstand kommen. Es ist die Hoffnung, die in der Verlobungszeit und in den ersten Ehejahren die treibende Kraft des „Sauerteigs" ist, die über die Widersprüchlichkeiten, die Konflikte, die Wirtschaftslage hinwegsehen lässt und stets einen größeren Weitblick schenkt. Sie ist es, die alle Ruhelosigkeit in Gang bringt, um auf einem Weg des Wachsens zu bleiben. Dieselbe Hoffnung ist es, die uns einlädt, die Gegenwart voll und ganz zu leben und das Herz an das Familienleben zu hängen, denn die beste Form, die Zukunft vorzubereiten und zu festigen, besteht darin, die Gegenwart gut zu leben.

220 Zum Weg gehört es, verschiedene Phasen zu durchlaufen, die zu einer großherzigen Selbsthingabe einladen: Vom ersten Eindruck, der durch eine stark gefühlsmäßige Anziehung gekennzeichnet ist, kommt man dahin, des anderen zu bedürfen und dies als Teil des eigenen Lebens zu empfinden. Von da aus gelangt man zum Gefallen am wechselseitigen Zugehören, danach zum Verständnis des gesamten Lebens als eines Vorhabens beider, zur Fähigkeit, das Glück des anderen über die eigenen Bedürfnisse zu stellen, und zur Freude darüber, die eigene Ehe als ein Gut für die Gesellschaft zu sehen. Die Reifung der Liebe schließt auch ein, „verhandeln" zu lernen. Das ist keine eigennützige Haltung oder ein geschäftsmäßiges Spiel, sondern letztlich eine Übung der gegenseitigen Liebe, denn dieses Handeln ist eine Verflechtung wechselseitiger Geschenke und Verzichte zum Wohl der Familie. In jeder neuen Phase des Ehelebens muss man sich zusammensetzen, um wieder Vereinbarungen auszuhandeln, so dass es nicht Gewinner und Verlierer gibt, sondern beide gewinnen. Im häuslichen Kreis werden die Entscheidungen nicht unilateral getroffen, und beide Ehepartner teilen die Verantwortung für die Familie, doch jede Hausgemeinschaft ist einmalig, und jede eheliche Synthese ist anders.

221 Eine der Ursachen, die zu Brüchen in der Ehe führen, besteht in den übertrieben hohen Erwartungen an das Eheleben. Wenn man die Wirklichkeit entdeckt, die begrenzter und herausfordernder ist als das, was man sich erträumt hatte, liegt die Lösung nicht darin, schnell und unverantwortlich an eine Trennung zu denken, sondern darin, die Ehe als einen Weg der Reifung anzunehmen, wo jeder der Ehepartner ein Werkzeug Gottes ist, um den anderen wachsen zu lassen. Veränderung, Wachstum und die Entfaltung der guten Eigenschaften, die jeder in sich trägt, sind möglich. Jede Ehe ist eine „Heilsge-

schichte". Und das bedeutet, dass man von einer Anfälligkeit ausgeht, die dank der Gabe Gottes und einer kreativen und großherzigen Antwort einer immer tragfähigeren und wertvolleren Wirklichkeit Raum gibt. Vielleicht ist die größte Aufgabe eines Mannes und einer Frau in der Liebe die, einander mehr Mann oder mehr Frau werden zu lassen. Wachsen lassen bedeutet, dem anderen zu helfen, sich in seiner eigenen Identität auszuformen. Darum ist die Liebe ein Handwerk. Wenn man den Abschnitt der Bibel über die Erschaffung des Menschen liest, sieht man zuerst, wie Gott den Mann „formt" (vgl. *Gen* 2,7), wie er aber bald bemerkt, dass etwas Wesentliches fehlt (vgl. *Gen* 2,18), und die Frau „formt", und dann sieht man die Überraschung des Mannes: „Oh, ja jetzt, die ist's!" (vgl. *Gen* 2,22–23). Und dann scheint man dieses schöne Zwiegespräch zu hören, wo der Mann und die Frau einander entdecken. Denn auch in den schwierigen Momenten überrascht der andere wieder, und es öffnen sich neue Türen für eine Wiederbegegnung, als sei es das erste Mal. Und in jeder neuen Phase beginnt man wieder zu „formen", sich gegenseitig zu gestalten. Die Liebe bewirkt, dass einer auf den anderen wartet und diese dem Handwerker eigene Geduld übt, die man von Gott geerbt hat.

222 Die Begleitung muss die Eheleute ermutigen, großherzig in der Weitergabe des Lebens zu sein. »*Dem persönlichen und menschlich umfassenden Charakter der ehelichen Liebe gemäß, ist der richtige Weg für die Familienplanung der des einvernehmlichen Dialogs zwischen den Eheleuten, der Berücksichtigung der Zeiten und der Beachtung der Würde des Ehepartners. In diesem Sinn gilt es, die Enzyklika Humanae vitae (vgl. 10–14) und das Apostolische Schreiben Familiaris consortio (vgl. 14, 28–35) wiederzuentdecken, um [...] einer Mentalität, die dem Leben oftmals feindlich gegenübersteht*«, entgegenzuwirken.

»*Die verantwortliche Entscheidung für die Elternschaft setzt die Bildung des Gewissens voraus, „die verborgenste Mitte und das Heiligtum im Menschen, wo er allein ist mit Gott, dessen Stimme in diesem seinem Innersten zu hören ist" (Gaudium et spes, 16). Je mehr die Eheleute versuchen, in ihrem Gewissen auf Gott und seine Gebote zu hören (vgl. Röm 2,15) und sich geistlich begleiten lassen, desto mehr wird ihre Entscheidung zuinnerst frei von subjektiver Willkür und von der Anpassung an Verhaltensweisen ihres Umfelds sein.*«[251] Die klare Aussage des Zweiten Vatikanischen Konzils bleibt bestehen: Beide sollen »*durch gemeinsame Überlegung versuchen, sich ein sachgerechtes Urteil zu bilden. Hierbei müssen sie auf ihr eigenes Wohl wie auf das ihrer Kinder – der schon geborenen oder zu erwartenden – achten; sie müssen die materiellen und geistigen Verhältnisse der Zeit und ihres Lebens zu erkennen suchen und schließlich auch das Wohl der Gesamtfamilie, der weltlichen Gesellschaft und der Kirche berücksichtigen. Dieses Urteil müssen im Angesicht Gottes die Eheleute letztlich selbst fällen.*«[252] Andererseits soll »*zur Anwendung der Methoden, die auf den „natürlichen Zeiten der Fruchtbarkeit" (Humanae vitae, 11) beruhen [...] ermutigt werden. Dabei ist zu unterstreichen: „Diese Methoden achten den Leib der Eheleute, ermutigen diese zur Zärtlichkeit und begünstigen die Erziehung zu echter Freiheit".*[253] *Es muss immer hervorgehoben werden, dass Kinder ein wunderbares Geschenk Gottes sind, eine Freude für die Eltern und für die Kirche. Durch sie erneuert der Herr die Welt.*«[254]

---

251 *Ebd.*, 63, in: Schönborn, S. 181f.

252 Past. Konst. *Gaudium et spes über die Kirche in der Welt von heute*, 50.

253 *Katechismus der Katholischen Kirche*, 2370

254 *Relatio finalis* 2015, 63, in: Schönborn, S.182.

EINIGE HILFSMITTEL

223 Die Synodenväter haben darauf hingewiesen, dass *»die ersten Jahre der Ehe [...] ein wesentlicher und heikler Zeitabschnitt [sind], während dessen die Paare im Bewusstsein der Herausforderung und der Bedeutung der Ehe wachsen. Hieraus ergibt sich das Erfordernis einer pastoralen Begleitung, die nach der Feier des Sakramentes fortgesetzt wird (vgl. Familiaris consortio, III. Teil). Bei dieser Pastoral ist die Anwesenheit erfahrener Ehepaare von großer Bedeutung. Die Pfarrei wird als der Ort verstanden, an dem erfahrene Paare jüngeren zur Verfügung stehen können, möglicherweise unter Mithilfe von Vereinigungen, kirchlichen Bewegungen und neuen Gemeinschaften. Die Brautleute sollen zu der grundlegenden Haltung ermutigt werden, Kinder als ein großes Geschenk anzunehmen. Dabei gilt es, die Bedeutung der Spiritualität der Familie, des Gebetes und der Teilnahme an der sonntäglichen Eucharistie zu unterstreichen. Die Paare sollen ermutigt werden, sich regelmäßig zu treffen, um das Wachstum des geistlichen Lebens sowie die Solidarität in den konkreten Herausforderungen des Lebens zu fördern. Die Liturgie, Übungen der Frömmigkeit und die Eucharistie für die Familien, vor allem am Hochzeitstag, wurden als wichtig zur Förderung der Evangelisierung durch die Familien erwähnt.«*[255]

224 Dieser Weg ist eine Frage der Zeit. Die Liebe braucht verfügbare, geschenkte Zeit, die andere Dinge an die zweite Stelle setzt. Es bedarf der Zeit, um miteinander zu sprechen, um sich ohne Eile zu umarmen, um Pläne miteinander zu machen, um einander zuzuhören, einander anzusehen, einander zu würdigen, um die Beziehung zu stärken. Manchmal besteht das Problem im hektischen Rhythmus der Gesellschaft oder in

---

255 *Relatio Synodi* 2014, 40.

den von den Arbeitsverpflichtungen vorgegebenen Zeiten. Andere Male besteht es darin, dass die gemeinsam verbrachte Zeit keine Qualität hat. Wir teilen nur einen physischen Raum, aber ohne aufeinander zu achten. Die in der Pastoral Tätigen und die Ehegruppen müssten den jungen oder zerbrechlichen Ehen helfen, damit sie lernen, in diesen Momenten einander zu begegnen, einer vor dem anderen innezuhalten und auch Momente des Schweigens miteinander zu teilen, die sie dazu bringen, die Gegenwart des Ehepartners zu empfinden.

225 Die Ehepaare, die eine gute Erfahrung eines Lernprozesses in diesem Sinn haben, können die praktischen Hilfsmittel weitergeben, die ihnen selbst nützlich waren: die Planung der Momente ungezwungenen Beisammenseins, die Zeiten der Erholung mit den Kindern, die verschiedenen Weisen, wichtige Dinge zu feiern, die Freiräume für gemeinsam gelebte Spiritualität. Aber sie können auch Mittel und Wege lehren, die helfen, diese Momente mit Inhalt und Sinn zu füllen, um zu lernen, besser miteinander zu kommunizieren. Das ist von höchster Bedeutung, wenn die Neuheit der Verlobungszeit verblasst ist. Wenn man nämlich nichts mit der gemeinsam verbrachten Zeit anzufangen weiß, wird schließlich der eine oder andere der beiden Ehepartner Zuflucht in der Technologie suchen, andere Verpflichtungen erfinden, andere Arme suchen oder der unbequemen Vertrautheit entfliehen.

226 Die jungen Ehepaare muss man auch anregen, eine eigene Alltagsroutine zu schaffen, die ein gesundes Gefühl von Stabilität und Halt vermittelt und die man mit einer Reihe von täglichen gemeinsamen Ritualen aufbaut. Es ist gut, den Morgen immer mit einem Kuss zu beginnen und jeden Abend einander zu segnen, auf den anderen zu warten und ihn zu empfangen, wenn er ankommt, manchmal zusammen auszugehen und die häuslichen Aufgaben gemeinsam zu erledigen. Zugleich ist es aber auch gut, die Routine durch das Fest zu unterbrechen, nicht die Fähigkeit zu verlieren, in der Familie zu feiern, sich zu freuen und die schönen Erfahrungen festlich zu begehen. Sie müssen gemeinsam über die Gaben Gottes staunen und gemeinsam die Begeisterung für das Leben nähren. Wenn man zu feiern versteht, erneuert diese Fähigkeit die Energie der Liebe, befreit sie von der Eintönigkeit und erfüllt die Alltagsroutine mit Farbe und Hoffnung.

227 Wir Hirten müssen die Familien ermutigen, im Glauben zu wachsen. Zu diesem Zweck ist es gut, sie zu häufigem Beichten, zu geistlicher Begleitung und zum Besuch von Einkehrtagen zu animieren. Man soll sie auch dazu anregen, wöchentliche Freiräume für das Gebet in der Familie zu schaffen, denn „die Familie, die vereint betet, bleibt vereint". Manchmal, wenn wir die Familien besuchen, müssten wir alle Familienmitglieder für einen Moment zusammenrufen, um füreinander zu beten und um die Familie den Händen des Herrn anzuvertrauen. Zugleich ist es angebracht, die Ehegatten einzeln dazu aufzufordern, Gebetsmomente in der Einsamkeit vor Gott zu halten, denn jeder hat seine geheimen Kreuze zu tragen. Warum sollte man Gott nicht erzählen, was das Herz umtreibt, oder von ihm die Kraft erbitten, die eigenen Wunden zu heilen, und das Licht erflehen, das man braucht, um das eigene Versprechen zu halten? Die Synodenväter betonten auch: »*Das Wort Gottes ist Quelle des Lebens und der Spiritualität der Familie. Die betrachtende Lesung der Heiligen Schrift in Gemeinschaft mit der Kirche muss die Familienpastoral innerlich formen und die Mitglieder der Hauskirche bilden. Das Wort Gottes ist nicht nur eine frohe Botschaft für das Privatleben der Menschen, sondern auch ein Urteilskriterium und ein Licht der Unterscheidung der verschiedenen Herausforde-*

rungen, mit denen sich die Eheleute und Familien auseinandersetzen.«[256]

228 Es ist möglich, dass einer der beiden Ehegatten nicht getauft ist oder die Verbindlichkeiten des Glaubens nicht leben möchte. In diesem Fall bewirkt der Wunsch des anderen, als Christ zu leben und zu wachsen, dass die Gleichgültigkeit jenes Partners schmerzlich erlebt wird. Trotzdem ist es möglich, einige gemeinsame Werte zu finden, die miteinander geteilt und mit Begeisterung gepflegt werden können. Den ungläubigen Ehegatten zu lieben, ihn glücklich zu machen, seine Leiden zu lindern und das Leben mit ihm zu teilen ist in jedem Fall ein Weg der Heiligung. Andererseits ist die Liebe ein Geschenk Gottes, und dort, wo sie sich ergießt, lässt sie ihre verwandelnde Kraft spüren, manchmal auf geheimnisvolle Weise und bis zu dem Punkt, dass »*der ungläubige Mann [...] durch die Frau geheiligt [ist] und die ungläubige Frau [...] durch ihren gläubigen Mann*« (1 Kor 7,14).

229 Die Pfarreien, die Bewegungen, die Schulen und andere Einrichtungen der Kirche können Hilfestellung leisten, um die Familien zu betreuen und neu zu beleben. Zum Beispiel durch Mittel wie Versammlungen von benachbarten oder befreundeten Ehepaaren, kurze Einkehrtage für Ehepaare, Vorträge von Spezialisten über ganz konkrete Problemkreise des Familienlebens, Eheberatungs-Zentren; durch missionarisch Tätige, die besonders dafür da sind, mit den Eheleuten über ihre Schwierigkeiten und Wünsche zu sprechen; durch Beratungsstellen für verschiedene familiäre Situationen (Sucht, Untreue, Gewalt in der Familie), durch Räume für Spiritualität,

---

256 *Ebd.*, 34.

durch Workshops zur Ausbildung von Eltern mit schwierigen Kindern und durch Familienversammlungen.

Das Pfarrsekretariat müsste bereit sein, familiäre Notfälle mit Herzlichkeit aufzunehmen und zu betreuen oder sie mühelos an jene weiterzuleiten, die ihnen helfen können. Es gibt auch eine pastorale Unterstützung, die in den Gruppen der Ehepaare gewährt wird, sowohl durch Hilfen als auch in Form von Mission, Gebet, Fortbildung oder gegenseitiger Unterstützung. Diese Gruppen bieten die Gelegenheit, zu geben, die Öffnung der Familie auf die anderen hin zu leben, den Glauben miteinander zu teilen, aber zugleich sind sie ein Mittel, um die Ehe zu stärken und wachsen zu lassen.

230 Es ist wahr, dass viele Brautleute nach der Hochzeit aus der christlichen Gemeinde verschwinden, doch oft verpassen wir einige Gelegenheiten, in denen sie wieder auftauchen und wir ihnen das Ideal der christlichen Ehe auf anziehende Weise erneut nahelegen und sie mit Formen der Begleitung in Kontakt bringen könnten. Ich beziehe mich zum Beispiel auf die Taufe eines Kindes, auf die Erstkommunion oder wenn sie an einem Trauergottesdienst oder an der Hochzeit eines Verwandten oder Freundes teilnehmen. Fast alle Ehepaare tauchen bei diesen Gelegenheiten wieder auf, die besser genutzt werden könnten. Ein anderer Weg der Annäherung ist die Segnung der Wohnungen oder der Besuch eines Marienbildes, welche die Gelegenheit bieten, ein seelsorgliches Gespräch über die Situation der Familie zu entwickeln. Es kann auch nützlich sein, reifere Ehepaare mit der Aufgabe zu betrauen, jung verheiratete Eheleute in ihrer Nachbarschaft zu begleiten, indem sie sie besuchen, sie in ihren Anfängen begleiten und ihnen einen Weg des Wachstums vorschlagen. Bei dem derzeitigen Lebensrhythmus wird die Mehrheit der Ehepaare nicht zu häufigen Treffen bereit sein, und wir können uns nicht auf eine Pastoral der klei-

nen Eliten beschränken. Heute muss die Familienpastoral grundsätzlich missionarisch sein, im Aufbruch, in der Umgebung, anstatt sich darauf zu beschränken, eine Werkstatt mit Kursen zu sein für die wenigen, die sie besuchen.

Licht in Krisen, Ängste und Schwierigkeiten tragen

231 Ein Wort sei an diejenigen gerichtet, die in ihrer Liebe den neuen Wein der Verlobungszeit schon haben ausreifen lassen. Wenn der Wein mit dieser Erfahrung des Weges reifer wird, dann erscheint die Treue der kleinen Momente des Lebens und erblüht in ihrer ganzen Fülle. Es ist die Treue der Erwartung und der Geduld. Diese Treue voller Opfer und Freuden blüht gleichsam auf in dem Lebensabschnitt, in dem alles zur Reife des Alters gelangt und die Augen bei der Betrachtung der Kindeskinder zu glänzen beginnen. Treu war diese Liebe von Anfang an, doch sie ist jetzt bewusst geworden, hat sich gesetzt und ist gereift in der täglichen Überraschung – Tag für Tag, Jahr für Jahr. Wie der heilige Johannes vom Kreuz lehrte, *»sind die alten Liebenden die [...] erfahrenen und erprobten; sie gären nicht mehr in sinnenhaften Wallungen, in stürmischen Brünsten nach außen; sie genießen die Lieblichkeit des durchklärten Weines der Liebe [...] die tief im Wesen der Seele abgelagert ist.«*[257] Das setzt voraus, dass man fähig war, gemeinsam die Krisen und die Zeiten der Angst zu überstehen, ohne vor den Herausforderungen zu fliehen und die Schwierigkeiten zu verbergen.

---

257 *Cántico Espiritual,* B, XXV, 11 (dt. Ausg: *Das Lied der Liebe,* Einsiedeln 1992⁴, S. 161).

DIE HERAUSFORDERUNG DER KRISEN

232 Die Geschichte einer Familie ist durchfurcht von Krisen aller Art, die auch Teil ihrer dramatischen Schönheit sind. Man muss helfen zu entdecken, dass eine überwundene Krise nicht zu einer weniger intensiven Beziehung führt, sondern dazu, den Wein der Verbindung zu verbessern, sich setzen und reifen zu lassen. Man lebt nicht zusammen, um immer weniger glücklich zu sein, sondern um zu lernen, in einer neuen Weise glücklich zu sein, ausgehend von den Möglichkeiten, die jede neue Phase erschließt. Jede Krise bedeutet eine Lehrzeit, die erlaubt, die Intensität des miteinander geteilten Lebens zu vertiefen oder zumindest einen neuen Sinn in der Eheerfahrung zu finden. Unter keinen Umständen darf man sich mit einer absteigenden Entwicklung, einer zwangsläufigen Verschlechterung, mit einer erträglichen Mittelmäßigkeit abfinden. Im Gegenteil, wenn man die Ehe als eine Aufgabe annimmt, die auch bedeutet, Hindernisse zu überwinden, wird jede Krise als eine Gelegenheit erkannt, dahin zu gelangen, gemeinsam den besseren Wein zu trinken. Es ist gut, die Eheleute zu begleiten, damit sie die Krisen, in die sie geraten, hinnehmen können und imstande sind, sich der Herausforderung zu stellen und sie zu einem Ort im Leben der Familie zu machen. Die von der Erfahrung geprägten Ehepaare müssen bereit sein, andere in dieser Entdeckung so zu begleiten, dass die Krisen sie nicht erschrecken, noch sie dazu bringen, übereilte Entschlüsse zu fassen. Jede Krise birgt eine gute Nachricht, die zu hören man lernen muss, indem man das Ohr des Herzens verfeinert.

233 Die unmittelbare Reaktion ist, sich gegen die Herausforderung einer Krise zu sträuben und in die Defensive zu gehen, weil man spürt, dass sie der eigenen Kontrolle entgleitet, denn sie zeigt die Unzulänglichkeit der eigenen Lebensweise, und das stört. Dann greift man zu dem Mittel, die Probleme zu leugnen, sie zu verbergen, ihre Bedeutung zu relativieren, nur auf Zeit zu setzen. Doch das verzögert die Lösung und führt dazu, viel Energie für nutzlose Verdrängung zu verbrauchen, welche die Dinge immer noch weiter kompliziert. Die Bindungen werden mürbe, und es verstärkt sich eine Abschottung, welche die Vertrautheit schädigt. In einer nicht angenommenen Krise ist das, was am meisten beeinträchtigt wird, die Kommunikation. Auf diese Weise wird der, welcher „der Mann, den ich liebe" war, nach und nach „mein Gefährte von jeher", dann nur noch „der Vater meiner Kinder" und schließlich ein Fremder, bzw. „die Frau, die ich liebe" wird über die gleichen Abstufungen schließlich zu einer Fremden.

234 Um einer Krise zu begegnen, muss man präsent sein. Das ist schwierig, denn manchmal isolieren sich die Menschen, um nicht zu zeigen, was sie empfinden; sie ziehen sich ins kleinliche und trügerische Schweigen zurück. In diesen Momenten ist es notwendig, Räume zu schaffen, um sich von Herz zu Herz auszutauschen. Das Problem ist, dass es schwieriger wird, sich in einem Moment der Krise so auszutauschen, wenn man diesen Austausch nie gelernt hat. Es ist eine wirkliche Kunst, die man in Zeiten der Ruhe lernt, um sie in schwierigen Zeiten anzuwenden. Man muss helfen, die verborgensten Ursachen in den Herzen der Ehepartner aufzuspüren und sie anzugehen wie eine Geburt, die vorübergehen und einen neuen Schatz hinterlassen wird. Doch die Antworten auf die durchgeführten Befragungen machten deutlich, dass die Mehrheit sich in schwierigen oder kritischen Situationen nicht an eine pastorale Begleitung wendet, weil sie diese nicht als verständnisvoll, nahe, realistisch und „inkarniert" empfindet. Darum versuchen wir jetzt, den Ehekrisen mit einem Blick näherzukommen, der ihre Last an Schmerz und Angst nicht übersieht.

235 Es gibt allgemeine Krisen, die gewöhnlich in allen Ehen vorkommen, wie die Anfangskrise, wenn man lernen muss, die Unterschiede in Einklang zu bringen und sich von den Eltern zu lösen; oder die Krise der Ankunft des Kindes mit ihren neuen emotionalen Herausforderungen; die Krise seines Heranwachsens, das die Gewohnheiten des Ehepaares ändert; die Krise der Pubertät des Kindes, die viele Energien erfordert, die Eltern aus dem Gleichgewicht bringt und sie manchmal entzweit; die Krise des „leeren Nestes", die das Ehepaar dazu zwingt, sich wieder selbst in den Blick zu nehmen; die Krise, die ihren Ursprung in der Betagtheit der Eltern der Ehepartner hat, die mehr Gegenwart, mehr Betreuung und schwierige Entscheidungen fordern. Das sind anspruchsvolle Situationen, die Ängste, Schuldgefühle, Depressionen oder Erschöpfungszustände auslösen, welche die Bindung schwer in Mitleidenschaft ziehen können.

236 Dazu kommen die persönlichen Krisen, die mit wirtschaftlichen, arbeitsbedingten, affektiven, sozialen und spirituellen Schwierigkeiten verbunden sind und sich auf das Paar auswirken. Und es gesellen sich unerwartete Umstände dazu, die das Familienleben verändern können und einen Weg der Vergebung und Versöhnung erfordern. Gleichzeitig mit dem Versuch, den Schritt zur Versöhnung zu tun, muss jeder sich mit ungetrübter Demut fragen, ob er nicht die Bedingungen geschaffen hat, die den anderen der Gefahr, gewisse Fehler zu begehen, aussetzen. Einige Familien gehen unter, wenn die Ehegatten sich gegenseitig beschuldigen, doch »*die Erfahrung zeigt, dass ein großer Prozentsatz der Ehekrisen durch eine angemessene Hilfe und die versöhnende Kraft der Gnade in zufriedenstellender Weise überwunden werden. Vergeben können und Vergebung erfahren ist eine grundlegende Erfahrung des Familienlebens*«.[258]

---

258 *Relatio Synodi* 2014, 44.

»Die mühevolle Kunst der Versöhnung, die der Unterstützung der Gnade bedarf, erfordert die großherzige Mitarbeit von Verwandten und Freunden und manchmal auch einer professionellen Hilfe von außen.«[259]

237 Es geschieht immer häufiger, dass einer, wenn er das Gefühl hat, nicht das zu bekommen, was er sich wünscht, oder dass sich nicht erfüllt, was er sich erträumte, dies als ausreichend betrachtet, um die Ehe zu beenden. So wird er nie eine dauerhafte Ehe haben. Manchmal reicht für die Entscheidung, dass alles zu Ende ist, eine Unzufriedenheit, eine Abwesenheit in einem Moment, in dem man den anderen gebraucht hätte, ein verletzter Stolz oder eine unklare Befürchtung. Es gibt Situationen, die zu der unvermeidlichen menschlichen Schwachheit gehören und denen ein übermäßig großes gefühlsmäßiges Gewicht beigemessen wird. Zum Beispiel das Gefühl, nicht die vollkommene Erwiderung zu erfahren; die Eifersucht; die Verschiedenheiten, die zwischen den beiden auftauchen; die Attraktion durch andere Menschen; die neuen Interessen, die dazu neigen, sich des Herzens zu bemächtigen; die physischen Veränderungen des Gatten bzw. der Gattin und viele andere Dinge, die weniger Angriffe auf die Liebe sind als vielmehr Gelegenheiten, die dazu einladen, sie einmal mehr neu zum Leben zu erwecken.

238 Unter diesen Umständen haben manche die nötige Reife, um den anderen – unabhängig von den Einschränkungen der Beziehung – erneut als Weggefährten zu wählen, und akzeptieren mit Realismus, dass er nicht alle gehegten Träume befriedigen kann. Sie vermeiden, sich nur als die Märtyrer anzusehen, nutzen die kleinen oder begrenzten Möglichkeiten,

---

259 *Relatio finalis* 2015, 81, in: Schönborn, S. 195.

die ihnen das Familienleben bietet, und setzen darauf, die Bindung zu stärken in einem Bau, der Zeit und Mühen erfordern wird. Denn im Grunde erkennen sie, dass jede Krise wie ein neues „Ja" ist, das es möglich macht, dass die Liebe gestärkt, verwandelt, gereift und erleuchtet neu geboren wird. Von einer Krise ausgehend, hat man den Mut, die tiefen Wurzeln dessen zu suchen, was geschieht, wieder über die Grundvereinbarungen zu verhandeln, ein neues Gleichgewicht zu finden und gemeinsam eine neue Phase zu durchschreiten. Mit dieser Haltung einer ständigen Offenheit kann man viele schwierige Situationen bewältigen! Aufgrund der Erkenntnis, dass die Versöhnung möglich ist, erscheint jedenfalls heute »*ein Dienst, der sich denen widmet, deren eheliche Beziehung zerbrochen ist, […] besonders dringend*«.[260]

ALTE WUNDEN

239 Es ist verständlich, dass es in den Familien viele Krisen gibt, wenn eines ihrer Mitglieder seine Art, in Beziehung zu treten, nicht voll entwickelt hat, weil es die Wunden aus irgendeinem Abschnitt seines Lebens nicht hat ausheilen lassen. Eine schlecht erlebte Kindheit oder Jugendzeit ist ein Nährboden für persönliche Krisen, die schließlich die Ehe in Mitleidenschaft ziehen. Wenn alle normal gereifte Menschen wären, wären Krisen weniger häufig und weniger schmerzlich. Tatsache ist aber, dass manchmal Menschen im Alter von vierzig Jahren eine noch ausstehende Reifung durchmachen müssen, die mit dem Abschluss ihrer Jugendzeit hätte erreicht sein sollen. Manchmal liebt man mit einer dem Kind eigenen egozentrischen Liebe, die in einer Phase steckengeblieben ist, wo die

---

260 *Ebd.,* 78, in: Schönborn, S. 193.

Realität sich verzerrt und man in der kapriziösen Vorstellung lebt, dass alles sich um das eigene Ich dreht. Es ist eine unersättliche Liebe, die schreit oder weint, wenn sie nicht erhält, was sie sich wünscht. Andere Male wird mit einer Liebe geliebt, die in der pubertären Phase steckengeblieben und von Konfrontation, bissiger Kritik, von der Gewohnheit, die anderen zu beschuldigen, und von der Logik des Gefühls und der Fantasie geprägt ist, wo die anderen die eigene Leere füllen oder sich nach den eigenen Launen richten müssen.

240 Viele beenden ihre Kindheit, ohne jemals gespürt zu haben, dass sie bedingungslos geliebt werden, und das schädigt die Fähigkeit, zu vertrauen und sich hinzugeben. Eine schlecht gelebte Beziehung zu den eigenen Eltern und Geschwistern, die nie geheilt wurde, taucht wieder auf und schädigt das Eheleben. Dann muss man einen Prozess der Befreiung durchmachen, dem man sich noch nie gestellt hat. Wenn die Beziehung zwischen den Eheleuten nicht gut funktioniert, sollte man, bevor man wichtige Entscheidungen fällt, sicherstellen, dass jeder der beiden diesen Weg der Heilung der eigenen Geschichte gegangen ist. Das erfordert, die Notwendigkeit der Heilung einzusehen, eindringlich die Gnade zu erbitten, vergeben und um Vergebung bitten zu können, Hilfe anzunehmen, positive Beweggründe zu suchen und das alles immer wieder neu zu versuchen. Jeder muss mit sich selbst sehr ehrlich sein, um zu erkennen, dass seine Art, die Liebe zu leben, diese Formen der Unreife besitzt. So sehr es auch offensichtlich erscheinen mag, dass die ganze Schuld beim anderen liegt, ist es doch niemals möglich, eine Krise zu überwinden, wenn man erwartet, dass nur der andere sich ändert. Man muss sich auch nach den Dingen fragen, in denen man selber reifen oder ausheilen könnte, um die Überwindung des Konfliktes zu fördern.

BEGLEITEN NACH BRÜCHEN UND SCHEIDUNGEN

241 In einigen Fällen verlangt die Geltendmachung der eigenen Würde und des Wohls der Kinder, dass den übertriebenen Ansprüchen des anderen, einer großen Ungerechtigkeit, der Gewalt oder einem chronisch gewordenen Mangel an Achtung eine unverrückbare Grenze gesetzt wird. Man muss zugeben, »*dass es Fälle gibt, in denen die Trennung unvermeidlich ist. Manchmal kann sie sogar moralisch notwendig werden, wenn es darum geht, den schwächeren Ehepartner oder die kleinen Kinder vor schlimmeren Verletzungen zu bewahren, die von Überheblichkeit und Gewalt, von Demütigung und Ausbeutung, von Nichtachtung und Gleichgültigkeit verursacht werden* «.[261] Sie muss jedoch »*als ein äußerstes Mittel angesehen werden, nachdem jeder andere vernünftige Versuch sich als vergeblich erwiesen hat*«.[262]

242 Die Synodenväter wiesen darauf hin, dass »*ein besonderes Urteilsvermögen [...] unerlässlich [ist], um die Getrenntlebenden, die Geschiedenen und die Verlassenen pastoral zu begleiten. Vor allem muss das Leid derer angenommen und geachtet werden, die ungerechterweise Trennung oder Scheidung erlitten haben, die verlassen wurden oder wegen Misshandlungen durch den Ehepartner gezwungen waren, das Zusammenleben aufzugeben. Die Vergebung des erlittenen Unrechts ist nicht einfach, sie ist aber ein Weg, den die Gnade möglich macht. Hieraus ergibt sich die Notwendigkeit einer Pastoral der Versöhnung und der Mediation, auch durch besondere Beratungsstellen, die in den Diözesen*

---

261 *Generalaudienz* (24. Juni 2015): *L'Osservatore Romano* (dt.) Jg. 45, Nr. 27 (3. Juli 2015), S. 2.

262 JOHANNES PAUL II., Apostolisches Schreiben *Familiaris consortio* (22. November 1981), 83: *AAS* 74 (1982), S. 184.

einzurichten sind.«[263] Zugleich müssen *»nicht wiederverheiratete Geschiedene, die oft Zeugen der ehelichen Treue sind, [...] ermutigt [werden], in der Eucharistie die Nahrung zu finden, die sie in ihrer Lebensform stärkt. Die Gemeinde vor Ort und die Hirten müssen diese Menschen fürsorglich begleiten, vor allem wenn Kinder vorhanden sind, oder sie unter schwerer Armut leiden.«*[264] Ein familiäres Scheitern wird noch viel traumatischer und schmerzlicher, wenn Armut herrscht, denn dann gibt es viel weniger Hilfsmittel, um das Leben neu zu ordnen. Ein armer Mensch, der den Schutzraum der Familie verliert, ist der Verwahrlosung und allen Arten von Gefahren für seine Integrität doppelt ausgesetzt.

243 Was die Geschiedenen in neuer Verbindung betrifft, ist es wichtig, sie spüren zu lassen, dass sie Teil der Kirche sind, dass sie *»keineswegs exkommuniziert«* sind und nicht so behandelt werden, weil sie immer Teil der kirchlichen Communio sind.[265] Diese Situationen *»verlangen eine aufmerksame Unterscheidung und von großem Respekt gekennzeichnete Begleitung, die jede Ausdrucksweise und Haltung vermeidet, die sie als diskriminierend empfinden könnten. Stattdessen sollte ihre Teilnahme am Leben der Gemeinschaft gefördert werden. Diese Fürsorge bedeutet für das Leben der christlichen Gemeinschaft keine Schwächung ihres Glaubens und ihres Zeugnisses im Hinblick auf die Unauflöslichkeit der Ehe. Im Gegenteil, sie bringt gerade in dieser Fürsorge ihre Nächstenliebe zum Ausdruck.«*[266]

---

263 *Relatio Synodi* 2014, 47.

264 *Ebd.,* 50.

265 Vgl. *Generalaudienz* (5. August 2015): *L'Osservatore Romano* (dt.) Jg. 45, Nr. 34 (21. August 2015), S. 10.

266 *Relatio Synodi* 2014, 51; vgl. *Relatio finalis* 2015, 84, in: Schönborn, S.

244 Andererseits hat ein großer Teil der Synodenväter »*die Notwendigkeit unterstrichen, die Verfahren zur Anerkennung der Nichtigkeit einer Ehe zugänglicher und schneller zu gestalten und möglicherweise ganz auf Gebühren zu verzichten*«.[267] Die Langsamkeit der Prozesse ärgert und ermüdet die Menschen. Meine beiden jüngsten Dokumente zu diesem Thema[268] haben zu einer Vereinfachung der Verfahren für eine eventuelle Erklärung der Nichtigkeit einer Ehe geführt. Durch sie wollte ich auch mit Klarheit feststellen, »*dass der Bischof selbst in seiner Kirche, für die er zum Hirten und zum Haupt bestellt ist, Richter der ihm anvertrauten Gläubigen ist*«.[269] »*Die Umsetzung dieser Dokumente stellt folglich eine große Verantwortung für die Diözesanbischöfe dar, die aufgerufen sind, selbst einige Verfahren zu beurteilen und in jedem Fall den Gläubigen einen einfacheren Zugang zur Justiz zu gewährleisten. Das impliziert die Ausbildung von genügend Fachpersonal – bestehend aus Geistlichen und Laien –, das sich vorrangig diesem kirchlichen Dienst widmet. Es wird daher erforderlich sein, den Menschen, die getrennt leben, oder den Paaren, die eine Krise durchleben, einen mit der Familienpastoral verbundenen Informations-, Beratungs- und Schlichtungsdienst zur Verfügung zu stellen, der auch hinsichtlich der Voruntersuchung (vgl. Mitis Iudex Dominus Iesus, Art. 2–3) zur Verfügung steht.*«[270]

267   *Relatio Synodi* 2014, 48.

268   Vgl. Motu proprio *Mitis Iudex Dominus Iesus* (15. August 2015): *L'Osservatore Romano* (dt.) Jg. 45, Nr. 39 (25. September 2015), S. 4–6; vgl. Motu proprio *Mitis et Misericors Iesus* (15. August 2015).

269   Motu proprio *Mitis Iudex Dominus Iesus* (15. August 2015), *Einleitung, III:* *L'Osservatore Romano* (dt.) Jg. 45, Nr. 39 (25. September 2015), S. 4.

270   *Relatio finalis* 2015, 82, in: Schönborn, S. 196.

245 Die Synodenväter haben auch »*die Folgen der Trennung oder der Scheidung für die Kinder*« hervorgehoben, »*die in jedem Fall unschuldige Opfer der Situation sind*«.[271] Über allen Erwägungen, die man anstellen mag, sind sie die erste Sorge, die durch keinerlei andere Interessen und Ziele getrübt werden darf. Die getrennten Eltern bitte ich: »*Ihr dürft das Kind nie, nie, nie als Geisel nehmen! Aufgrund vieler Schwierigkeiten und aus vielerlei Gründen habt ihr euch getrennt. Das Leben hat euch diese Prüfung auferlegt, aber die Kinder dürfen nicht die Last dieser Trennung tragen, sie dürfen nicht als Geisel gegen den anderen Ehepartner benutzt werden. Während sie aufwachsen, müssen sie hören, dass die Mutter gut über den Vater spricht, auch wenn sie nicht zusammen sind, und dass der Vater gut über die Mutter spricht.* «[272] Es ist unverantwortlich, das Bild des Vaters oder der Mutter zu schädigen mit dem Ziel, die Zuneigung des Kindes zu monopolisieren, um sich zu rächen oder um sich zu verteidigen, denn das verletzt das Innenleben dieses Kindes und wird Wunden hervorrufen, die schwer zu heilen sind.

246 Auch wenn die Kirche Verständnis hat für die Konfliktsituationen, welche die Ehen durchmachen müssen, darf sie doch nicht aufhören, Stimme der Schwächsten zu sein: der Kinder, die leiden, oft im Stillen. »*Trotz unserer scheinbar weit entwickelten Sensibilität und all unserer raffinierten psychologischen Analysen frage ich mich, ob wir nicht auch für die seelischen Wunden der Kinder taub sind […] Spüren wir das Gewicht des Berges, der die Seele eines Kindes erdrückt in den Familien, in denen man einander schlecht behandelt und einander wehtut, bis*

---

271 *Relatio Synodi* 2014, 47

272 *Generalaudienz* (20. Mai 2015): *L'Osservatore Romano* (dt.) Jg. 45, Nr. 22 (29. Mai 2015), S. 2.

hin zum Zerreißen des Bandes ehelicher Treue?«[273] Diese schlechten Erfahrungen tragen nicht dazu bei, dass diese Kinder reifen, um zu wirklichen, definitiven Verbindlichkeiten fähig zu sein. Darum dürfen die christlichen Gemeinden die geschiedenen Eltern in neuer Verbindung nicht alleine lassen. Im Gegenteil, sie müssen sie einschließen und in ihrer Erziehungsaufgabe begleiten. Denn »*wie können wir im Übrigen diesen Eltern raten, alles zu tun, um die Kinder zum christlichen Leben zu erziehen und ihnen Vorbild eines überzeugten und praktizierten Glaubens zu sein, wenn wir sie vom Leben der Gemeinde fernhalten, so als wären sie exkommuniziert? Man muss dafür sorgen, dass ihnen keine weiteren Lasten aufgebürdet werden über jene hinaus, die die Kinder in diesen Situationen bereits zu tragen haben!*«[274] Den Eltern zu helfen, ihre Wunden zu heilen, und ihnen spirituell beizustehen, kommt auch den Kindern zugute: Sie brauchen das familiäre Gesicht der Kirche, die ihnen in dieser traumatischen Erfahrung Halt gibt. Die Scheidung ist ein Übel, und es ist sehr beunruhigend, dass die Anzahl der Scheidungen zunimmt. Darum besteht zweifellos unsere wichtigste pastorale Aufgabe in Bezug auf die Familien darin, die Liebe zu stärken und zur Heilung der Wunden beizutragen, so dass wir dem Vordringen dieses Dramas unserer Zeit vorbeugen können.

---

273 *Generalaudienz* (24. Juni 2015): *L'Osservatore Romano* (dt.) Jg. 45, Nr. 27 (3. Juli 2015), S. 2.

274 *Generalaudienz* (5. August 2015): *L'Osservatore Romano* (dt.) Jg. 45, Nr. 34 (21. August 2015), S. 10.

Einige komplexe Situationen

247 »*Die Probleme bezüglich der konfessionsverschiedenen Ehen erfordern besondere Aufmerksamkeit. „Die Ehen zwischen Katholiken und anderen Getauften weisen jedoch, wenn auch in ihrer besonderen Eigenart, zahlreiche Elemente auf, die es zu schätzen und zu entfalten gilt, sei es wegen ihres inneren Wertes, sei es wegen des Beitrags, den sie in die ökumenische Bewegung einbringen können". Daher soll „ein herzliches Zusammenwirken zwischen den katholischen und nichtkatholischen Geistlichen angestrebt werden, und zwar schon bei der Vorbereitung auf die Ehe und die Trauung" (Familiaris consortio, 78). Was die gemeinsame Teilnahme an der Eucharistie betrifft, wird in Erinnerung gerufen, dass „die Entscheidung über die Zulassung oder die Nichtzulassung des nichtkatholischen Teils zur eucharistischen Kommunion in Übereinstimmung mit den bestehenden allgemeinen Normen auf diesem Gebiet zu treffen [ist], sei es für die orientalischen Christen, sei es für die anderen Christen. Dabei ist der besonderen Situation Rechnung zu tragen, die dadurch gegeben ist, dass zwei getaufte Christen das christliche Ehesakrament empfangen. Obgleich den Gatten einer bekenntnisverschiedenen Ehe die Sakramente der Taufe und der Ehe gemeinsam sind, kann die gemeinsame Teilnahme an der Eucharistie nur im Ausnahmefall erfolgen, und man muss in jedem einzelnen Fall die oben erwähnten Normen […] beachten" (Päpstlicher Rat zur Förderung der Einheit der Christen, Direktorium zur Ausführung der Prinzipien und Normen über den Ökumenismus [25. März 1993], 159. 160).«*[275]

---

[275]   *Relatio finalis* 2015, 72, in: Schönborn, S. 189

248 *»Religionsverschiedene Ehen stellen einen bevorzugten Ort für den interreligiösen Dialog«* dar. Sie *»bringen einige besondere Schwierigkeiten mit sich, sowohl im Hinblick auf die christliche Identität der Familie, als auch auf die religiöse Erziehung der Kinder [...] Die sowohl in den Missionsgebieten als auch in Ländern mit langer christlicher Tradition steigende Zahl von Familien, denen eine religionsverschiedene Ehe zu Grunde liegt, verdeutlicht die dringende Notwendigkeit, für eine den verschiedenen sozialen und kulturellen Zusammenhängen entsprechende differenzierte Seelsorge zu sorgen. In einigen Ländern, in denen keine Religionsfreiheit herrscht, ist der christliche Ehepartner verpflichtet, zu einer anderen Religion überzutreten, um heiraten zu können, und kann weder mit Dispens eine kirchliche Trauung feiern, noch die Kinder taufen lassen. Wir müssen daher die Notwendigkeit bekräftigen, dass die Religionsfreiheit allen gegenüber respektiert wird.«*[276] Es ist *»erforderlich, den Menschen, die sich in solchen Ehen verbinden, besondere Aufmerksamkeit zu schenken, nicht nur in der Zeit vor der Eheschließung. Besonderen Herausforderungen sehen sich die Ehepaare und Familien gegenüber, in denen ein Partner katholisch und der andere nicht gläubig ist. In solchen Fällen ist es notwendig, zu bezeugen, dass das Evangelium sich auf diese Situationen einlassen kann, um die Erziehung der Kinder zum christlichen Glauben zu ermöglichen.«*[277]

249 *»Besondere Schwierigkeiten bereiten die Situationen, welche die Zulassung von Menschen zur Taufe betreffen, die sich im Hinblick auf die Ehe in einer komplexen Lage befinden. Es handelt sich um Menschen, die zu einer Zeit eine feste eheliche Vereinigung eingegangen sind, in der wenigstens einer der Partner den christlichen Glauben noch nicht kannte. Die Bischöfe sind aufge-*

---

276 *Ebd.,* 73, in: Schönborn, S. 189f.

277 *Ebd.,* 74, in: Schönborn, S. 190f.

rufen, in diesen Fällen eine pastorale Unterscheidung vorzuneh-
men, die auf das geistliche Wohl der Eheleute ausgerichtet ist.«[278]

250 Die Kirche passt ihre Haltung Jesus, dem Herrn, an, der sich in grenzenloser Liebe für jeden Menschen, ohne Ausnahme, geopfert hat.[279]

Mit den Synodenvätern habe ich die Situation von Familien bedacht, welche die Erfahrung machen, dass in ihrer Mitte Menschen mit homosexueller Orientierung leben – eine Erfahrung, die nicht leicht ist, sowohl für die Eltern, als auch für die Kinder. Darum möchten wir vor allem bekräftigen, dass jeder Mensch, unabhängig von seiner sexuellen Orientierung, in seiner Würde geachtet und mit Respekt aufgenommen werden soll und sorgsam zu vermeiden ist, ihn »*in irgendeiner Weise ungerecht zurückzusetzen*«[280] oder ihm gar mit Aggression und Gewalt zu begegnen. In Bezug auf die Familien kommt es hingegen darauf an, eine respektvolle Begleitung zu gewährleisten, damit diejenigen, welche die homosexuelle Tendenz zeigen, die notwendigen Hilfen bekommen können, um den Willen Gottes in ihrem Leben zu begreifen und ganz zu erfüllen.[281]

251 Im Laufe der Debatte über die Würde und die Mission der Familie haben die Synodenväter angemerkt: »*Was die Pläne betrifft, die Verbindungen zwischen homosexuellen Personen der Ehe gleichzustellen, gibt es keinerlei Fundament dafür, zwischen den homosexuellen Lebensgemeinschaften und dem Plan*

---

278   *Ebd.,* 75, in: Schönborn, S. 191.

279   Vgl. Verkündigungsbulle *Misericordiae Vultus* (11. April 2015), 12: *AAS* 107 (2015), 407.

280   *Katechismus der Katholischen Kirche,* 2358; vgl. *Relatio finalis* 2015, 76., in: Schönborn, S. 191.

281   Vgl. *Katechismus der Katholischen Kirche,* 2358.

Gottes über Ehe und Familie Analogien herzustellen, auch nicht in einem weiteren Sinn.« Es ist unannehmbar, »*dass auf die Orts-kirchen in dieser Frage Druck ausgeübt wird und dass die interna-tionalen Organisationen Finanzhilfen für arme Länder von einer Einführung der „Ehe" unter Personen des gleichen Geschlechts in ihrer Gesetzgebung abhängig machen*«.[282]

252 Familien mit nur einem Elternteil entstehen oft durch »*leibliche Mütter oder Väter, die sich nie in das Familien-leben einfügen wollten; Situationen der Gewalt, aus der eines der Elternteile mit den Kindern fliehen musste; Tod eines Elternteils; Verlassen der Familie seitens eines Elternteils oder ähnliche Situa-tionen. Welches auch immer der Grund ist, der Elternteil, der mit dem Kind zusammenwohnt, muss Unterstützung und Trost bei den anderen Familien finden, welche die christliche Gemeinschaft bilden, sowie auch bei den pastoralen Einrichtungen der Pfarrei. Diese Familien werden oftmals zusätzlich durch schwere wirt-schaftliche Probleme, eine unsichere Arbeitssituation, die Schwie-rigkeit, für den Unterhalt der Kinder zu sorgen, oder das Fehlen einer Wohnung belastet.*«[283]

---

282 *Relatio finalis*, 76, in: Schönborn, S. 194f.; vgl. KONGREGATION FÜR DIE GLAUBENSLEHRE, *Erwägungen zu den Entwürfen einer rechtlichen Anerkennung der Lebensgemeinschaften zwischen homosexuellen Personen* (3. Juni 2003), 4.

283 *Relatio finalis*, 80, in: Schönborn, S. 194f.

WENN DER STACHEL DES TODES EINDRINGT

253 Manchmal sieht sich das Familienleben herausgefordert durch den Tod eines geliebten Menschen. Wir müssen hier das Licht des Glaubens anbieten, um die Familien zu begleiten, die in diesen Momenten leiden.[284] Eine Familie zu verlassen, wenn sie durch einen Tod verletzt ist, wäre ein schwerer Mangel an Barmherzigkeit und bedeutete, eine Gelegenheit zu verpassen, wo Pastoral gefragt ist. So eine Haltung kann uns für jede andere Initiative der Evangelisierung die Türen verschließen.

254 Ich verstehe die Beklommenheit dessen, der einen sehr geliebten Menschen verloren hat, einen Ehegatten bzw. eine Ehegattin, mit dem bzw. der man so viele Dinge geteilt hat. Jesus selbst war zutiefst erschüttert und weinte bei der Totenwache für einen Freund (vgl. *Joh* 11,33.35). Und wie könnte man nicht die Klage derer verstehen, die ein Kind verloren haben? Denn es »*ist so, als würde die Zeit stehenbleiben: Ein Abgrund tut sich auf, der die Vergangenheit und auch die Zukunft verschlingt [...] Und manchmal gibt man sogar Gott die Schuld. Wie viele Menschen – ich verstehe sie – sind wütend auf Gott.*«[285] »*Die Verwitwung [stellt] eine besonders schwierige Erfahrung dar [...] In dem Moment, in dem sie diese Erfahrung durchleben müssen, zeigen einige, dass es möglich ist, die eigenen Kräfte mit noch mehr Hingabe den Kindern und Enkeln zu schenken, und finden in dieser Erfahrung der Liebe eine neue erzieherische Sendung [...] Diejenigen, die nicht auf die Gegenwart von Angehörigen zählen können, denen sie sich widmen und von*

---

284 Vgl. *ebd.*, 20, in: Schönborn, S. 134f.

285 *Generalaudienz* (17. Juni 2015): *L'Osservatore Romano* (dt.) Jg. 45, Nr. 26 (26. Juni 2015), S. 2.

denen sie Liebe und Nähe erhalten können, müssen von der christlichen Gemeinschaft durch besondere Aufmerksamkeit und Hilfsbereitschaft unterstützt werden, vor allem, wenn sie bedürftig sind.«[286]

255 Im Allgemeinen erfordert die Trauer für die Verstorbenen ziemlich viel Zeit, und wenn ein Seelsorger diesen Prozess begleiten will, muss er sich an die Bedürfnisse jeder einzelnen Phase anpassen. Der gesamte Prozess ist von Fragen durchzogen: nach den Ursachen des Todes; danach, was man hätte tun können; nach dem, was ein Mensch im Moment vor seinem Tod erlebt. Durch einen ehrlichen und geduldigen Weg des Gebetes und der inneren Befreiung kehrt der Friede zurück. Irgendwann während der Trauer muss man zu der Einsicht verhelfen, dass wir, wenn wir einen geliebten Menschen verloren haben, immer noch eine Aufgabe zu erfüllen haben und dass es uns nicht gut tut, das Leiden in die Länge ziehen zu wollen, als sei das eine Huldigung. Der geliebte Mensch hat weder unser Leiden nötig, noch erweist es sich für ihn als schmeichelhaft, wenn wir unser Leben ruinieren. Ebenso wenig ist es der beste Ausdruck der Liebe, jeden Moment an ihn zu denken und ihn zu erwähnen, denn das bedeutet, von einer Vergangenheit abhängig zu sein, die nicht mehr existiert, anstatt diesen realen Menschen zu lieben, der sich jetzt im Jenseits befindet. Seine physische Gegenwart ist nicht mehr möglich, doch wenn der Tod auch mächtig ist: »*Stark wie der Tod ist die Liebe*« (*Hld* 8,6). Die Liebe besitzt eine Intuition, die ihr erlaubt, das Lautlose zu hören und das Unsichtbare zu sehen. Das bedeutet nicht, sich den geliebten Menschen so vorzustellen, wie er war, sondern ihn verwandelt anzunehmen, wie er jetzt ist. Als Jesu Freundin Maria ihn nach seiner Auferstehung

---

286 *Relatio finalis* 2015, 19, in: Schönborn, S. 133f.

fest in die Arme schließen wollte, bat er sie, ihn nicht anzurühren (vgl. *Joh* 20,17), um sie zu einer anderen Art der Begegnung zu führen.

256 Es tröstet uns, zu wissen, dass es keine vollständige Vernichtung derer gibt, die sterben, und der Glaube versichert uns, dass der Auferstandene uns nie verlassen wird. So können wir den Tod daran hindern, »*unser Leben zu vergiften, unsere Bindungen zu zerstören, uns in die finsterste Leere fallen zu lassen*«.[287] Die Bibel spricht von einem Gott, der uns aus Liebe geschaffen und uns so gemacht hat, dass unser Leben nicht mit dem Tod endet (vgl. *Weish* 3,2–3). Der heilige Paulus spricht uns von einer Begegnung mit Christus unmittelbar nach dem Tod: »*Ich sehne mich danach, aufzubrechen und bei Christus zu sein*« (*Phil* 1,23). Mit ihm erwartet uns nach dem Tod »*das Große, das Gott denen bereitet hat, die ihn lieben*« (*1 Kor* 2,9). Die Präfation in der Liturgie für die Verstorbenen formuliert das sehr schön: »*Bedrückt uns auch das Los des sicheren Todes, so tröstet uns doch die Verheißung der künftigen Unsterblichkeit. Denn deinen Gläubigen, o Herr, wird das Leben gewandelt, nicht genommen.*« Denn »*unsere Angehörigen sind nicht in der Finsternis des Nichts verschwunden: Die Hoffnung versichert uns, dass sie in den guten und starken Händen Gottes sind*«.[288]

257 Eine Weise, mit unseren verstorbenen Lieben in Kontakt zu bleiben, besteht darin, für sie zu beten.[289] Die Bibel sagt, dass »*für die Toten zu beten [...] ein heiliger und frommer Gedanke*« ist (*2 Makk* 12,44–45). Für sie zu beten »*kann nicht*

---

287 *Generalaudienz* (17. Juni 2015): *L'Osservatore Romano* (dt.) Jg. 45, Nr. 26 (26. Juni 2015), S. 2.

288 *Ebd.*

289 Vgl. *Katechismus der Katholischen Kirche*, 958.

nur ihnen selbst helfen: Wenn ihnen geholfen ist, kann auch ihre Fürbitte für uns wirksam werden.«[290] Die Offenbarung des Johannes zeigt die Märtyrer, wie sie für diejenigen Fürbitte einlegen, die unter der Ungerechtigkeit auf der Erde leiden (vgl. 6,9–11), in Solidarität mit dieser Welt, die unterwegs ist. Einige Heilige trösteten vor ihrem Tod ihre Lieben, indem sie ihnen versprachen, ihnen mit ihrer Hilfe nahe zu sein. Die heilige Thérèse von Lisieux spürte, dass sie vom Himmel aus weiter Gutes tun werde.[291] Der heilige Dominikus bekräftigte, er werde »*nach dem Tode nützlicher sein [...] mächtiger, Gnaden zu erhalten*«.[292] Es sind Bande der Liebe,[293] denn »*die Einheit der Erdenpilger mit den Brüdern, die im Frieden Christi entschlafen sind, hört keineswegs auf, wird vielmehr [...] gestärkt durch die Mitteilung geistlicher Güter*«.[294]

258 Wenn wir den Tod akzeptieren, können wir uns auf ihn vorbereiten. Der Weg besteht darin, in der Liebe zu denen, die mit uns unterwegs sind, zu wachsen bis zu dem Tag, da »*der Tod [...] nicht mehr sein [wird], keine Trauer, keine Klage, keine Mühsal*« (*Offb* 21,4). Auf diese Weise bereiten wir uns

---

290 *Ebd.*

291 Vgl. THÉRÈSE DE LISIEUX, Derniers entretiens: Le „Carnet jaune" de Mère Agnès, 17. Juli 1897, in: *Œuvres Complètes,* Paris 1996, S. 1050 (dt. Ausg.: Thérèse Martin, *Ich gehe in das Leben hinein. Letzte Gespräche der Heiligen von Lisieux,* Leutesdorf, 4. Auflage 1996, S. 110.) In diesem Zusammenhang ist das Zeugnis der Mitschwestern der heiligen Thérèse bedeutsam, demzufolge sie versprochen hat, ihr Scheiden aus dieser Welt werde „wie ein Rosenregen" sein (vgl. „Carnet jaune", 9. Juni, in: *Œuvres Complètes,* Paris 1996, S. 1013; dt. Ausgabe Leutesdorf, 2. Auflage 1982, S. 65).

292 JORDAN VON SACHSEN, *Libellus de principiis Ordinis predicatorum,* 93: Monumenta Historica Sancti Patris Nostri Dominici, XVI, Roma 1935, S. 69.

293 Vgl. *Katechismus der Katholischen Kirche,* 957.

294 Zweites VATIKANISCHES KONZIL, Dogm. Konst. *Lumen gentium* über die Kirche, 49.

auch darauf vor, den geliebten Menschen, die bereits gestorben sind, wieder zu begegnen. Jesus, der den Sohn, der gestorben war, »*seiner Mutter zurück[gab]*« (Lk 7,15), wird mit uns ähnlich handeln. Verschleißen wir keine Energien damit, uns Jahre um Jahre in der Vergangenheit aufzuhalten. Je besser wir auf dieser Erde leben, umso mehr Glück werden wir mit unseren Lieben im Himmel teilen können. Je besser es uns gelingt, zu reifen und zu wachsen, umso mehr schöne Dinge werden wir ihnen für das himmlische Gastmahl mitbringen können.

SIEBTES KAPITEL

DIE ERZIEHUNG DER KINDER STÄRKEN

259 Die Eltern beeinflussen immer die moralische Entwicklung ihrer Kinder – zum Guten oder zum Schlechten. Deswegen ist es am besten, wenn sie diese unausweichliche Aufgabe akzeptieren und sie bewusst, begeistert, vernünftig und sachgerecht erfüllen. Da diese Erziehungsaufgabe der Familien so bedeutend ist und sehr kompliziert geworden ist, möchte ich speziell auf diesen Punkt ausführlicher eingehen.

WO SIND DIE KINDER?

260 Die Familie darf nicht aufhören, ein Ort des Schutzes, der Begleitung, der Führung zu sein, auch wenn sie ihre Methoden neu erfinden und neue Mittel heranziehen muss. Man muss sich überlegen, welchen Dingen man seine Kinder aussetzen will. Darum ist es unumgänglich, sich zu fragen, wer sich darum kümmert, ihnen Spaß und Unterhaltung zu verschaffen, wer über die Bildschirme in ihre Wohnungen eindringt, welcher Führung man die Kinder in ihrer Freizeit überlässt. Allein die Momente, die wir mit ihnen verbringen, indem wir in Einfachheit und Liebe mit ihnen über wichtige Dinge sprechen, und die gesunden Möglichkeiten, die wir schaffen, damit sie ihre Zeit nutzen, werden erlauben, eine schädliche Invasion zu vermeiden. Stets bedarf es einer Aufsicht. Die Kinder sich selbst zu überlassen, ist niemals gesund. Die Eltern müssen ihre Kinder und Jugendlichen orientieren und vorbereiten, damit sie Situationen zu bewältigen wissen, in denen zum Beispiel die Gefahr von Aggressionen, von Missbrauch oder Drogenkonsum bestehen kann.

261 Übertriebene Sorge erzieht nicht und man kann nicht alle Situationen, in die ein Kind geraten könnte, unter Kontrolle haben. Hier gilt das Prinzip: »*Die Zeit ist mehr wert als der Raum*«.[295] Das heißt, es geht mehr darum, Prozesse auszulösen, als Räume zu beherrschen. Wenn ein Vater versessen darauf ist zu wissen, wo sein Sohn ist, und alle seine Bewegungen zu kontrollieren, wird er nur bestrebt sein, dessen Raum zu beherrschen. Auf diese Weise wird er ihn nicht erziehen, er wird ihn nicht stärken und ihn nicht darauf vorbereiten, Herausforderungen die Stirn zu bieten. Worauf es ankommt, ist vor allem, mit viel Liebe im Sohn Prozesse der Reifung seiner Freiheit, der Befähigung, des ganzheitlichen Wachstums und der Pflege der echten Selbstständigkeit auszulösen. Nur so wird dieser Sohn in sich selbst die Elemente besitzen, die er braucht, um sich schützen zu können und um unter schwierigen Umständen klug und intelligent zu handeln. Die große Frage ist also nicht, wo das Kind sich physisch befindet, mit wem es in diesem Moment zusammen ist, sondern wo es sich in existenziellem Sinn befindet, wo es unter dem Gesichtspunkt seiner Überzeugungen, seiner Ziele, seiner Wünsche und seiner Lebenspläne steht. Darum lauten die Fragen, die ich an die Eltern stelle: »*Versuchen wir zu verstehen, „wo" die Kinder sich wirklich auf ihrem Weg befinden? Wissen wir, wo ihre Seele wirklich ist? Und vor allem: Wollen wir es wissen?*«[296]

---

295 FRANZISKUS, Apostolisches Schreiben *Evangelii gaudium* (24. November 2013), 222: *Freiburg* 2013, S. 150.

296 *Generalaudienz* (20. Mai 2015): *L'Osservatore Romano* (dt.) Jg. 45, Nr. 22 (29. Mai 2015), S. 2.

262 Wenn die Reifung nur in der Entfaltung von etwas bestünde, das von vornherein im genetischen Code enthalten ist, wäre nicht viel zu tun. Die Besonnenheit, das gute Urteilsvermögen und die Vernünftigkeit hängen nicht von bloß quantitativen Wachstumsfaktoren ab, sondern von einer ganzen Kette von Elementen, die im Innern der Person eine Synthese bilden, genauer gesagt: im Zentrum ihrer Freiheit. Es ist unvermeidlich, dass jedes Kind uns überrascht mit den Plänen, die aus dieser Freiheit aufkeimen und die unsere Vorstellungen durchkreuzen, und es ist gut, dass das geschieht. Die Erziehung schließt die Aufgabe ein, verantwortliche Freiheiten zu fördern, die in den entscheidenden Momenten mit Sinn und Verstand wählen; Personen, die ohne Vorbehalte verstehen, dass ihr Leben und das ihrer Gemeinschaft in ihren Händen liegt und dass diese Freiheit ein unermessliches Geschenk ist.

Die ethische Erziehung der Kinder

263 Auch wenn die Eltern die Schule brauchen, um eine grundlegende Bildung ihrer Kinder sicherzustellen, so können sie doch niemals ihre moralische Erziehung völlig aus der Hand geben. Die emotionale und ethische Entwicklung eines Menschen bedarf einer grundlegenden Erfahrung: daran zu glauben, dass die eigenen Eltern vertrauenswürdig sind. Das stellt eine Verantwortung auf dem Gebiet der Erziehung dar: mit der Zuneigung und dem eigenen Vorbild Vertrauen in den Kindern zu wecken, ihnen einen liebevollen Respekt einzuflößen. Wenn ein Kind nicht mehr spürt, dass es seinen Eltern kostbar ist, obwohl es unvollkommen ist, oder wenn es nicht wahrnimmt, dass sie ehrlich um es besorgt sind, erzeugt das tiefe Verwundungen, die viele Schwierigkeiten in seiner Reifung verursachen. Diese Abwesenheit, diese affektive Verlas-

senheit löst einen tiefer liegenden Schmerz aus als eine eventuelle Zurechtweisung, die es für eine schlechte Tat erhält.

264 Die Aufgabe der Eltern schließt eine Erziehung des Willens ein und eine Entwicklung guter Gewohnheiten und gefühlsmäßiger Neigungen zum Guten. Das bedeutet, dass man zu lernende Verhaltensweisen und zu entwickelnde Neigungen als etwas Begehrenswertes darstellt. Es handelt sich jedoch immer um einen Prozess, der vom Unvollkommenen zum Vollkommeneren voranschreitet. Der Wunsch, sich an die Gesellschaft anzupassen, oder die Gewohnheit, auf eine unmittelbare Befriedigung zu verzichten, um sich einer Regel zu fügen und ein gutes Zusammenleben zu sichern, ist bereits in sich selbst ein Anfangswert, der die innere Bereitschaft erzeugt, um dann zu höheren Werten zu kommen. Die moralische Erziehung muss immer mit aktiven Methoden und einem erzieherischen Dialog verwirklicht werden, der die Sensibilität der Kinder und ihren eigenen Sprachgebrauch aufnimmt. Außerdem muss diese Erziehung auf induktive Weise geschehen, so dass das Kind dazu gelangen kann, von sich aus die Bedeutung bestimmter Werte, Grundsätze und Regeln zu entdecken, anstatt dass sie ihm als unwiderlegbare Wahrheiten aufgezwungen werden.

265 Um gut zu handeln, reicht es nicht, „sachgemäß zu urteilen" oder ganz klar zu wissen, was man tun muss – obschon das vorrangig ist. Oft sind wir inkonsequent mit unseren eigenen Überzeugungen, selbst wenn diese gefestigt sind. So sehr unser Gewissen uns ein bestimmtes moralisches Urteil eingibt, haben hin und wieder andere uns anziehende Dinge mehr Macht, wenn wir es nicht erreicht haben, dass das vom Verstand erfasste Gute sich als tiefe gefühlsmäßige Neigung in uns eingewurzelt hat. Es ist dann wie ein Wohlgefallen am

Guten, das schwerer wiegt als andere Attraktionen, und es führt uns zu der Einsicht, dass das, was wir als gut erfassen, auch „für uns" hier und jetzt gut ist. Eine wirkungsvolle ethische Erziehung bedeutet, dem Menschen zu zeigen, wie weit es ihm selbst nützlich ist, gut zu handeln. Heute ist es gewöhnlich wirkungslos, etwas zu verlangen, das Anstrengung und Verzicht erfordert, ohne deutlich das Gute zu zeigen, das man damit erreichen kann.

266 Es ist notwendig, Gewohnheiten zu entwickeln. Auch die Angewohnheiten, die man sich seit der Kindheit angeeignet hat, haben eine positive Funktion, da sie dazu verhelfen, dass die großen verinnerlichten Werte sich in gesunden und gefestigten äußeren Verhaltensweisen niederschlagen. Es kann jemand eine verträgliche Gesinnung und eine gute Bereitschaft gegenüber den anderen haben, wenn er sich aber nicht über lange Zeit durch die Eindringlichkeit der Erwachsenen daran gewöhnt hat, „bitte", „darf ich?" und „danke" zu sagen, wird seine gute innere Bereitschaft schwerlich in diesen Formen zum Ausdruck kommen. Die Stärkung des Willens und die Wiederholung bestimmter Handlungen bilden die moralische Grundhaltung, und ohne die bewusste, freie und gewürdigte Wiederholung bestimmter guter Verhaltensweisen kommt man mit der Erziehung zu besagter Grundhaltung nicht zum Ziel. Die Beweggründe oder die Attraktion, die wir einem bestimmten Wert gegenüber empfinden, werden nicht zu einer Tugend ohne diese in geeigneter Weise motivierten Taten.

267 Die Freiheit ist etwas Großartiges, doch wir können beginnen, sie zu verlieren. Die moralische Erziehung ist eine Schulung der Freiheit durch Vorschläge, Motivationen, praktische Anwendungen, Anregungen, Belohnungen, Beispiele,

Vorbilder, Symbole, Reflexionen, Ermahnungen, Überprüfungen der Handlungsweise und Dialoge, die den Menschen bei der Entwicklung jener festen inneren Grundsätze helfen, die sie dazu bewegen, spontan das Gute zu tun. Die Tugend ist eine in ein tragfähiges inneres Handlungsprinzip verwandelte Überzeugung. Folglich baut das tugendhafte Leben die Freiheit auf; es stärkt und erzieht sie und vermeidet so, dass der Mensch zum Sklaven zwanghafter entmenschlichender und unsozialer Neigungen wird. Denn die Menschenwürde selbst verlangt, dass jeder »*in bewusster und freier Wahl handle, das heißt personal, von innen her bewegt und geführt*«.[297]

DER WERT DER STRAFE ALS ANSPORN

268 Zudem ist es unerlässlich, das Kind oder den Heranwachsenden zu sensibilisieren, damit er merkt, dass die schlechten Taten Folgen haben. Man muss die Fähigkeit wecken, sich in die Lage des anderen zu versetzen und sein Leiden schmerzlich zu empfinden, wenn man ihm wehgetan hat. Einige Strafen – für unsoziales, aggressives Verhalten – können diesen Zweck teilweise erfüllen. Es ist wichtig, das Kind mit Nachdruck dazu zu erziehen, um Verzeihung zu bitten und den Schaden, den es anderen zugefügt hat, wieder gutzumachen. Wenn der Weg der Erziehung in einer Reifung der persönlichen Freiheit seine Früchte zeigt, wird der eigene Sohn bzw. die eigene Tochter irgendwann beginnen, dankbar anzuerkennen, dass es gut für ihn oder sie war, in einer Familie aufzuwachsen und auch die Anforderungen zu ertragen, die jeder Erziehungsprozess vorsieht.

---

297 ZWEITES VATIKANISCHES KONZIL, Past. Konst. *Gaudium et spes* über die Kirche in der Welt von heute, 17.

269 Die Zurechtweisung ist ein Ansporn, wenn zugleich die Bemühungen gewürdigt und anerkannt werden und wenn das Kind entdeckt, dass seine Eltern ein geduldiges Vertrauen behalten. Ein liebevoll zurechtgewiesenes Kind fühlt sich beachtet, nimmt wahr, dass es jemand ist, und merkt, dass seine Eltern seine Möglichkeiten anerkennen. Das erfordert nicht, dass die Eltern makellos sind, sondern dass sie demütig ihre Grenzen einzugestehen wissen, und ihre eigenen Bemühungen zeigen, sich zu bessern. Doch eines der Zeugnisse, die die Kinder von den Eltern brauchen, ist, dass sie sich nicht vom Zorn leiten lassen. Das Kind, das eine schlechte Tat begeht, muss zurechtgewiesen werden, aber niemals wie ein Gegner oder wie der, an dem man die eigene Aggressivität auslässt. Außerdem muss ein Erwachsener anerkennen, dass einige schlechte Taten mit der Anfälligkeit und den Grenzen zu tun haben, die für ein bestimmtes Alter typisch sind. Darum wäre eine ständig strafende Haltung, die nicht helfen würde, die unterschiedliche Schwere der Taten zu bemerken, schädlich und würde Entmutigung und Ärger auslösen: »*Ihr Väter, reizt eure Kinder nicht zum Zorn*« (*Eph* 6,4; vgl. *Kol* 3,21).

270 Grundlegend ist, dass die Disziplin sich nicht in eine Verstümmelung des Verlangens verwandelt, sondern zu einem Anreiz wird, immer weiter fortzuschreiten. Wie kann man Disziplin mit innerer Ruhelosigkeit verbinden? Wie kann man erreichen, dass die Disziplin eine konstruktive Grenze des Weges ist, den ein Kind einschlagen muss, und nicht eine Mauer, die Verneinung bedeutet, oder eine Dimension der Erziehung, die ihm Komplexe verursacht? Man muss eine Balance finden können zwischen zwei Extremen, die gleichermaßen schädlich sind: Das eine wäre, eine Welt maßgerecht nach den Wünschen des Kindes aufbauen zu wollen, das dann in dem Gefühl aufwächst, Subjekt von Rechten, nicht aber von Verantwor-

tungen zu sein. Das andere Extrem wäre, es dazu zu bringen, ohne Bewusstsein seiner Würde, seiner einmaligen Identität und seiner Rechte zu leben, gequält von den Pflichten und abhängig davon, die Wünsche anderer zu verwirklichen.

Geduldiger Realismus

271 Die moralische Erziehung beinhaltet, von einem Kind oder einem Jugendlichen nur das zu verlangen, was für ihn kein unverhältnismäßig großes Opfer bedeutet, und von ihm nur ein Maß an Anstrengung einzufordern, das keinen Unwillen auslöst oder rein erzwungene Handlungen veranlasst. Der gewöhnliche Weg besteht darin, kleine Schritte vorzuschlagen, die verstanden, akzeptiert und gewürdigt werden können und einen proportionierten Verzicht einschließen. Durch übermäßiges Fordern erreichen wir dagegen nichts: Sobald der Mensch sich von der Autorität befreien kann, wird er wahrscheinlich aufhören, gut zu handeln.

272 Die ethische Erziehung ruft manchmal Verachtung hervor, die auf Erfahrungen von Verlassenheit, Enttäuschung, Mangel an Zuneigung oder auf ein schlechtes Bild der Eltern zurückzuführen ist. Auf die ethischen Werte werden die verzerrten Bilder der Vater- bzw. Mutterfigur oder die Schwachheiten der Erwachsenen projiziert. Darum muss man den Heranwachsenden helfen, die Analogie zu vollziehen: Die Werte sind besonders in einigen sehr vorbildlichen Menschen verwirklicht, werden aber auch unvollkommen und in verschiedenen Abstufungen realisiert. Da die Widerstände der Jugendlichen sehr mit schlechten Erfahrungen verbunden sind, ist es zugleich notwendig, ihnen zu helfen, einen Weg der Heilung dieser verwundeten inneren Welt zu gehen, so dass sie den

Schritt tun können, die Menschen und die Gesellschaft zu verstehen und sich mit ihnen zu versöhnen.

273 Wenn man Werte vorschlägt, muss man kleine Schritte machen, auf verschiedene Weise vorangehen, abgestimmt auf das Alter und die konkreten Möglichkeiten der Menschen, ohne starre, unabänderliche Methoden anwenden zu wollen. Die wertvollen Beiträge der Psychologie und der Erziehungswissenschaften zeigen die Notwendigkeit eines stufenweisen Prozesses, um Verhaltensänderungen zu erreichen, doch auch die Freiheit braucht „Fahrrinnen" und Anregungen, denn wenn sie sich selbst überlassen bleibt, ist keine Reifung gewährleistet. Die konkrete, reale Freiheit ist begrenzt und bedingt. Sie ist keine reine Fähigkeit, das Gute mit absoluter Spontaneität zu wählen. Nicht immer wird angemessen unterschieden zwischen einer „freiwilligen" Handlung und einer „freien" Handlung. Jemand kann etwas Böses mit großer Willenskraft anstreben, die aber in einer unwiderstehlichen Leidenschaft oder einer schlechten Erziehung ihren Ursprung hat. In diesem Fall ist seine Entscheidung ganz freiwillig, sie widerspricht nicht der Neigung seines Wollens, ist aber nicht frei, denn es ist ihm fast unmöglich geworden, sich nicht für dieses Böse zu entscheiden. Es ist das, was mit einem zwanghaft Drogensüchtigen geschieht. Wenn er nach der Droge verlangt, tut er das mit all seinem Begehren, doch er ist so abhängig, dass er in dem Moment nicht fähig ist, eine andere Entscheidung zu treffen. Seine Entscheidung ist also freiwillig, aber sie ist nicht frei. Es hat keinen Sinn, „ihm die freie Wahl zu lassen", da er tatsächlich nicht wählen kann und ihn der Droge auszusetzen nur seine Abhängigkeit steigert. Er braucht die Hilfe der anderen und einen Weg der Erziehung.

DAS FAMILIENLEBEN ALS ERZIEHERISCHES UMFELD

274 Die Familie ist die erste Schule der menschlichen Werte, wo man den rechten Gebrauch der Freiheit lernt. Es gibt Neigungen, die gleichsam durch Osmose aufgenommen werden: „Mir hat man das so beigebracht"; „Das ist es, was man mir eingeschärft hat." Im Bereich der Familie kann man auch lernen, die Botschaften der verschiedenen Kommunikationsmittel kritisch zu unterscheiden. Leider üben einige Fernsehprogramme oder manche Formen der Reklame oft einen negativen Einfluss aus und schwächen die Werte, die man im Leben der Familie empfangen hat.

275 In dieser Zeit, in der die Ängstlichkeit und die Hast der Technik regieren, besteht eine äußerst wichtige Aufgabe der Familien darin, zur Fähigkeit des Abwartens zu erziehen. Es geht nicht darum, den Kindern zu verbieten, mit den elektronischen Geräten zu spielen, sondern darum, die Form zu finden, um in ihnen die Fähigkeit zu erzeugen, die verschiedenen Denkweisen zu unterscheiden und nicht die digitale Geschwindigkeit auf sämtliche Lebensbereiche zu übertragen. Der Aufschub bedeutet nicht, einen Wunsch abzulehnen, sondern seine Befriedigung zu verschieben. Wenn die Kinder oder die Jugendlichen nicht dazu erzogen sind, zu akzeptieren, dass einige Dinge warten müssen, werden sie zu rücksichtslosen Menschen, die alles der unmittelbaren Befriedigung ihrer Bedürfnisse unterwerfen, und wachsen mit dem Laster des „Ich will und ich bekomme" auf. Das ist eine schwere Irreführung, die die Freiheit nicht fördert, sondern schwächt. Wenn man hingegen dazu erzieht zu lernen, einige Dinge aufzuschieben und den geeigneten Moment abzuwarten, dann lehrt man, was es heißt, Herr seiner selbst zu sein, eigenständig gegenüber den eigenen Trieben. Wenn das Kind so erfährt, dass es sich selbst in die Hand

nehmen kann, steigert sich sein Selbstwertgefühl. Zugleich bringt ihm das bei, die Freiheit der anderen zu respektieren. Selbstverständlich bedeutet das nicht, von den Kindern zu verlangen, dass sie sich wie Erwachsene verhalten, doch ebenso wenig ist es angebracht, ihre Fähigkeit zu unterschätzen, in der Reifung einer verantwortlichen Freiheit zu wachsen. In einer gesunden Familie geht diese Lehre auf ganz alltägliche Weise aus den Erfordernissen des Zusammenlebens hervor.

276 Die Familie ist der Bereich der primären Sozialisierung, denn sie ist der erste Ort, wo man lernt, gegenüber dem anderen eine Stellung zu beziehen, zuzuhören, mitzufühlen, zu ertragen, zu respektieren, zu helfen und zusammenzuleben. Es ist die Aufgabe der Erziehung, das Empfinden der Welt und der Gesellschaft als einer Familie zu wecken; es ist eine Erziehung, die befähigt, jenseits der Grenzen des eigenen Hauses zu „wohnen". Im familiären Kontext wird gelehrt, Dinge wie den Sinn für Nachbarschaft, die Umsicht, das Grüßen wiederzuerlangen. Dort wird der erste Kreis des tödlichen Egoismus aufgebrochen, um zu erkennen, dass wir gemeinsam mit anderen leben, mit anderen, die unsere Aufmerksamkeit, unsere Freundlichkeit und unsere Zuneigung verdienen. Es gibt keine soziale Bindung ohne diese erste alltägliche, gleichsam mikroskopische Dimension: das Zusammensein in der Nachbarschaft, wo wir uns in bestimmten Momenten des Tages über den Weg laufen, uns um das kümmern, was alle angeht, und uns in den kleinen alltäglichen Dingen gegenseitig helfen. Die Familie muss alle Tage neue Formen erfinden, die gegenseitige Anerkennung zu fördern.

277 Im Familienkreis kann man auch die Konsumgewohnheiten neu entwerfen, um miteinander für das „gemeinsame Haus" zu sorgen: »*Die Familie ist das wichtigste Subjekt ei-*

ner ganzheitlichen Ökologie, weil sie das vorrangige soziale Subjekt ist, das in seinem Innern die beiden Grundprinzipien der menschlichen Zivilisation auf der Erde enthält: das Prinzip der Gemeinschaft und das Prinzip der Fruchtbarkeit.«[298]

Die schwierigen und harten Momente im Familienleben können ebenfalls sehr erzieherisch wirken. Das geschieht zum Beispiel, wenn eine Krankheit eintritt, denn *»angesichts der Krankheit entstehen auch in der Familie Schwierigkeiten aufgrund der menschlichen Schwäche. Aber im Allgemeinen stärkt die Zeit der Krankheit die familiären Bindungen […] Eine Erziehung, die gegen die Einfühlsamkeit für die menschliche Krankheit abschirmt, verhärtet das Herz. Und sie führt dazu, dass die Kinder gegenüber dem Leiden anderer „narkotisiert" werden, unfähig, sich mit dem Leiden auseinanderzusetzen und die Erfahrung der Grenze zu machen.«*[299]

278 Die erzieherische Begegnung zwischen Eltern und Kindern kann durch die immer raffinierteren Kommunikations- und Unterhaltungstechnologien sowohl erleichtert als auch beeinträchtigt werden. Wenn sie gut verwendet werden, können sie nützlich sein, um die Familienmitglieder trotz der Entfernung miteinander zu verbinden. Die Kontakte können häufig sein und helfen, Schwierigkeiten zu lösen.[300] Es muss aber klar sein, dass sie die Notwendigkeit des persönlicheren und tieferen Gesprächs, das den physischen Kontakt oder zumindest die Stimme der anderen Person verlangt, weder ersetzen, noch ablösen. Wir wissen, dass diese Mittel manchmal

---

298 *Generalaudienz* (30. September 2015): *L'Osservatore Romano* (dt.) Jg. 45, Nr. 41 (9. Oktober 2015), S. 2.

299 *Generalaudienz* (10. Juni 2015): *L'Osservatore Romano* (dt.) Jg. 45, Nr. 25 (19. Juni 2015), S. 2.

300 Vgl. *Relatio finalis* 2015, 67, in: Schönborn, S. 185f.

voneinander entfernen, statt einander zu nähern, wie zum Beispiel wenn zur Essenszeit jeder mit seinem Mobiltelefon herumspielt oder wenn einer der Ehegatten einschläft, während er auf den anderen wartet, der sich stundenlang mit irgendeinem elektronischen Gerät die Zeit vertreibt. Auch das muss in der Familie Anlass zu Gesprächen und Abmachungen sein, die erlauben, der Begegnung ihrer Mitglieder den Vorrang einzuräumen, ohne in unvernünftige Verbote zu fallen. Jedenfalls darf man die Gefahren der neuen Kommunikationsformen für die Kinder und Jugendlichen, die manchmal zu willensschwachen, von der realen Welt abgeschotteten Wesen werden, nicht ignorieren. Dieser „technische Autismus" setzt sie leichter den Machenschaften derer aus, die versuchen, mit egoistischen Interessen in ihr Innerstes einzudringen.

279 Ebenso wenig ist es gut, dass die Eltern für ihre Kinder zu allmächtigen Wesen werden, denen allein sie trauen können, denn auf diese Weise verhindern sie einen angemessenen Prozess der Sozialisierung und der affektiven Reifung. Um diese Ausdehnung der Elternschaft auf eine umfassendere Realität wirksam zu machen, sind »die christlichen Gemeinden [...] aufgerufen, dem Erziehungsauftrag der Familien Unterstützung zu bieten«,[301] besonders durch die Katechesen der Initiation. Um die ganzheitliche Erziehung zu fördern, müssen wir »den Bund zwischen der Familie und der christlichen Gemeinschaft neu [...] beleben«.[302] Die Synode wollte die Bedeutung der katholischen Schulen bekräftigen: Sie »üben eine wichtige Funktion aus, wenn es darum geht, die Eltern bei der Aufgabe der Kin-

---

301 *Generalaudienz* (20. Mai 2015): *L'Osservatore Romano* (dt.) Jg. 45, Nr. 22 (29. Mai 2015), S. 2.

302 *Generalaudienz* (9. September 2015): *L'Osservatore Romano* (dt.) Jg. 45, Nr. 38 (18. September 2015), S. 2.

dererziehung zu unterstützen [...] Die katholischen Schulen soll-
ten in ihrer Sendung ermutigt werden, den Schülern zu helfen, zu
reifen Erwachsenen heranzuwachsen, die die Welt durch den
Blick der Liebe Jesu sehen können und das Leben als eine Beru-
fung verstehen, Gott zu dienen.«[303] Zu diesem Zweck *»muss mit*
Entschiedenheit auf der Freiheit der Kirche bestanden werden,
ihre eigene Lehre zu vermitteln, sowie auf dem Recht der Erzieher,
aus Gewissensgründen Einspruch einzulegen.«[304]

JA zur Sexualerziehung

280 Das Zweite Vatikanische Konzil sprach von der Notwendigkeit, die Kinder und Jugendlichen *»durch eine positive*
und kluge Geschlechtserziehung« zu unterweisen, die *»den jewei-*
ligen Altersstufen« angepasst ist und die *»Fortschritte der psycho-*
logischen, der pädagogischen und der didaktischen Wissenschaft«
verwertet.[305] Wir müssten uns fragen, ob unsere Erziehungsein-
richtungen diese Herausforderung angenommen haben. Es ist
schwierig, in einer Zeit, in der die Geschlechtlichkeit dazu
neigt, banalisiert zu werden und zu verarmen, eine Sexualerziehung zu planen. Sie könnte nur im Rahmen einer Erziehung
zur Liebe, zum gegenseitigen Sich-Schenken verstanden werden. Auf diese Weise sieht sich die Sprache der Geschlechtlichkeit nicht einer traurigen Verarmung ausgesetzt, sondern wird
bereichert. Der Sexualtrieb kann geschult werden in einem Weg
der Selbsterkenntnis und der Entwicklung einer Fähigkeit zur
Selbstbeherrschung, die helfen können, wertvolle Fähigkeiten
zur Freude und zur liebevollen Begegnung zu Tage zu fördern.

---

303   *Relatio finalis* 2015, 68, in: Schönborn, S. 186.

304   *Ebd.,* 58, in Schönborn, S. 174.

305   Erklärung *Gravissimum educationis* über die christliche Erziehung, 1.

281 Die Sexualerziehung bietet Information, jedoch ohne zu vergessen, dass die Kinder und die Jugendlichen nicht die volle Reife erlangt haben. Die Information muss im geeigneten Moment kommen und in einer Weise, die der Phase ihres Lebens angepasst ist. Es ist nicht dienlich, sie mit Daten zu übersättigen, ohne die Entwicklung eines kritischen Empfindens zu fördern gegenüber einem Überhandnehmen von Vorschlägen, gegenüber der außer Kontrolle geratenen Pornographie und der Überladung mit Stimulierungen, welche die Geschlechtlichkeit verkrüppeln lassen können. Die Jugendlichen müssen bemerken können, dass sie mit Botschaften bombardiert werden, die nicht ihr Wohl und ihre Reifung anstreben. Man muss ihnen helfen, die positiven Einflüsse zu erkennen und zu suchen, während sie sich zugleich von all dem distanzieren, was ihre Liebesfähigkeit entstellt. Ebenso müssen wir akzeptieren, dass sich »*die Notwendigkeit einer neuen und angemesseneren Sprache [...] vor allem [zeigt], wenn Kinder und Jugendliche in das Thema der Sexualität eingeführt werden sollen*«.[306]

282 Eine Sexualerziehung, die ein gewisses Schamgefühl hütet, ist ein unermesslicher Wert, auch wenn heute manche meinen, das sei eine Frage anderer Zeiten. Es ist eine natürliche Verteidigung des Menschen, der seine Innerlichkeit schützt und vermeidet, zu einem bloßen Objekt zu werden. Ohne Schamhaftigkeit können wir die Zuneigung und die Sexualität zu Formen von Besessenheit herabwürdigen, die uns nur auf den Geschlechtsakt konzentrieren, auf Krankhaftigkeiten, die unsere Liebesfähigkeit entstellen, und auf verschiede Formen sexueller Gewalt, die uns dazu führen, unmenschlich behandelt zu werden oder andere zu schädigen.

---

306 Relatio finalis 2015, 56, in: Schönborn, S. 173.

283 Häufig konzentriert sich die Sexualerziehung auf die Einladung, sich zu „hüten", und für einen „sicheren Sex" zu sorgen. Diese Ausdrücke vermitteln eine negative Haltung gegenüber dem natürlichen Zeugungszweck der Geschlechtlichkeit, als sei ein eventuelles Kind ein Feind, vor dem man sich schützen muss. So wird anstatt einer Annahme die narzisstische Aggressivität gefördert. Es ist unverantwortlich, die Jugendlichen einzuladen, mit ihrem Körper und ihren Begierden zu spielen, als hätten sie die Reife, die Werte, die gegenseitige Verpflichtung und die Ziele, die der Ehe eigen sind. Auf diese Weise ermutigt man sie leichtsinnig, den anderen Menschen als Objekt von Kompensationsversuchen eigener Mängel oder großer Beschränkungen zu gebrauchen. Es ist hingegen wichtig, ihnen einen Weg aufzuzeigen zu verschiedenen Ausdrucksformen der Liebe, zur gegenseitigen Fürsorge, zur respektvollen Zärtlichkeit, zu einer Kommunikation mit reichem Sinngehalt. Denn all das bereitet auf ein ganzheitliches und großherziges Sich-Schenken vor, das nach einer öffentlichen Verpflichtung seinen Ausdruck findet in der körperlichen Hingabe. So wird die geschlechtliche Vereinigung als Zeichen einer allumfassenden Verbindlichkeit erscheinen, die durch den ganzen vorangegangenen Weg bereichert ist.

284 Man darf die jungen Menschen nicht täuschen, indem man sie die Ebenen verwechseln lässt: Die sexuelle Anziehung »*schafft zwar im Augenblick die Illusion der Vereinigung, aber ohne Liebe bleiben nach dieser „Vereinigung" Fremde zurück, die genauso weit voneinander entfernt sind wie vorher*«.[307] Die Körpersprache verlangt eine geduldige Lehrzeit, die ermöglicht, das eigene Verlangen zu deuten und zu erziehen, um sich

---

307 ERICH FROMM, *The Art of Loving*, New York 1956, S. 54 (dt. Ausg.: *Die Kunst des Liebens*, Berlin 1973, S. 78–79).

wirklich hinzugeben. Wenn man alles auf einmal hingeben will, ist es möglich, dass man gar nichts hingibt. Verständnis zu haben für die Schwachheiten oder Verwirrungen der Heranwachsenden ist etwas anderes, als sie zu ermutigen, die Unreife ihrer Art zu lieben in die Länge zu ziehen. Doch wer spricht heute über diese Dinge? Wer ist fähig, die jungen Menschen ernst zu nehmen? Wer hilft ihnen, sich ernsthaft auf eine große und großherzige Liebe vorzubereiten? Mit der Sexualerziehung wird sehr leichtfertig umgegangen.

285 Die Sexualerziehung muss auch die Achtung und die Wertschätzung der Verschiedenheit einbeziehen, die jedem die Möglichkeit zeigt, die Einschließung in die eigenen Grenzen zu überwinden, um sich der Annahme des anderen zu öffnen. Jenseits der verständlichen Schwierigkeiten, die jeder erleben mag, muss man helfen, den eigenen Körper so zu akzeptieren, wie er geschaffen wurde, da »*eine Logik der Herrschaft über den eigenen Körper sich in eine manchmal subtile Logik der Herrschaft über die Schöpfung verwandelt* [...] *Ebenso ist die Wertschätzung des eigenen Körpers in seiner Weiblichkeit oder Männlichkeit notwendig, um in der Begegnung mit dem anderen Geschlecht sich selbst zu erkennen. Auf diese Weise ist es möglich, freudig die besondere Gabe des anderen oder der anderen als Werk Gottes des Schöpfers anzunehmen und sich gegenseitig zu bereichern.*«[308] Nur wenn man die Angst vor der Verschiedenheit verliert, kann man sich schließlich aus der Immanenz des eigenen Seins und aus der Selbstverliebtheit befreien. Die Sexualerziehung muss dazu verhelfen, den eigenen Körper so zu akzeptieren, dass man nicht darauf abzielt, »*den Unterschied zwischen*

---

308   FRANZISKUS, Enzyklika *Laudato si'* (24. Mai 2015), 155: Freiburg 2015, S. 154f.

den Geschlechtern auszulöschen, weil [man] sich nicht mehr damit auseinanderzusetzen versteht«.[309]

286 Ebenso wenig darf man übersehen, dass in der Ausgestaltung der eigenen weiblichen oder männlichen Seinsweise nicht nur biologische oder genetische Faktoren zusammenfließen, sondern vielfältige Elemente, die mit dem Temperament, der Familiengeschichte, der Kultur, den durchlebten Erfahrungen, der empfangenen Bildung, den Einflüssen von Freunden, Angehörigen und verehrten Personen sowie mit anderen konkreten Umständen zu tun haben, welche die Mühe der Anpassung erfordern. Es ist wahr, dass man das, was männlich und weiblich ist, nicht von dem Schöpfungswerk Gottes trennen kann, das vor allen unseren Entscheidungen und Erfahrungen besteht und wo es biologische Elemente gibt, die man unmöglich ignorieren kann. Doch es ist auch wahr, dass das Männliche und das Weibliche nicht etwas starr Umgrenztes ist. Darum ist es zum Beispiel möglich, dass die männliche Seinsweise des Ehemannes sich flexibel an die Arbeitssituation seiner Frau anpassen kann. Häusliche Aufgaben oder einige Aspekte der Kindererziehung zu übernehmen, machen ihn nicht weniger männlich, noch bedeuten sie ein Scheitern, ein zweideutiges Benehmen oder ein Schande. Man muss den Kindern helfen, diese gesunden Formen des „Austausches", die der Vaterfigur keinesfalls ihre Würde nehmen, ganz normal zu akzeptieren. Die Starrheit wird zu einer übertriebenen Darstellung des Männlichen oder Weiblichen und erzieht die Kinder und die Jugendlichen nicht zur Wechselseitigkeit, die in den realen Bedingungen der Ehe „inkarniert" sind. Diese Starrheit kann ihrerseits die Entwicklung der Fähigkeiten eines jeden

---

309 *Generalaudienz* (15. April 2015): *L'Osservatore Romano* (dt.) Jg. 45, Nr. 17 (24. April 2015), S. 2.

bis zu dem Punkt hemmen, dass man es schließlich für wenig männlich hält, sich der Kunst oder dem Tanz zu widmen, und für wenig weiblich, irgendeine Führungstätigkeit zu entwickeln. Das hat sich gottlob geändert. Doch mancherorts verengen gewisse unsachgemäße Vorstellungen weiterhin die legitime Freiheit und verstümmeln die echte Entwicklung der konkreten Identität der Kinder oder ihrer Möglichkeiten.

DEN GLAUBEN WEITERGEBEN

287 Die Erziehung der Kinder muss von einem Weg der Glaubensweitergabe geprägt sein. Das wird erschwert durch den aktuellen Lebensstil, durch die Arbeitszeiten und durch die Kompliziertheit der Welt von heute, wo viele einen hektischen Rhythmus leben, um überleben zu können.[310] Trotzdem muss das Zuhause weiter der Ort sein, wo gelehrt wird, die Gründe und die Schönheit des Glaubens zu erkennen, zu beten und dem Nächsten zu dienen. Das beginnt mit der Taufe, wo – wie der heilige Augustinus sagte – die Mütter, die ihre Kinder bringen, »an der heiligen Geburt mitwirken«.[311] Danach beginnt der Weg des Wachstums dieses neuen Lebens. Der Glaube ist ein Geschenk Gottes, das in der Taufe empfangen wird, und nicht das Ergebnis eines menschlichen Tuns, doch die Eltern sind Werkzeuge Gottes für seine Reifung und Entfaltung.

»Es ist schön, wenn Mütter ihre kleinen Kinder anleiten, Jesus oder der Gottesmutter einen Kuss zu senden. Wie viel Zärtlichkeit liegt darin! In jenem Augenblick wird das Herz der Kin-

---

310 Vgl. *Relatio finalis* 2015, 13–14, in: Schönborn, S. 128f.

311 *De sancta virginitate,* 7,7: PL 40,400.

der zu einem Ort des Gebets.«[312] Die Weitergabe des Glaubens setzt voraus, dass die Eltern die wirkliche Erfahrung machen, auf Gott zu vertrauen, ihn zu suchen, ihn zu brauchen. Denn nur auf diese Weise verkündet ein Geschlecht dem andern den Ruhm seiner Werke und erzählt von seinen gewaltigen Taten (vgl. *Ps* 145,4), nur so erzählt der Vater den Kindern von Gottes Treue (vgl. *Jes* 38,19). Das erfordert, dass wir das Handeln Gottes in den Herzen, dort, wo wir nicht hingelangen können, erflehen. Das Senfkorn, der so kleine Same, wird zu einem großen Baum (vgl. *Mt* 13,31–32), und so erkennen wir die Unverhältnismäßigkeit zwischen dem Handeln und seiner Wirkung. Dann wissen wir, dass wir nicht Herren der Gabe sind, sondern ihre sorgsamen Verwalter. Unser kreativer Einsatz ist jedoch ein Beitrag, der uns mit Gottes Initiative mitarbeiten lässt. Daher sind »*die Ehepaare, die Mütter und Väter, in Zusammenarbeit mit den Priestern, den Diakonen, den Personen gottgeweihten Lebens und den Katecheten als aktive Subjekte der Katechese wertzuschätzen [...] Von großer Hilfe ist die Familienkatechese als wirksame Methode, um die jungen Eltern auszubilden und ihnen ihre Sendung als Verkünder des Evangeliums in ihrer eigenen Familie bewusst zu machen.«*[313]

288 Die Erziehung im Glauben muss es verstehen, sich jedem Kind anzupassen, denn manchmal funktionieren die gelernten Mittel oder die „Rezepte" nicht. Die Kinder brauchen Symbole, Gesten, Erzählungen. Die Heranwachsenden geraten gewöhnlich in Krise mit Autoritäten und Vorgaben. Deshalb muss man in ihnen eigene Glaubenserfahrungen anregen und ihnen leuchtende Vorbilder bieten, die allein durch ihre

---

312 *Generalaudienz* (26. August 2015): *L'Osservatore Romano* (dt.) Jg. 45, Nr. 36 (4. September 2015), S. 2.

313 *Relatio finalis* 2015, 89, in: Schönborn, S. 202.

Schönheit überzeugen. Die Eltern, die den Glauben ihrer Kinder begleiten wollen, sollen aufmerksam auf deren Veränderungen achten, denn sie müssen wissen, dass die spirituelle Erfahrung nicht aufgenötigt werden darf, sondern ihrer Freiheit anheimgestellt werden muss. Es ist grundlegend, dass die Kinder ganz konkret sehen, dass das Gebet für ihre Eltern wirklich wichtig ist. Daher können die Momente des Gebetes in der Familie und die Ausdrucksformen der Volksfrömmigkeit eine größere Evangelisierungskraft besitzen als alle Katechesen und alle Reden. Ich möchte speziell allen Müttern meinen Dank ausdrücken, die wie die heilige Monika für ihre Kinder beten, die sich von Christus entfernt haben.

289 Wenn der Glaube den Kindern so vermittelt wird, dass sie ihn leichter ausdrücken und in ihm wachsen können, trägt das dazu bei, dass die Familie verkündend wird, und ganz von selbst beginnt sie, den Glauben an alle weiterzugeben, die mit ihr in Berührung kommen, auch außerhalb des eigenen Familienkreises. Die Kinder, die in missionarischen Familien aufwachsen, werden häufig selber zu Missionaren, wenn die Eltern diese Aufgabe so zu leben verstehen, dass die anderen sie als nahe und freundschaftlich empfinden, dass also die Kinder in dieser Weise aufwachsen, Beziehung mit der Welt zu knüpfen, ohne auf ihren Glauben und ihre Überzeugungen zu verzichten. Erinnern wir uns daran, dass Jesus selbst mit den Sündern aß und trank (vgl. *Mk* 2,16; Mt 11,19), dass er dabei verweilen konnte, mit der Samariterin zu sprechen (vgl. *Joh* 4,7–26) und des Nachts Nikodemus zu empfangen (vgl. *Joh* 3,1–21), dass er sich von einer Prostituierten die Füße salben ließ (vgl. Lk 7,36–50) und nicht zögerte, die Kranken zu berühren (vgl. *Mk* 1, 40–45; 7,33). Dasselbe taten seine Apostel, die keineswegs die anderen verachteten, sich nicht etwa in kleine Gruppen Erwählter zurückzogen und vom Leben ihres

Volkes absonderten. Während die Machthaber sie verfolgten, waren sie »*beim ganzen Volk beliebt*« (*Apg* 2,47; vgl. 4,21.33; 5,13).

290 »*Die Familie konstituiert sich so als Subjekt pastoralen Handelns, über die ausdrückliche Verkündigung des Evangeliums und das Erbe vielfältiger Formen des Zeugnisses: die Solidarität gegenüber den Armen, die Offenheit für die Verschiedenheit der Personen, die Bewahrung der Schöpfung, die moralische und materielle Solidarität gegenüber den anderen Familien, vor allem den bedürftigsten, den Einsatz für die Förderung des Gemeinwohls, auch durch die Überwindung ungerechter sozialer Strukturen, ausgehend von der Umgebung, in der man lebt, indem Werke leiblicher und geistlicher Barmherzigkeit geübt werden.*«[314] Das muss im Rahmen der kostbarsten Überzeugung der Christen angesiedelt sein: der Überzeugung von der Liebe des Vaters, die uns stützt und fördert, die offenbart wurde in der Ganzhingabe Jesu Christi, der unter uns lebt und uns fähig macht, gemeinsam allen Unbilden und allen Phasen des Lebens entgegenzutreten. Auch im Herzen jeder Familie muss man das Kerygma erklingen lassen – gelegen oder ungelegen –, damit es den Weg erleuchtet. Alle müssten wir aufgrund der lebendigen Erfahrung in unseren Familien sagen können: »*Wir haben die Liebe, die Gott zu uns hat, erkannt und gläubig angenommen*« (1 *Joh* 4,16). Nur von dieser Erfahrung aus wird die Familienpastoral erreichen können, dass die Familien zugleich Hauskirchen und evangelisierender „Sauerteig" in der Gesellschaft sind.

---

314 *Ebd.*, 93, in: Schönborn, S. 205.

ACHTES KAPITEL

DIE ZERBRECHLICHKEIT BEGLEITEN, UNTERSCHEIDEN UND EINGLIEDERN

291 Die Synodenväter haben zum Ausdruck gebracht, dass die Kirche, obwohl sie der Überzeugung ist, dass jeder Bruch des Ehebandes »*Gottes Willen zuwiderläuft, [sich] auch der Schwäche vieler ihrer Kinder bewusst [ist]*«.[315]

Erleuchtet durch den Blick Jesu Christi, »*wendet sich die Kirche liebevoll jenen zu, die auf unvollendete Weise an ihrem Leben teilnehmen. Sie erkennt an, dass Gottes Gnade auch in ihrem Leben wirkt und ihnen den Mut schenkt, das Gute zu tun, um liebevoll füreinander zu sorgen und ihren Dienst für die Gemeinschaft, in der sie leben und arbeiten, zu erfüllen.*«[316] Außerdem wird diese Haltung im Kontext des der Barmherzigkeit gewidmeten Jubiläumsjahres noch gestärkt. Auch wenn sie stets die Vollkommenheit vor Augen stellt und zu einer immer volleren Antwort auf Gott einlädt, »*muss die Kirche ihre schwächsten Kinder, die unter verletzter und verlorener Liebe leiden, aufmerksam und fürsorglich begleiten und ihnen Vertrauen und Hoffnung geben wie das Licht eines Leuchtturms im Hafen oder das einer Fackel, die unter die Menschen gebracht wird, um jene zu erleuchten, die die Richtung verloren haben oder sich in einem Sturm befinden.*«[317] Vergessen wir nicht, dass die Aufgabe der Kirche oftmals der eines Feldlazaretts gleicht.

292 Die christliche Ehe, ein Abglanz der Vereinigung Christi und seiner Kirche, wird voll verwirklicht in der Vereini-

---

315 *Relatio Synodi* 2014, 24.

316 *Ebd.,* 25.

317 *Ebd.,* 28.

gung zwischen einem Mann und einer Frau, die sich in ausschließlicher Liebe und freier Treue einander schenken, einander gehören bis zum Tod, sich öffnen für die Weitergabe des Lebens und geheiligt sind durch das Sakrament. Dieses Sakrament schenkt ihnen die Gnade, um eine Hauskirche zu bilden und ein Ferment neuen Lebens für die Gesellschaft zu sein. Andere Formen der Vereinigung widersprechen diesem Ideal von Grund auf, doch manche verwirklichen es zumindest teilweise und analog. Die Synodenväter haben betont, dass die Kirche nicht unterlässt, die konstitutiven Elemente in jenen Situationen zu würdigen, die noch nicht oder nicht mehr in Übereinstimmung mit ihrer Lehre von der Ehe sind. [318]

DIE GRADUALITÄT IN DER SEELSORGE

293 Die Synodenväter haben ebenfalls die besondere Situation einer reinen Zivilehe oder – bei aller gebührenden Unterscheidung – eines bloßen Zusammenlebens ins Auge gefasst: »*Wenn eine Verbindung durch ein öffentliches Band offenkundig Stabilität erlangt, wenn sie geprägt ist von tiefer Zuneigung, Verantwortung gegenüber den Kindern, von der Fähigkeit, Prüfungen zu bestehen, kann dies als Anlass gesehen werden, sie auf ihrem Weg zum Ehesakrament zu begleiten.*«[319]

Andererseits ist es besorgniserregend, dass viele junge Menschen heute die Ehe beargwöhnen und zusammenleben, indem sie die Eheschließung auf unbestimmte Zeit verschieben, während andere die eingegangene Verpflichtung beenden und unmittelbar darauf eine neue beginnen. Diejenigen, »*die zur Kirche gehören, brauchen eine barmherzige und ermutigende*

---

318 Vgl. ebd., 41. 43; Relatio finalis 2015, 70, in: Schönborn, S. 187f.
319 *Relatio Synodi* 2014, 27.

seelsorgliche Zuwendung«.[320] Denn den Hirten obliegt nicht nur die Förderung der christlichen Ehe, sondern auch die »pastorale Unterscheidung der Situationen vieler Menschen, die diese Wirklichkeit nicht mehr leben«. Es geht darum, »*in einen pastoralen Dialog mit diesen Menschen zu treten, um jene Elemente in ihrem Leben hervorzuheben, die zu einer größeren Offenheit gegenüber dem Evangelium der Ehe in seiner Fülle führen können*«.[321] In der pastoralen Unterscheidung muss man »*jene Elemente erkennen, welche die Evangelisierung und das menschliche und geistliche Wachstum fördern können.*«[322]

294 »*Die Entscheidung für die Zivilehe, oder, in anderen Fällen, für das einfache Zusammenleben, hat häufig ihren Grund nicht in Vorurteilen oder Widerständen gegen die sakramentale Verbindung, sondern in kulturellen oder faktischen Gegebenheiten.*«[323] In diesen Situationen wird man jene Zeichen der Liebe hervorheben können, die in irgendeiner Weise die Liebe Gottes widerspiegeln.[324] Bekanntlich »*wächst [...] die Zahl derer, die nach einem langen Zusammenleben um die Feier der kirchlichen Trauung bitten. Das einfache Zusammenleben wird oft aufgrund der allgemeinen Mentalität gewählt, die sich gegen Institutionen und endgültige Verpflichtungen wendet, aber auch in Erwartung einer existentiellen Sicherheit (Arbeit und festes Einkommen). Schließlich sind die faktischen Verbindungen in anderen Ländern sehr zahlreich, nicht nur, weil die Werte der Familie und der Ehe zurückgewiesen werden, sondern vor allem, weil dort die Heirat aus gesellschaftlichen Gründen als Luxus betrachtet*

---

320   *Ebd.*, 26.

321   *Ebd.*, 41.

322   *Ebd.*

323   *Relatio finalis* 2015, 71, in: Schönborn, S. 188.

324   Vgl. *ebd.*

wird, so dass die materielle Not die Menschen zu solchen fakti-schen Verbindungen drängt.«[325] Doch »*all diese Situationen müs-sen in konstruktiver Weise angegangen werden, indem versucht wird, sie in Gelegenheiten für einen Weg hin zur Fülle der Ehe und der Familie im Licht des Evangeliums zu verwandeln. Es geht darum, sie mit Geduld und Feingefühl anzunehmen und zu be-gleiten.*«[326] Das tat Jesus mit der Samariterin (vgl. *Joh* 4,1–26): Er sprach ihre Sehnsucht nach wahrer Liebe an, um sie von al-lem zu befreien, was ihr Leben verfinsterte, und sie zur vollen Freude des Evangeliums zu führen.

295 Auf dieser Linie schlug der heilige Johannes Paul II. das sogenannte »*Gesetz der Gradualität*« vor, denn er wusste: Der Mensch »*kennt, liebt und vollbringt [...] das sittlich Gute [...] in einem stufenweisen Wachsen*«.[327] Es ist keine „Gradua-lität des Gesetzes", sondern eine Gradualität in der angemesse-nen Ausübung freier Handlungen von Menschen, die nicht in der Lage sind, die objektiven Anforderungen des Gesetzes zu verstehen, zu schätzen oder ganz zu erfüllen. Denn das Gesetz ist auch ein Geschenk Gottes, das den Weg anzeigt, ein Ge-schenk für alle ohne Ausnahme, das man mit der Kraft der Gnade leben kann, auch wenn jeder Mensch »*von Stufe zu Stufe entsprechend der fortschreitenden Hereinnahme der Gaben Gottes und der Forderungen seiner unwiderruflichen und absolu-ten Liebe in das gesamte persönliche und soziale Leben*«[328] voran-schreitet.

---

325 *Relatio Synodi* 2014, 42

326 *Ebd.*, 43.

327 Apostolisches Schreiben *Familiaris consortio* (22. November 1981), 34: *AAS* 74 (1982), S. 123.

328 JOHANNES PAUL II., Apostolisches Schreiben *Familiaris consortio* (22. No-vember 1981), 9: *AAS* 74 (1982), S. 90.

Die Unterscheidung der sogenannten »*IRREGULÄREN*« Situationen[329]

296 Die Synode hat verschiedene Situationen der Schwäche oder der Unvollkommenheit angesprochen. Diesbezüglich möchte ich hier an etwas erinnern, das ich der ganzen Kirche in aller Klarheit vor Augen stellen wollte, damit wir den Weg nicht verfehlen: »*Zwei Arten von Logik [...] durchziehen die gesamte Geschichte der Kirche: ausgrenzen und wiedereingliedern [...] Der Weg der Kirche ist vom Jerusalemer Konzil an immer der Weg Jesu: der Weg der Barmherzigkeit und der Eingliederung [...] Der Weg der Kirche ist der, niemanden auf ewig zu verurteilen, die Barmherzigkeit Gottes über alle Menschen auszugießen, die sie mit ehrlichem Herzen erbitten [...] Denn die wirkliche Liebe ist immer unverdient, bedingungslos und gegenleistungsfrei.*«[330] »*Daher sind [...] Urteile zu vermeiden, welche die Komplexität der verschiedenen Situationen nicht berücksichtigen. Es ist erforderlich, auf die Art und Weise zu achten, in der die Menschen leben und aufgrund ihres Zustands leiden.*«[331]

297 Es geht darum, alle einzugliedern; man muss jedem Einzelnen helfen, seinen eigenen Weg zu finden, an der kirchlichen Gemeinschaft teilzuhaben, damit er sich als Empfänger einer »*unverdienten, bedingungslosen und gegenleistungsfreien*« Barmherzigkeit empfindet. Niemand darf auf ewig verurteilt werden, denn das ist nicht die Logik des Evangeliums! Ich

---

329 Vgl. *Generalaudienz* (24. Juni 2015): *L'Osservatore Romano* (dt.) Jg. 45, Nr. 27 (3. Juli 2015), S. 2.

330 *Homilie in der Eucharistiefeier mit den neuen Kardinälen* (15. Februar 2015): *L'Osservatore Romano* (dt.) Jg. 45, Nr. 8 (20. Februar 2015), S. 8.

331 *Relatio finalis* 2015, 51, in: Schönborn, S. 167.

beziehe mich nicht nur auf die Geschiedenen in einer neuen Verbindung, sondern auf alle, in welcher Situation auch immer sie sich befinden. Selbstverständlich kann jemand, wenn er eine objektive Sünde zur Schau stellt, als sei sie Teil des christlichen Ideals, oder wenn er etwas durchsetzen will, was sich von der Lehre der Kirche unterscheidet, nicht den Anspruch erheben, Katechese zu halten oder zu predigen, und in diesem Sinn gibt es etwas, das ihn von der Gemeinschaft trennt (vgl. *Mt* 18,17). Er muss erneut der Verkündigung des Evangeliums und der Einladung zur Umkehr Gehör schenken. Doch auch für ihn kann es eine Weise der Teilnahme am Leben der Gemeinde geben, sei es in sozialen Aufgaben, in Gebetstreffen oder in der Weise, die seine eigene Initiative gemeinsam mit dem Unterscheidungsvermögen des Pfarrers nahelegt. Hinsichtlich der Art, mit den verschiedenen sogenannten *irregulären* Situationen umzugehen, haben die Synodenväter einen allgemeinen Konsens erreicht, den ich unterstütze: »*Einer pastoralen Zugehensweise entsprechend ist es Aufgabe der Kirche, jenen, die nur zivil verheiratet oder geschieden und wieder verheiratet sind oder einfach so zusammenleben, die göttliche Pädagogik der Gnade in ihrem Leben offen zu legen und ihnen zu helfen, für sich die Fülle des göttlichen Planes zu erreichen*«,[332] was mit der Kraft des Heiligen Geistes immer möglich ist.

298 Die Geschiedenen in einer neuen Verbindung, zum Beispiel, können sich in sehr unterschiedlichen Situationen befinden, die nicht katalogisiert oder in allzu starre Aussagen eingeschlossen werden dürfen, ohne einer angemessenen persönlichen und pastoralen Unterscheidung Raum zu geben. Es gibt den Fall einer zweiten, im Laufe der Zeit gefestigten Ver-

---

332 *Relatio Synodi* 2014, 25, in: Schönborn, S.

bindung, mit neuen Kindern, mit erwiesener Treue, großherziger Hingabe, christlichem Engagement, mit dem Bewusstsein der Irregularität der eigenen Situation und großer Schwierigkeit, diese zurückzudrehen, ohne im Gewissen zu spüren, dass man in neue Schuld fällt. Die Kirche weiß um Situationen, in denen »*die beiden Partner aus ernsthaften Gründen – zum Beispiel wegen der Erziehung der Kinder – der Verpflichtung zur Trennung nicht nachkommen können*«.[333] Es gibt auch den Fall derer, die große Anstrengungen unternommen haben, um die erste Ehe zu retten, und darunter gelitten haben, zu Unrecht verlassen worden zu sein, oder den Fall derer, die »*eine neue Verbindung eingegangen [sind] im Hinblick auf die Erziehung der Kinder und [...] manchmal die subjektive Gewissensüberzeugung [haben], dass die frühere, unheilbar zerstörte Ehe niemals gültig war*«.[334] Etwas anderes ist jedoch eine neue Verbindung, die kurz nach einer Scheidung eingegangen wird, mit allen Folgen an Leiden und Verwirrung, welche die Kinder und ganze Familien in Mitleidenschaft ziehen, oder die Situation von jemandem, der wiederholt seinen familiären Verpflichtungen gegenüber versagt hat. Es muss ganz klar sein, dass dies nicht das Ideal ist, welches das Evangelium für Ehe und Familie vor Augen stellt. Die Synodenväter haben zum Ausdruck gebracht, dass die Hirten in ihrer Urteilsfindung immer »*angemessen zu unterscheiden*«[335] haben, mit einem

---

333 JOHANNES PAUL II., Apostolisches Schreiben *Familiaris consortio* (22. November 1981), 84: *AAS* 74 (1982), S. 186. Viele, welche die von der Kirche angebotene Möglichkeit, „wie Geschwister" zusammenzuleben, kennen und akzeptieren, betonen, dass in diesen Situationen, wenn einige Ausdrucksformen der Intimität fehlen, »nicht selten die Treue in Gefahr geraten und das Kind in Mitleidenschaft gezogen werden [kann].« (ZWEITES VATIKANISCHES KONZIL, Past. Konst. *Gaudium et spes* über die Kirche in der Welt von heute, 51).

334 JOHANNES PAUL II., Apostolisches Schreiben *Familiaris consortio* (22. November 1981), 84: *AAS* 74 (1982), S. 186.

335 Relatio Synodi 2014, 26.

»*differenzierten Blick*« für »*unterschiedliche Situationen*«.[336] Wir wissen, dass es »*keine Patentrezepte*«[337] gibt.

299 Ich nehme die Bedenken vieler Synodenväter auf, die darauf hinweisen wollten, dass »*Getaufte, die geschieden und zivil wiederverheiratet sind, [...] auf die verschiedenen möglichen Weisen stärker in die Gemeinschaft integriert werden [müssen], wobei zu vermeiden ist, jedwelchen Anstoß zu erregen. Die Logik der Integration ist der Schlüssel ihrer pastoralen Begleitung, damit sie nicht nur wissen, dass sie zum Leib Christi, der die Kirche ist, gehören, sondern dies als freudige und fruchtbare Erfahrung erleben können. Sie sind Getaufte, sie sind Brüder und Schwestern, der Heilige Geist gießt Gaben und Charismen zum Wohl aller auf sie aus. Ihre Teilnahme kann in verschiedenen kirchlichen Diensten zum Ausdruck kommen: Es ist daher zu unterscheiden, welche der verschiedenen derzeit praktizierten Formen des Ausschlusses im liturgischen, pastoralen, erzieherischen und institutionellen Bereich überwunden werden können. Sie sollen sich nicht nur als nicht exkommuniziert fühlen, sondern können als lebendige Glieder der Kirche leben und reifen, indem sie diese wie eine Mutter empfinden, die sie immer aufnimmt, sich liebevoll um sie kümmert und sie auf dem Weg des Lebens und des Evangeliums ermutigt. Diese Integration ist auch notwendig für die Sorge und die christliche Erziehung ihrer Kinder, die als das Wichtigste anzusehen sind.*«[338]

---

336 *Ebd.*, 45.

337 BENEDIKT XVI., *Gespräch mit dem Papst beim VII. Weltfamilientreffen* (Mailand, 2. Juni 2012), Antwort 5: *L'Osservatore Romano* (dt.) Jg. 42, Nr. 24 (15. Juni 2012), S. 12.

338 Relatio finalis 2015, 84., in: Schönborn, S. 197.

300 Wenn man die zahllosen Unterschiede der konkreten Situationen – wie jene, die wir vorhin erwähnten – berücksichtigt, kann man verstehen, dass man von der Synode oder von diesem Schreiben keine neue, auf alle Fälle anzuwendende generelle gesetzliche Regelung kanonischer Art erwarten durfte. Es ist nur möglich, eine neue Ermutigung auszudrücken zu einer verantwortungsvollen persönlichen und pastoralen Unterscheidung der je spezifischen Fälle. Und da »*der Grad der Verantwortung [...] nicht in allen Fällen gleich* [*ist*]«[339], müsste diese Unterscheidung anerkennen, dass die Konsequenzen oder Wirkungen einer Norm nicht notwendig immer dieselben sein müssen.[340] Die Priester haben die Aufgabe, »*die betroffenen Menschen entsprechend der Lehre der Kirche und den Richtlinien des Bischofs auf dem Weg der Unterscheidung zu begleiten. In diesem Prozess wird es hilfreich sein, durch Momente des Nachdenkens und der Reue eine Erforschung des Gewissens vorzunehmen. Die wiederverheirateten Geschiedenen sollten sich fragen, wie sie sich ihren Kindern gegenüber verhalten haben, seit ihre eheliche Verbindung in die Krise geriet; ob es Versöhnungsversuche gegeben hat; wie die Lage des verlassenen Partners ist; welche Folgen die neue Beziehung auf den Rest der Familie und die Gemeinschaft der Gläubigen hat; welches Beispiel sie den jungen Menschen gibt, die sich auf die Ehe vorbereiten. Ein ernsthaftes Nachdenken kann das Vertrauen auf die Barmherzigkeit Gottes stärken, die niemandem verwehrt wird.*«[341] Es handelt sich um einen Weg der Begleitung und der Unterscheidung, der »*diese*

---

339   *Ebd.,* 51, in: Schönborn, S. 167.

340   Auch nicht auf dem Gebiet der Sakramentenordnung, da die Unterscheidung erkennen kann, dass in einer besonderen Situation keine schwere Schuld vorliegt. Dort kommt zur Anwendung, was in einem anderen Dokument gesagt ist: vgl. Franziskus, Apostolisches Schreiben *Evangelii gaudium* (24. November 2013), 44. 47: *Freiburg 2013,* S. 86f.

341   *Relatio finalis* 2015, 85, in: Schönborn, S. 198.

Gläubigen darauf ausrichtet, sich ihrer Situation vor Gott bewusst zu werden. Das Gespräch mit dem Priester im Forum internum trägt zur Bildung einer rechten Beurteilung dessen bei, was die Möglichkeit einer volleren Teilnahme am Leben der Kirche behindert, und kann helfen, Wege zu finden, diese zu begünstigen und wachsen zu lassen. Da es im Gesetz selbst keine Gradualität gibt (vgl. Familiaris consortio, 34), wird diese Unterscheidung niemals von den Erfordernissen der Wahrheit und der Liebe des Evangeliums, die die Kirche vorlegt, absehen können. Damit dies geschieht, müssen bei der aufrichtigen Suche nach dem Willen Gottes und in dem Verlangen, diesem auf vollkommenere Weise zu entsprechen, die notwendigen Voraussetzungen der Demut, der Diskretion, der Liebe zur Kirche und ihrer Lehre verbürgt sein.«[342] Diese Haltungen sind grundlegend, um die schwerwiegende Gefahr falscher Auskunft zu vermeiden wie die Vorstellung, dass jeder Priester schnell „Ausnahmen" gewähren kann oder dass es Personen gibt, die gegen Gefälligkeiten sakramentale Privilegien erhalten können. Wenn ein verantwortungsbewusster und besonnener Mensch, der nicht beabsichtigt, seine Wünsche über das Allgemeinwohl der Kirche zu stellen, auf einen Hirten trifft, der den Ernst der Angelegenheit, die er in Händen hat, zu erkennen weiß, wird das Risiko vermieden, dass eine bestimmte Unterscheidung daran denken lässt, die Kirche vertrete eine Doppelmoral.

---

342   *Ebd.*, 86, in: Schönborn, S. 199.

DIE MILDERNDEN UMSTÄNDE IN DER PASTORALEN UNTERSCHEIDUNG

301 Um in rechter Weise zu verstehen, warum in einigen sogenannten „irregulären" Situationen eine besondere Unterscheidung möglich und notwendig ist, gibt es einen Punkt, der immer berücksichtigt werden muss, damit niemals der Gedanke aufkommen kann, man beabsichtige, die Anforderungen des Evangeliums zu schmälern. Die Kirche ist im Besitz einer soliden Reflexion über die mildernden Bedingungen und Umstände. Daher ist es nicht mehr möglich zu behaupten, dass alle, die in irgendeiner sogenannten „irregulären" Situation leben, sich in einem Zustand der Todsünde befinden und die heiligmachende Gnade verloren haben. Die Einschränkungen haben nicht nur mit einer eventuellen Unkenntnis der Norm zu tun. Ein Mensch kann, obwohl er die Norm genau kennt, große Schwierigkeiten haben »im *Verstehen der Werte, um die es in der sittlichen Norm geht*«,[343] oder er kann sich in einer konkreten Lage befinden, die ihm nicht erlaubt, anders zu handeln und andere Entscheidungen zu treffen, ohne eine neue Schuld auf sich zu laden. Wie die Synodenväter richtig zum Ausdruck brachten, »*kann [es] Faktoren geben, die die Entscheidungsfähigkeit begrenzen*«.[344] Schon der heilige Thomas von Aquin räumte ein, dass jemand die Gnade und die Liebe besitzen kann, ohne jedoch imstande zu sein, irgendeine der Tugenden gut auszuüben,[345] so dass er, selbst wenn er alle ihm eingeflößten moralischen Tugenden besitzt, das Vorhandensein irgendeiner von ihnen nicht deutlich offenbart, weil die

---

343 JOHANNES PAUL II., Apostolisches Schreiben *Familiaris consortio* (22. November 1981), 33: *AAS* 74 (1982), S. 121.

344 *Relatio finalis* 2015, 51, in: Schönborn, S. 167.

345 Vgl. *Summa Theologiae* I-IIae, q. 65, art. 3, ad 2; De malo, q. 2, art. 2.

praktische Ausübung dieser Tugend erschwert ist: »*Es wird gesagt, dass einige Heilige keine Tugenden besitzen, insofern sie Schwierigkeiten empfinden in deren Ausübung, obwohl sie die Gewohnheiten aller Tugenden haben.*«[346]

302 In Bezug auf diese Bedingtheiten macht der Katechismus der Katholischen Kirche eine überzeugende Aussage: »*Die Anrechenbarkeit einer Tat und die Verantwortung für sie können durch Unkenntnis, Unachtsamkeit, Gewalt, Furcht, Gewohnheiten, übermäßige Affekte sowie weitere psychische oder gesellschaftliche Faktoren vermindert, ja sogar aufgehoben sein.*«[347] Ein weiterer Abschnitt bezieht sich erneut auf Umstände, welche die moralische Verantwortlichkeit vermindern, und erwähnt mit großer Ausführlichkeit »*affektive Unreife, die Macht eingefleischter Gewohnheiten, Angstzustände und weitere psychische oder gesellschaftliche Faktoren*«.[348] Aus diesem Grund beinhaltet ein negatives Urteil über eine objektive Situation kein Urteil über die Anrechenbarkeit oder die Schuldhaftigkeit der betreffenden Person.[349] Im Kontext dieser Überzeugungen halte ich für sehr angemessen, was viele Synodenväter festhalten wollten: »*Unter bestimmten Umständen kann es für Menschen eine große Schwierigkeit darstellen, anders zu handeln […] Die pasto-*

---

346   *Summa Theologiae* I-IIae, q. 65, art. 3, ad 3. 343 Nr. 1735.

347   *Katechismus der Katholischen Kirche*, Nr. 1735.

348   Ebd., 2352; vgl. KONGREGATION FÜR DIE GLAUBENSLEHRE, Erklärung *Iura et bona* über die Euthanasie (5. Mai 1980), II: *AAS* 72 (1980), S. 546. JOHANNES PAUL II. kritisierte die Kategorie der » optio fundamentalis «, der „Grundentscheidung", und räumte ein: »Zweifellos kann es unter psychologischem Aspekt viele komplexe und dunkle Situationen geben, die für die subjektive Schuld des Sünders Bedeutung haben« (Apostolisches Schreiben *Reconciliato et Paenitentia* [2. Dezember 1984], 17: *AAS* 77 [1985], S. 223).

349   Vgl. PÄPSTLICHER RAT FÜR DIE INTERPRETATION VON GESETZESTEXTEN, *Erklärung über die Kommunion für wiederverheiratete Geschiedene* (24. Juni 2000), 2.

rale Bemühung, die Geister zu unterscheiden, muss sich, auch unter Berücksichtigung des recht geformten Gewissens der Menschen, dieser Situationen annehmen. Auch die Folgen der vorgenommenen Handlungen sind nicht in allen Fällen notwendigerweise dieselben.«[350]

303 Aufgrund der Erkenntnis, welches Gewicht die konkreten Bedingtheiten haben, können wir ergänzend sagen, dass das Gewissen der Menschen besser in den Umgang der Kirche mit manchen Situationen einbezogen werden muss, die objektiv unsere Auffassung der Ehe nicht verwirklichen. Selbstverständlich ist es notwendig, zur Reifung eines aufgeklärten, gebildeten und von der verantwortlichen und ernsten Unterscheidung des Hirten begleiteten Gewissens zu ermutigen und zu einem immer größeren Vertrauen auf die Gnade anzuregen. Doch dieses Gewissen kann nicht nur erkennen, dass eine Situation objektiv nicht den generellen Anforderungen des Evangeliums entspricht. Es kann auch aufrichtig und ehrlich das erkennen, was vorerst die großherzige Antwort ist, die man Gott geben kann, und mit einer gewissen moralischen Sicherheit entdecken, dass dies die Hingabe ist, die Gott selbst inmitten der konkreten Vielschichtigkeit der Begrenzungen fordert, auch wenn sie noch nicht völlig dem objektiven Ideal entspricht. Auf jeden Fall sollen wir uns daran erinnern, dass diese Unterscheidung dynamisch ist und immer offen bleiben muss für neue Phasen des Wachstums und für neue Entscheidungen, die erlauben, das Ideal auf vollkommenere Weise zu verwirklichen.

---

350   Relatio finalis 2015, 85, in: Schönborn, S. 199.

DIE NORMEN UND DIE UNTERSCHEIDUNG

304 Es ist kleinlich, nur bei der Erwägung stehen zu bleiben, ob das Handeln einer Person einem Gesetz oder einer allgemeinen Norm entspricht oder nicht, denn das reicht nicht aus, um eine völlige Treue gegenüber Gott im konkreten Leben eines Menschen zu erkennen und sicherzustellen. Ich bitte nachdrücklich darum, dass wir uns an etwas erinnern, das der heilige Thomas von Aquin lehrt, und dass wir lernen, es in die pastorale Unterscheidung aufzunehmen: »*Obgleich es im Bereich des Allgemeinen eine gewisse Notwendigkeit gibt, unterläuft desto eher ein Fehler, je mehr man in den Bereich des Spezifischen absteigt [...] Im Bereich des Handelns [...] liegt hinsichtlich des Spezifischen nicht für alle dieselbe praktische Wahrheit oder Richtigkeit vor, sondern nur hinsichtlich des Allgemeinen; und bei denen, für die hinsichtlich des Spezifischen dieselbe Richtigkeit vorliegt, ist sie nicht allen in gleicher Weise bekannt [...] Es kommt also umso häufiger zu Fehlern, je mehr man in die spezifischen Einzelheiten absteigt.*«[351] Es ist wahr, dass die allgemeinen Normen ein Gut darstellen, das man niemals außer Acht lassen oder vernachlässigen darf, doch in ihren Formulierungen können sie unmöglich alle Sondersituationen umfassen. Zugleich muss gesagt werden, dass genau aus diesem Grund das, was Teil einer praktischen Unterscheidung angesichts einer Sondersituation ist, nicht in den Rang einer Norm erhoben werden kann. Das gäbe nicht nur Anlass zu einer unerträglichen Kasuistik, sondern würde die Werte, die mit besonderer Sorgfalt bewahrt werden müssen, in Gefahr bringen.[352]

---

351 *Summa Theologiae* I-IIae, q. 94, art. 4.

352 In einem anderen Text, in dem er sich auf die allgemeine Kenntnis der Norm und die besondere Kenntnis der praktischen Unterscheidung bezieht, geht der heilige Thomas so weit zu sagen: »Wenn man nur eine [der beiden Kennt-

305 Daher darf ein Hirte sich nicht damit zufrieden geben, gegenüber denen, die in „irregulären" Situationen leben, nur moralische Gesetze anzuwenden, als seien es Felsblöcke, die man auf das Leben von Menschen wirft. Das ist der Fall der verschlossenen Herzen, die sich sogar hinter der Lehre der Kirche zu verstecken pflegen, »um sich auf den Stuhl des Mose zu setzen und – manchmal von oben herab und mit Oberflächlichkeit – über die schwierigen Fälle und die verletzten Familien zu richten«.[353] Auf derselben Linie äußerte sich die Internationale Theologische Kommission: »Das natürliche Sittengesetz sollte also nicht vorgestellt werden als eine schon bestehende Gesamtheit aus Regeln, die sich a priori dem sittlichen Subjekt auferlegen, sondern es ist eine objektive Inspirationsquelle für sein höchst personales Vorgehen der Entscheidungsfindung.«[354] Aufgrund der Bedingtheiten oder mildernder Faktoren ist es möglich, dass man mitten in einer objektiven Situation der Sünde – die nicht subjektiv schuldhaft ist oder es zumindest nicht völlig ist – in der Gnade Gottes leben kann, dass man lieben kann und dass man auch im Leben der Gnade und der Liebe wachsen kann, wenn man dazu die Hilfe der Kirche bekommt.[355] Die Unterscheidung muss dazu verhelfen, die

---

nisse] hat, dann sollte man eher diese haben, d.h. die Kenntnis der spezifischen Einzelheiten, die dem Handeln am nächsten sind.« (*Sententia libri Ethicorum,* VI, 6 [ed. Leonina, Band XLVII, 354]).

353 *Ansprache zum Abschluss der XIV. Ordentlichen Generalversammlung der Bischofsynode* (24. Oktober 2015): *L'Osservatore Romano* (dt.) Jg. 45, Nr. 44 (30. Oktober 2015), S. 1.

354 *Auf der Suche nach einer universalen Ethik. Ein neuer Blick auf das natürliche Sittengesetz* (2009), 59.

355 In gewissen Fällen könnte es auch die Hilfe der Sakramente sein. Deshalb »erinnere ich [die Priester] daran, dass der Beichtstuhl keine Folterkammer sein darf, sondern ein Ort der Barmherzigkeit des Herrn« (Franziskus, Apostolisches Schreiben *Evangelii gaudium* [14. November 2013], 44: Freiburg 2013, S. 86). Gleichermaßen betone ich, dass die Eucharistie »nicht eine Belohnung für die

möglichen Wege der Antwort auf Gott und des Wachstums inmitten der Begrenzungen zu finden. In dem Glauben, dass alles weiß oder schwarz ist, versperren wir manchmal den Weg der Gnade und des Wachstums und nehmen den Mut für Wege der Heiligung, die Gott verherrlichen. Erinnern wir uns daran, dass »*ein kleiner Schritt inmitten großer menschlicher Begrenzungen [...] Gott wohlgefälliger sein [kann] als das äußerlich korrekte Leben dessen, der seine Tage verbringt, ohne auf nennenswerte Schwierigkeiten zu stoßen*«.[356] Die konkrete Seelsorge der Amtsträger und der Gemeinden muss diese Wirklichkeit mit einbeziehen.

306 Unter allen Umständen muss gegenüber jenen, die Schwierigkeiten haben, das göttliche Gesetz völlig in ihr Leben umzusetzen, die Einladung erklingen, die *via caritatis*, den Weg der Liebe zu beschreiten. Die Nächstenliebe ist das vorrangige Gesetz der Christen (vgl. *Joh* 15,12; *Gal* 5,14). Vergessen wir nicht die Verheißung der Schrift: »*Vor allem haltet fest an der Liebe zueinander; denn die Liebe deckt viele Sünden zu*« (1 *Petr* 4,8). »*Lösch deine Sünden aus durch rechtes Tun, tilge deine Vergehen, indem du Erbarmen hast mit den Armen*« (*Dan* 4,24). »*Wie Wasser loderndes Feuer löscht, so sühnt Mildtätigkeit Sünde*« (*Sir* 3,30). Das ist es auch, was der heilige Augustinus lehrt: »*Wie wir in der Gefahr eines Brandes eilen würden, um Löschwasser zu suchen [...] so ist es auch, wenn aus unserem Stroh die Flamme der Sünde aufsteigen würde und wir darüber verstört wären: Wird uns dann die Gelegenheit zu einem Werk der Barmherzigkeit gegeben, freuen wir uns über dieses Werk, als sei es eine*

Vollkommenen, sondern ein großzügiges Heilmittel und eine Nahrung für die Schwachen« ist (ebd., 47, S. 89.).

356 *Ebd.*, 44, S. 86f.

Quelle, die uns angeboten wird, damit wir den Brand löschen können.«[357]

Die Logik der pastoralen Barmherzigkeit

307 Um jegliche fehlgeleitete Interpretation zu vermeiden, erinnere ich daran, dass die Kirche in keiner Weise darauf verzichten darf, das vollkommene Ideal der Ehe, den Plan Gottes in seiner ganzen Größe vorzulegen: »*Die jungen Getauften sollen ermutigt werden, nicht zu zaudern angesichts des Reichtums, den das Ehesakrament ihrem Vorhaben von Liebe schenkt, gestärkt vom Beistand der Gnade Christi und der Möglichkeit, ganz am Leben der Kirche teilzunehmen.*«[358]

Lauheit, jegliche Form von Relativismus oder übertriebener Respekt im Augenblick des Vorlegens wären ein Mangel an Treue gegenüber dem Evangelium und auch ein Mangel an Liebe der Kirche zu den jungen Menschen selbst. Außergewöhnliche Situationen zu verstehen bedeutet niemals, das Licht des vollkommeneren Ideals zu verdunkeln, und auch nicht, weniger anzuempfehlen als das, was Jesus dem Menschen anbietet. Wichtiger als eine Seelsorge für die Gescheiterten ist heute das pastorale Bemühen, die Ehen zu festigen und so den Brüchen zuvorzukommen.

308 Doch aus unserem Bewusstsein des Gewichtes der mildernden Umstände – psychologischer, historischer und sogar biologischer Art – folgt, dass man »*ohne den Wert des vom*

---

357 *De catechizandis rudibus*, I, 14, 22: PL 40, Sp. 327; vgl. Franziskus, Apostolisches Schreiben *Evangelii gaudium* (24. November 2013), 193: *Freiburg* 2013, S. 228.

358 Relatio Synodi 2014, 26.

Evangelium vorgezeichneten Ideals zu mindern, die möglichen Wachstumsstufen der Menschen, die Tag für Tag aufgebaut werden, mit Barmherzigkeit und Geduld begleiten« und so eine Gelegenheit schaffen muss für die *»Barmherzigkeit des Herrn, die uns anregt, das mögliche Gute zu tun«.*[359] Ich verstehe diejenigen, die eine unerbittlichere Pastoral vorziehen, die keinen Anlass zu irgendeiner Verwirrung gibt. Doch ich glaube ehrlich, dass Jesus Christus eine Kirche möchte, die achtsam ist gegenüber dem Guten, das der Heilige Geist inmitten der Schwachheit und Hinfälligkeit verbreitet: eine Mutter, die klar ihre objektive Lehre zum Ausdruck bringt und zugleich *»nicht auf das mögliche Gute [verzichtet], auch wenn [sie] Gefahr läuft, sich mit dem Schlamm der Straße zu beschmutzen«.*[360] Die Hirten, die ihren Gläubigen das volle Ideal des Evangeliums und der Lehre der Kirche nahelegen, müssen ihnen auch helfen, die Logik des Mitgefühls mit den Schwachen anzunehmen und Verfolgungen oder allzu harte und ungeduldige Urteile zu vermeiden. Das Evangelium selbst verlangt von uns, weder zu richten, noch zu verurteilen (vgl. *Mt* 7,1; Lk 6,37). Jesus *»hofft, dass wir darauf verzichten, unsere persönlichen oder gemeinschaftlichen Zuflüchte zu suchen, die uns erlauben, gegenüber dem Kern des menschlichen Leids auf Distanz zu bleiben, damit wir dann akzeptieren, mit dem konkreten Leben der anderen ernsthaft in Berührung zu kommen und die Kraft der Zartheit kennenlernen. Wenn wir das tun, wird das Leben für uns wunderbar komplex.«*[361]

---

359 Franziskus, Apostolisches Schreiben *Evangelii gaudium* (24. November 2013), 44: Freiburg 2013, S. 86.

360 *Ebd.,* 45, S. 87.

361 *Ebd.,* 270, S. 290.

309 Es fügt sich gut, dass sich diese Überlegungen im Zusammenhang des der Barmherzigkeit gewidmeten Jubiläumsjahres entwickeln, denn angesichts der verschiedensten Situationen, welche die Familie in Mitleidenschaft ziehen, hat die Kirche »*den Auftrag, die Barmherzigkeit Gottes, das pulsierende Herz des Evangeliums, zu verkünden, das durch sie das Herz und den Verstand jedes Menschen erreichen soll. Die Braut Christi macht sich die Haltung des Sohnes Gottes zu Eigen, der allen entgegengeht und keinen ausschließt*«.[362] Sie weiß sehr wohl, dass Jesus sich selbst als Hirten von hundert Schafen darstellt und nicht von neunundneunzig. Er will sie alle. Aufgrund dieses Bewusstseins wird es möglich sein, dass »*alle, Glaubende und Fernstehende, [...] das Salböl der Barmherzigkeit erfahren [können], als Zeichen des Reiches Gottes, das schon unter uns gegenwärtig ist.*«[363]

310 Wir dürfen nicht vergessen, dass »*Barmherzigkeit nicht nur eine Eigenschaft des Handelns Gottes ist. Sie wird vielmehr auch zum Kriterium, an dem man erkennt, wer wirklich seine Kinder sind. Wir sind also gerufen, Barmherzigkeit zu üben, weil uns selbst bereits Barmherzigkeit erwiesen wurde.*«[364] Das ist kein romantischer Vorschlag oder eine schwache Antwort angesichts der Liebe Gottes, der die Menschen immer fördern will. Denn die Barmherzigkeit ist »*der Tragbalken, der das Leben der Kirche stützt [...] Ihr gesamtes pastorales Handeln sollte umgeben sein von der Zärtlichkeit, mit der sie sich an die Gläubigen wendet; ihre Verkündigung und ihr Zeugnis gegenüber der*

---

362 Verkündigungsbulle *Misericordiae Vultus* (11. April 2015), 12: *AAS* 107 (2015), 407.

363 *Ebd.*, 5: 402.

364 *Ebd.*, 9: 405.

Welt können nicht ohne Barmherzigkeit geschehen.«[365] Es ist wahr, dass wir uns manchmal *»wie Kontrolleure der Gnade und nicht wie ihre Förderer [verhalten]. Doch die Kirche ist keine Zollstation, sie ist das Vaterhaus, wo Platz ist für jeden mit seinem mühevollen Leben.«.*[366]

311 Die Lehre der Moraltheologie dürfte nicht aufhören, diese Betrachtungen in sich aufzunehmen, denn obschon es zutrifft, dass auf die unverkürzte Vollständigkeit der Morallehre der Kirche zu achten ist, muss man besondere Achtsamkeit darauf verwenden, die höchsten und zentralsten Werte des Evangeliums hervorzuheben und zu ihnen zu ermutigen,[367] speziell den Primat der Liebe als Antwort auf die ungeschuldete Initiative der Liebe Gottes. Manchmal fällt es uns schwer, der bedingungslosen Liebe in der Seelsorge Raum zu geben.[368] Wir stellen der Barmherzigkeit so viele Bedingungen, dass wir sie gleichsam aushöhlen und sie um ihren konkreten Sinn und ihre reale Bedeutung bringen, und das ist die übelste Weise, das Evangelium zu verflüssigen. Es ist zum Beispiel wahr, dass die Barmherzigkeit die Gerechtigkeit und die Wahrheit nicht ausschließt, vor allem aber müssen wir erklären, dass die Barmher

---

365 *Ebd.,* 10: 406.

366 Franziskus, Apostolisches Schreiben *Evangelii gaudium* (24. November 2013), 47: Freiburg 2013, S. 89.

367 Vgl. *Ebd.,* 36–37, S. 78.

368 Vielleicht aus Skrupel, der hinter einem großen Verlangen nach Treue zur Wahrheit verborgen ist, verlangen manche Priester von den Büßern einen Vorsatz zur Besserung ohne den geringsten Schatten. Damit verschwindet die Barmherzigkeit unter dem Streben nach einer vermeintlich reinen Gerechtigkeit. Es lohnt sich darum, sich an die Lehre des heiligen Johannes Paul II. zu erinnern, der sagte, dass die Vorhersehbarkeit eines neuen Fallens »der Echtheit des Vorsatzes keinen Abbruch [tut] « (*Schreiben an Kardinal William W. Baum anlässlich des von der Apostolischen Pönitentiarie veranstalteten Kurses für Jungpriester und Weihekandidaten* [22. März 1996], 5: *Insegnamenti* XIX, 1 [1996], S. 589).

zigkeit die Fülle der Gerechtigkeit und die leuchtendste Be-
kundung der Wahrheit Gottes ist. Darum sollte man immer
bedenken, »*dass alle theologischen Begriffe unangemessen sind,
die letztlich Gottes Allmacht selbst und insbesondere seine Barmherzigkeit infrage stellen*«.[369]

312 Das verleiht uns einen Rahmen und ein Klima, die
uns davon abhalten, im Reden über die heikelsten Themen
eine kalte Schreibtisch-Moral zu entfalten, und uns vielmehr in
den Zusammenhang einer pastoralen Unterscheidung voll
barmherziger Liebe versetzen, die immer geneigt ist zu verstehen, zu verzeihen, zu begleiten, zu hoffen und vor allem einzugliedern. Das ist die Logik, die in der Kirche vorherrschen
muss, um »*die Erfahrung [zu] machen, das Herz zu öffnen für
alle, die an den unterschiedlichsten existenziellen Peripherien leben*«.[370] Ich lade die Gläubigen, die in komplexen Situationen
leben, ein, vertrauensvoll auf ein Gespräch mit ihren Hirten
oder mit anderen Laien zuzugehen, die ihr Leben dem Herrn
geschenkt haben. Nicht immer werden sie bei ihnen die Bestätigung ihrer eigenen Vorstellungen und Wünsche finden,
doch sicher werden sie ein Licht empfangen, das ihnen erlaubt,
ihre Situation besser zu verstehen, und sie werden einen Weg
der persönlichen Reifung entdecken. Und ich lade die Hirten
ein, liebevoll und gelassen zuzuhören, mit dem aufrichtigen
Wunsch, mitten in das Drama der Menschen einzutreten und
ihren Gesichtspunkt zu verstehen, um ihnen zu helfen, besser
zu leben und ihren eigenen Ort in der Kirche zu erkennen.

---

369 INTERNATIONALE THEOLOGISCHE KOMMISSION, *Die Hoffnung auf Rettung
für ungetauft gestorbene Kinder* (19. April 2007), 2.

370 Verkündigungsbulle *Misericordiae Vultus* (11. April 2015), 15: *AAS* 107
(2015), 409.

NEUNTES KAPITEL

SPIRITUALITÄT IN EHE UND FAMILIE

313 Die Liebe nimmt verschiedene Formen an, entsprechend dem Lebensstand, zu dem jeder Einzelne berufen ist. Schon vor einigen Jahrzehnten, als das Zweite Vatikanische Konzil sich auf das Laienapostolat bezog, hob es die Spiritualität hervor, die aus dem Familienleben entspringt. Es betonte, dass das geistliche Leben der Laien auch *»vom Stand der Ehe und der Familie [...] her ein besonderes Gepräge annehmen [muss]«*[371] und dass die familiären Sorgen nicht etwas sein dürfen, das *»außerhalb des Bereiches ihres geistlichen Lebens«* steht.[372] Es lohnt sich also, dass wir kurz innehalten, um einige grundlegende Züge dieser besonderen Spiritualität zu beschreiben, die sich in der Dynamik der Beziehungen des Familienlebens entwickelt.

SPIRITUALITÄT DER ÜBERNATÜRLICHEN GEMEINSCHAFT

314 Immer haben wir von der göttlichen Einwohnung im Herzen eines Menschen gesprochen, der in der Gnade lebt. Heute können wir auch sagen, dass die Dreifaltigkeit im Tempel der ehelichen Gemeinschaft gegenwärtig ist. So wie sie im Lobpreis des Volkes wohnt (vgl. *Ps* 22,4), lebt sie zuinnerst in der ehelichen Liebe, die sie verherrlicht.

315 Die Gegenwart des Herrn wohnt in der realen, konkreten Familie mit all ihren Leiden, ihren Kämpfen, ihren

---

371 Dekret *Apostolicam actuositatem* über das Laienapostolat, 4
372 *Ebd.*

Freuden und ihrem täglichen Ringen. Wenn man in der Familie lebt, ist es schwierig zu heucheln und zu lügen; wir können keine Maske aufsetzen. Wenn die Liebe diese Echtheit beseelt, dann herrscht der Herr dort mit seiner Freude und seinem Frieden. Die Spiritualität der familiären Liebe besteht aus Tausenden von realen und konkreten Gesten. In dieser Mannigfaltigkeit von Gaben und Begegnungen, die das innige Miteinander reifen lassen, hat Gott seine Wohnung. Diese Hingabe ist es, die »*Menschliches und Göttliches in sich eint*«[373], denn sie ist erfüllt von der Liebe Gottes. Letztlich ist die eheliche Spiritualität eine Spiritualität der innigen Verbindung, in der die göttliche Liebe wohnt.

316 Eine gut gelebte Gemeinschaft in der Familie ist ein echter Weg der Heiligung im gewöhnlichen Leben wie auch des mystischen Wachstums, ein Mittel zur innigen Vereinigung mit Gott. Denn die geschwisterlichen und gemeinschaftlichen Anforderungen des Lebens in der Familie sind eine Gelegenheit, das Herz immer mehr zu öffnen, und das ermöglicht eine immer vollkommenere Begegnung mit dem Herrn. Das Wort Gottes sagt: »*Wer aber seinen Bruder hasst, ist in der Finsternis*« (1 *Joh* 2,11), »*bleibt im Tod*« (1 *Joh* 3,14) und »*hat Gott nicht erkannt*« (1 *Joh* 4,8). Mein Vorgänger Benedikt XVI. hat betont, dass »*die Abwendung vom Nächsten auch für Gott blind macht*«[374] und dass die Liebe letztlich das einzige Licht ist, »*das eine dunkle Welt immer wieder erhellt*«.[375] Nur »*wenn wir einander lieben, bleibt Gott in uns, und seine Liebe ist in uns voll-*

---

373 Zweites Vatikanisches Konzil, Past. Konst. *Gaudium et spes* über die Kirche in der Welt von heute, 49.

374 Benedikt XVI, Enzyklika *Deus caritas est* (25. Dezember 2005), 16: *Freiburg 2006, S. 39.*

375 *Ebd.*, 39. S. 84.

endet« (1 *Joh* 4,12). Da »*der Mensch [...] eine eingeborene, seiner Struktur eingegebene soziale Dimension [besitzt]*«[376] und »*die soziale Dimension des Menschen [...] ihren ersten und ursprünglichen Ausdruck im Ehepaar und in der Familie [findet]*«,[377] nimmt die Spiritualität im familiären Miteinander Fleisch und Blut an. Wer also ein tiefes Verlangen nach Spiritualität hat, soll nicht meinen, die Familie halte ihn von einem Wachstum im Leben des Geistes fern; sie ist vielmehr ein Weg, den der Herr verwendet, um ihn auf die Gipfel der mystischen Vereinigung zu führen.

Vereint im Gebet im Licht des Ostergeheimnisses

317 Wenn es der Familie gelingt, sich auf Christus zu konzentrieren, eint und erleuchtet er das gesamte Familienleben. Die Schmerzen und die Ängste erlebt man in der Gemeinschaft mit dem Kreuz des Herrn, und seine Umarmung ermöglicht, die schlimmsten Momente zu ertragen. In den bittern Tagen der Familie gibt es eine Vereinigung mit dem verlassenen Jesus, die einen Bruch verhindern kann. So erreichen es die Familien nach und nach, »*mit der Gnade des Heiligen Geistes durch das Eheleben ihre Heiligkeit zu verwirklichen, auch dadurch, dass sie am Geheimnis des Kreuzes Christi teilhaben, das Schwierigkeiten und Leiden in ein Opfer der Liebe verwandelt*«.[378] Andererseits werden die Momente der Freude, der Erholung oder des Festes und auch die Sexualität als eine Teilhabe an der Fülle des Lebens in seiner Auferstehung erlebt. Die

---

376 JOHANNES PAUL II., Nachsynodales Apostolisches Schreiben *Christifideles laici* (30. Dezember 1988), 40: *AAS* 81 (1989), S. 468.

377 *Ebd.*

378 *Relatio finalis* 2015, 87, in: Schönborn, S. 200.

Eheleute bilden mit verschiedenen täglichen Gesten jenen *»göttliche[n] Ort [...] an dem die mystische Gegenwart des auferstandenen Herrn erfahren werden kann«*.[379]

318 Das Gebet in der Familie ist ein bevorzugtes Mittel, um diesen Osterglauben auszudrücken und zu stärken.[380] Man kann jeden Tag ein paar Minuten finden, um gemeinsam vor dem lebendigen Herrn zu stehen, ihm die Dinge zu sagen, die Sorge bereiten, zu bitten um das, was die Familie braucht, zu beten für jemanden, der einen schwierigen Moment durchmacht, von Gott die Hilfe zu erbitten, um lieben zu können, ihm zu danken für das Leben und die guten Dinge und von der Jungfrau Maria den Schutz unter ihrem mütterlichen Mantel zu erflehen. Mit einfachen Worten. So kann dieser Moment des Gebetes für die Familie sehr viel Gutes bewirken. Die verschiedenen Ausdrucksformen der Volksfrömmigkeit sind für viele Familien ein Schatz der Spiritualität. Der gemeinsame Weg des Gebetes erreicht seinen Höhepunkt in der gemeinsamen Teilnahme an der Eucharistie, besonders inmitten der Sonntagsruhe. Jesus klopft an die Tür der Familie, um mit ihr das eucharistische Mahl zu halten (vgl. *Offb* 3,20). Dort können die Eheleute immer neu den österlichen Bund besiegeln, der sie vereint hat und der den Bund widerspiegelt, den Gott mit der Menschheit am Kreuz besiegelte.[381] Die Eucharistie ist das Sakrament des Neuen Bundes, wo die Erlösungstat Christi vergegenwärtigt wird (vgl. *Lk* 22,20). So gewahrt man die innigen Verbindungen, die zwischen dem Eheleben und der Eu-

---

379 Johannes Paul II., Nachsynodales Apostolisches Schreiben *Vita consecrata* (25. März 1996), 42: *AAS* 88 (1996), S. 416.

380 Vgl. *Relatio finalis*, 2015, 87, in: Schönborn, S. 200.

381 Vgl. JOHANNES PAUL II., Apostolisches Schreiben *Familiaris consortio* (22. November 1981), 57: *AAS* 74 (1982), S. 150.

charistie bestehen.[382] Die Nahrung der Eucharistie ist Kraft und Anreiz, den Ehebund jeden Tag als »*Hauskirche*«[383] zu leben.

SPIRITUALITÄT DER AUSSCHLIESSLICHEN, ABER NICHT BESITZERGREIFENDEN LIEBE

319 In der Ehe lebt man auch den Sinn dessen, nur einem einzigen Menschen ganz zu gehören. Die Eheleute nehmen die Herausforderung an und haben den Herzenswunsch, gemeinsam alt zu werden und ihre Kräfte einzusetzen, und so spiegeln sie die Treue Gottes wider. Dieser feste Entschluss, der einen Lebensstil kennzeichnet, ist eine »*dem ehelichen Liebesbund innewohnende Notwendigkeit*«,[384] denn »*wer sich nicht entscheidet, für immer zu lieben, für den ist es schwierig, auch nur einen Tag wirklich lieben zu können*«.[385] Doch das hätte keinen geistlichen Sinn, wenn es sich nur um ein mit Resignation gelebtes Gesetz handelte. Es ist eine Zugehörigkeit des Herzens, dort, wo nur Gott es sieht (vgl. *Mt* 5,28). Jeden Morgen beim Aufstehen fasst man vor Gott erneut diesen Entschluss zur Treue, was im Laufe des Tages auch immer kommen mag. Und beim Schlafengehen hofft jeder, wieder aufzuwachen, um dieses

---

382   Vergessen wir nicht, dass der Bund Gottes mit seinem Volk wie ein Eheversprechen ausgedrückt wird (vgl. *Ez* 16,8.60; *Jes* 62,5; *Hos* 2,21–22) und der Neue Bund sich ebenfalls wie eine Ehe darstellt (vgl. *Offb* 19,7; 21,2; *Eph* 5,25).

383   ZWEITES VATIKANISCHES KONZIL, Dogm. Konst. *Lumen gentium* über die Kirche, 11.

384   JOHANNES PAUL II., Apostolisches Schreiben *Familiaris consortio* (22. November 1981), 11: *AAS* 74 (1982), S. 93.

385   DERS., *Homilie in der Eucharistiefeier für die Familien in Córdoba,* Argentinien (8. April 1987), 4: *L'Osservatore Romano* (dt.) Jg. 17, Nr. 26 (26. Juni 1987), S. 11.

Abenteuer fortzusetzen im Vertrauen auf die Hilfe des Herrn. So ist jeder Ehepartner für den anderen Zeichen und Werkzeug der Nähe des Herrn, der uns nicht alleine lässt: »*Ich bin bei euch alle Tage bis zum Ende der Welt*« (*Mt* 28,20).

320 Es gibt einen Punkt, an dem die Liebe des Paares seine größte Befreiung erlangt und zu einem Raum heilsamer Autonomie wird: wenn jeder entdeckt, dass der andere nicht sein Eigentum ist, sondern einen viel bedeutenderen Besitzer hat, nämlich seinen einzigen Herrn. Niemand anderes kann beanspruchen, Besitz zu ergreifen vom innersten und geheimsten persönlichen Bereich des geliebten Menschen, und nur er kann das Zentrum seines Lebens einnehmen. Zugleich bewirkt der Grundsatz eines geistlichen Realismus, dass der Ehepartner nicht mehr den Anspruch erhebt, dass der andere seine Bedürfnisse vollkommen befriedigt. Es ist notwendig, dass der geistliche Weg jedes Einzelnen ihm hilft – wie Dietrich Bonhoeffer es gut ausdrückte – eine gewisse »*Enttäuschung*«[386] über den anderen zu erfahren, es aufzugeben, von diesem Menschen das zu erwarten, was allein der Liebe Gottes eigen ist. Das erfordert einen inneren Verzicht. Der ausschließliche Raum, den jeder der Ehepartner seinem einsamen Umgang mit Gott vorbehält, erlaubt nicht nur, die Verwundungen des Zusammenlebens zu heilen, sondern ermöglicht auch, in der Liebe Gottes den Sinn des eigenen Lebens zu finden. Wir müssen jeden Tag das Handeln des Heiligen Geistes erflehen, damit diese innere Freiheit möglich ist.

---

386 Vgl. Dietrich Bonhoeffer, *Gemeinsames Leben*, München 14. Auflage 1973, S. 18.

SPIRITUALITÄT DER FÜRSORGE, DES TROSTES UND DES ANSPORNS

321 *»Die christlichen Eheleute sind füreinander, für ihre Kinder und die übrigen Familienangehörigen Mitarbeiter der Gnade und Zeugen des Glaubens.«*[387] Gott beruft sie zur Zeugung und zur Fürsorge. Eben deshalb war die Familie *»schon immer das nächstgelegene „Krankenhaus“«.*[388] Pflegen wir einander, stützen wir einander, spornen wir uns gegenseitig an, und leben wir all das als Teil unserer familiären Spiritualität. Das Leben als Paar ist eine Teilhabe am fruchtbaren Werk Gottes, und jeder ist für den anderen eine ständige Provokation des Heiligen Geistes. Die Liebe Gottes drückt sich *»auch in den persönlichen Worten aus [...] mit denen Mann und Frau einander ihre eheliche Liebe konkret kundtun«.*[389] So sind die beiden füreinander Widerschein der göttlichen Liebe, die mit dem Wort, dem Blick, der Hilfe, der Liebkosung und der Umarmung tröstet. Darum ist *»der Wunsch, eine Familie zu gründen [...] der Entschluss, ein Teil von Gottes Traum zu sein, der Entschluss, mit ihm zu träumen, der Entschluss, mit ihm aufzubauen, der Entschluss, sich gemeinsam mit ihm in dieses Abenteuer zu stürzen, eine Welt aufzubauen, wo keiner sich allein fühlt«.*[390]

---

387 Zweites Vatikanisches Konzil, Dekret *Apostolicam actuositatem* über das Laienapostolat, 11.

388 *Generalaudienz* (10. Juni 2015): *L'Osservatore Romano* (dt.) Jg. 45, Nr. 25 (19. Juni 2015), S. 2.

389 Johannes Paul II., Apostolisches Schreiben *Familiaris consortio* (22. November 1981), 12: *AAS* 74 (1982), S. 93.

390 *Ansprache beim Fest der Familien mit Gebetswache in Philadelphia* (26. September 2015): *L'Osservatore Romano* (dt.) Jg. 45, Nr. 41 (9. Oktober 2015), S. 11.

322 Das ganze Leben der Familie ist ein barmherziges „Weiden und Hüten". Behutsam malt und schreibt jeder in das Leben des anderen ein: »*Unser Empfehlungsschreiben seid ihr; es ist eingeschrieben in unser Herz [...] geschrieben nicht mit Tinte, sondern mit dem Geist des lebendigen Gottes*« (2 *Kor* 3,2–3). Jeder ist ein „Menschenfischer" (vgl. *Lk* 5,10), der im Namen Jesu „die Netze auswirft" (vgl. *Lk* 5,5) nach den anderen, oder ein Bauer, der das frische Erdreich seiner Lieben bearbeitet und das Beste aus ihnen herausholt. Die eheliche Fruchtbarkeit bedeutet auch zu fördern, denn »*jemanden zu lieben heißt, etwas Unbestimmbares und Unvorhersehbares von ihm zu erwarten; und es bedeutet zugleich, ihm auf irgendeine Weise zu dem Mittel zu verhelfen, um dieser Erwartung entsprechen zu können*«.[391] Das ist ein Gottesdienst, denn Gott ist es, der viele gute Dinge in uns aussäte, in der Hoffnung, dass wir sie wachsen lassen.

323 Es ist eine tiefe geistliche Erfahrung, jeden geliebten Menschen mit den Augen Gottes zu betrachten und in ihm Christus zu erkennen. Das erfordert eine gegenleistungsfreie Bereitschaft, die erlaubt, seine Würde zu schätzen. Man kann dem anderen gegenüber vollkommen gegenwärtig sein, wenn man sich ihm „einfach so" voll und ganz widmet und alles andere ringsum vergisst. Der geliebte Mensch verdient die ganze Aufmerksamkeit. Jesus war dafür ein Vorbild, denn wenn jemand auf ihn zukam, um mit ihm zu sprechen, nahm er ihn in den Blick und schaute ihn mit Liebe an (vgl. *Mk* 10,21). Niemand fühlte sich in seiner Gegenwart außer Acht gelassen, weil seine Worte und seine Gesten ein Ausdruck dieser Frage waren: »*Was soll ich dir tun?*« (*Mk* 10,51). Das wird mitten im alltäg-

---

391 GABRIEL MARCEL, *Homo viator: prolégomènes à une métaphysique de l'espérance,* Paris 1944, S. 63.

lichen Leben der Familie gelebt. Dort erinnern wir uns, dass dieser Mensch, der mit uns lebt, all das verdient, denn er besitzt eine unendliche Würde, da er Objekt der unermesslichen Liebe des himmlischen Vaters ist. So keimt die Zärtlichkeit auf, die fähig ist, »*im anderen die Freude hervorzurufen, sich geliebt zu fühlen. Sie drückt sich in besonderer Weise darin aus, sich den Grenzen des anderen mit vorzüglicher Achtsamkeit zuzuwenden, besonders dann, wenn diese Begrenzungen offensichtlich hervortreten.*«[392]

324 Unter dem Antrieb des Heiligen Geistes nimmt die Kernfamilie das Leben nicht nur an, indem sie es im eigenen Schoß zeugt, sondern auch indem sie sich öffnet, aus sich herausgeht, um ihr Gut unter den anderen zu verbreiten, um für sie zu sorgen und ihr Glück zu suchen. Diese Öffnung kommt besonders in der Gastfreundschaft zum Ausdruck,[393] zu der das Wort Gottes in verlockender Weise ermutigt: »*Vergesst die Gastfreundschaft nicht; denn durch sie haben einige, ohne es zu ahnen, Engel beherbergt*« (*Hebr* 13,2). Wenn die Familie die anderen aufnimmt und zu ihnen hinausgeht, besonders zu den Armen und Verlassenen, dann ist sie »*Symbol und Zeugin für die […] Mutterschaft der Kirche, an der sie aktiv teilnimmt*«.[394] Die soziale Liebe, ein Abglanz der Dreifaltigkeit, ist in Wirklichkeit das, was den geistlichen Sinngehalt der Familie und ihre Mission außerhalb ihrer selbst zusammenschließt, denn sie lässt das Kerygma mit allen seinen auf die Gemeinschaft bezogenen Anforderungen gegenwärtig werden. Die Familie lebt ihre besondere Spiritualität, indem sie zu-

---

392 *Relatio finalis* 2015, 88, in: Schönborn, S. 201.

393 Vgl. JOHANNES PAUL II., Apostolisches Schreiben *Familiaris consortio* (22. November 1981), 44: *AAS* 74 (1982), S. 136.

394 *Ebd.*, 49: *AAS* 74 (1982), S. 141.

gleich Hauskirche und lebendige Zelle für die Verwandlung der Welt ist.[395]

* * * * * *

325 Die Worte des Meisters (vgl. *Mt* 22,30) und die des heiligen Paulus (vgl. 1 *Kor* 7,29–31) über die Ehe sind – nicht zufällig – in die letzte und endgültige Dimension unseres Lebens eingefügt, die wir wiedergewinnen müssen. Auf diese Weise werden die Eheleute den Sinn des Weges, den sie gehen, erkennen können. Denn, wie wir mehrere Male in diesem Schreiben in Erinnerung gerufen haben, ist keine Familie eine himmlische Wirklichkeit und ein für alle Mal gestaltet, sondern sie verlangt eine fortschreitende Reifung ihrer Liebesfähigkeit. Es besteht ein ständiger Aufruf, der aus der vollkommenen Communio der Dreifaltigkeit, aus der kostbaren Vereinigung zwischen Christus und seiner Kirche, aus jener so schönen Gemeinschaft der Familie von Nazareth und aus der makellosen Geschwisterlichkeit unter den Heiligen des Himmels hervorgeht. Trotzdem erlaubt uns die Betrachtung der noch nicht erreichten Fülle auch, die geschichtliche Wegstrecke, die wir als Familie zurücklegen, zu relativieren, um aufzuhören, von den zwischenmenschlichen Beziehungen eine Vollkommenheit, eine Reinheit der Absichten und eine Kohärenz zu verlangen, zu der wir nur im endgültigen Reich finden können. Es hält uns auch davon ab, jene hart zu richten, die in Situationen großer Schwachheit leben.

Alle sind wir aufgerufen, das Streben nach etwas, das über uns selbst und unsere Grenzen hinausgeht, lebendig zu erhalten,

---

395 *Über die sozialen Aspekte der Familie* vgl. PÄPSTLICHER RAT FÜR GERECHTIGKEIT UND FRIEDEN, *Kompendium der Soziallehre der Kirche*, 248–254.

und jede Familie muss in diesem ständigen Anreiz leben. Gehen wir voran als Familien, bleiben wir unterwegs! Was uns verheißen ist, ist immer noch mehr. Verzweifeln wir nicht an unseren Begrenztheiten, doch verzichten wir ebenso wenig darauf, nach der Fülle der Liebe und der Communio zu streben, die uns verheißen ist.

Gebet zur Heiligen Familie

Jesus, Maria und Josef, in euch betrachten wir
den Glanz der wahren Liebe,
an euch wenden wir uns voll Vertrauen.

Heilige Familie von Nazareth, mache auch unsere Familien
zu Orten innigen Miteinanders
und zu Gemeinschaften des Gebetes, zu echten Schulen des
Evangeliums und zu kleinen Hauskirchen.

Heilige Familie von Nazareth,
nie mehr gebe es in unseren Familien Gewalt, Halsstarrigkeit
und Spaltung; wer Verletzung erfahren
oder Anstoß nehmen musste,
finde bald Trost und Heilung.

Heilige Familie von Nazareth, lass allen bewusst werden,
wie heilig und unantastbar die Familie ist
und welche Schönheit sie besitzt im Plan Gottes.

Jesus, Maria und Josef,
hört und erhört unser Flehen.
Amen.

*Gegeben zu Rom, bei Sankt Peter, im Außerordentlichen
Jubiläumsjahr der Barmherzigkeit, am 19. März, dem Hochfest
des heiligen Josef, im Jahr 2016, dem vierten meines Pontifikats.*

Franciscus

STICHWORTVERZEICHNIS

Die Einträge im Register beziehen sich auf die Nummern der betreffenden Abschnitte des Nachsynodalen Schreibens *Amoris Laetitia*.

AUTOREN

Papst Franziskus: Jorge Mario Bergoglio, geb. 1936, ist seit dem 13. März 2013 der 266. Bischof von Rom. Papst Franziskus ist der erste Lateinamerikaner und der erste Jesuit in diesem Amt. Der argentinische Jesuit ist Sohn einer siebenköpfigen Familie italienischer Auswanderer. Von 1973 bis 1979 war Bergoglio Provinzial der argentinischen Jesuiten. Seit 1992 wirkte er zuerst als Weihbischof und ab 1998 als Erzbischof in Buenos Aires. Johannes Paul II. ernannte Jorge Bergoglio im Konsistorium des Jahres 2001 zum Kardinal. Von 2005–2011 war Bergoglio Vorsitzender der argentinischen Bischofskonferenz. Bei der 5. Generalversammlung des CELAM, des Rats aller Bischöfe von Lateinamerika und der Karibik, 2007 in Aparecida, leitete er die Redaktionskommission zur Abfassung des Schlussdokuments.

Dr. Franz-Josef Bode ist seit 1995 Bischof von Osnabrück. Er ist Mitglied des Ständigen Rates der Deutschen Bischofskonferenz und u. a. Vorsitzender der Pastoralkommission in der Deutschen Bischofskonferenz. Er nahm 2015 an der Ordentlichen Bischofssynode in Rom teil.

Dr. Heiner Koch ist seit 2015 Erzbischof von Berlin. Er ist Mitglied des Ständigen Rates der Deutschen Bischofskonferenz und u. a. Vorsitzender der Kommission für Ehe und Familie. In dieser Funktion nahm er auch an der Ordentlichen Bischofssynode 2015 in Rom teil.

Reinhard Kardinal Marx ist seit 2008 Erzbischof von München und Freising. Von Papst Franziskus wurde er in das Gremium der 9 Kardinäle berufen, das über die Reform der Kurie berät. Zudem ist Kardinal Marx Koordinator des Vatikanischen Wirtschaftsrates und Vorsitzender der Deutschen Bischofskonferenz sowie der Präsident der Kommission der Europäischen Bischofskonferenzen der Europäischen Gemeinschaft.

Christoph Kardinal Schönborn ist Mitglied des Dominikanerordens und seit 1995 Erzbischof von Wien. Er war Sekretär der Redaktions-Kommission für den Katechismus der Katholischen Kirche und ist Mitglied der Kongregationen für die Glaubenslehre, für die Orientalischen Kirchen und für das Katholische Bildungswesen. Seit 1998 ist er Vorsitzender der Österreichischen Bischofskonferenz. Schönborn nahm an den Bischofssynoden 2014 & 2015 teil. 2015 war er Moderator der deutschen Sprachgruppe.

Verlag Herder – *Der Papstverlag*

Seit 1846 verlegt der Verlag Herder päpstliche Literatur. Im Laufe der Zeit waren somit dreizehn Päpste Autoren des Verlagshauses aus Freiburg: von Papst Pius IX. bis Papst Franziskus! *Aktuell dürfen wir Ihnen vom amtierenden Papst folgende Bücher vorstellen*:

Bergoglio, Jorge Mario/Franziskus: El Jesuita. Mein Leben, mein Weg. Die Gespräche mit Jorge Mario Bergoglio von Sergio Rubin und Francesca Ambrogetti, Freiburg 2013.

Bergoglio, Jorge Mario/Franziskus: Offener Geist und gläubiges Herz. Biblische Betrachtungen eines Seelsorgers, Freiburg 2013.

Franziskus: Die Freude des Evangeliums. Das Apostolische Schreiben »Evangelii gaudium« über die Verkündigung des Evangeliums in der Welt von heute. Mit einer Einführung von Pater Bernd Hagenkord SJ, Freiburg 2013.

Franziskus: Das Licht des Glaubens. Die Enzyklika »Lumen fidei«. Vollständige Ausgabe. Ökumenisch kommentiert, Freiburg 2013.

Franziskus: Europa, wach auf! Die Straßburger Reden des Papstes. Herausgegeben von Volker Resing, mit einer Einführung von Gudrun Sailer, Freiburg 2014.

Spadaro, Antonio SJ: Das Interview mit Papst Franziskus. Herausgegeben von Andreas S. Batlogg SJ, Freiburg 2014.

Valente, Gianni: Nähe und Freiheit. Im Gespräch mit Jorge Mario Bergoglio, Freiburg 2014.

Franziskus: »Und jetzt beginnen wir diesen Weg«. Die ersten Botschaften des Pontifikats, Freiburg 2014.

Bergoglio, Jorge Mario/Franziskus: Korruption und Sünde. Eine Einladung zur Aufrichtigkeit. Mit einer Einführung von Pater Michael Sievernich SJ, Freiburg 2014.